THE COLD START PROBLEM

HOW TO START
AND SCALE
NETWORK EFFECTS

冷启动

[美] 安德鲁·陈（Andrew Chen）◎著

束宇◎译

中信出版集团 | 北京

图书在版编目（CIP）数据

冷启动 /（美）安德鲁·陈著；束宇译 . -- 北京：
中信出版社，2024.1
书名原文：The Cold Start Problem: How to Start
and Scale Network Effects
ISBN 978-7-5217-6084-2

Ⅰ . ①冷… Ⅱ . ①安… ②束… Ⅲ . ①企业管理
Ⅳ . ① F272

中国国家版本馆 CIP 数据核字（2023）第 221388 号

冷启动
著者： ［美］安德鲁·陈
译者： 束宇
出版发行：中信出版集团股份有限公司
（北京市朝阳区东三环北路 27 号嘉铭中心 邮编 100020）
承印者： 北京联兴盛业印刷股份有限公司

开本：880mm×1230mm 1/32 印张：14.5 字数：311 千字
版次：2024 年 1 月第 1 版 印次：2024 年 1 月第 1 次印刷
京权图字：01-2021-6053 书号：ISBN 978-7-5217-6084-2
定价：79.00 元

版权所有·侵权必究
如有印刷、装订问题，本公司负责调换。
服务热线：400-600-8099
投稿邮箱：author@citicpub.com

目　录

引　言

　　我还记得那是 2015 年 12 月的一个周五的晚上，办公室里热闹非凡。在位于市场大街 1455 号的优步旧金山总部宽阔的单色走廊里，有两块足球场那么大的场地，布满 LED 节能灯、松木装饰、钢筋水泥。晚上 8 点，办公室里大部分人还在办公。有些人在办公桌前静静地编辑邮件，有些人正激烈地与异地同事在网络会议上争辩，还有些人在白板上画着图表，组织团队成员在临时召集的会议上讨论如何解决鬼才知道哪里冒出来的问题。有些同事两两结伴，在办公区的大过道上来回走动，有些人是在认真地讨论问题，有些人只是在闲聊。

　　在这个办公环境里，无论你看到哪里，你都能感受到优步业务的全球规模及其开发团队的国际传统。办公区的天花板上悬挂着世界各国五颜六色的国旗。会议室的屏幕远程接入来自雅加达、圣保罗、迪拜的同事的视频会议，而且有时会议是同时进行的！平面电视遍布整个楼层，按大型地区、国家和城市显示各项业务数据，方便业务团队监控进度。这种全球化的文化甚至渗透到了会议室的命名规则：靠近入口的会议室以阿布扎比和阿姆斯特丹开头，在整个楼层的另一端则以维也纳、华盛顿、苏黎世结尾。

乍一看，优步可能只是一个极其简单的应用程序，毕竟优步的设计理念就是让用户一键叫车。在这种看似基本的用户界面背后，实际上有一个复杂的全球性的运营体系，而这正是维持业务发展所必需的。这个应用程序建立在一个由无数小网络组成的庞大的全球网络的基础之上，而每一个小网络其实都代表着一个国家或一个城市。每一个小网络都需要全年无休地启动、扩展，并且抵御竞争对手。

得益于我在优步工作的这段经历，我才能真正理解网络、供需关系、网络效应，以及它们塑造行业的巨大力量。正如你想象的那样，在优步公司工作总会起起伏伏，而且这里的起伏就如同坐火箭和坐过山车，两者的速度和惊险融为一体。我把这段经历称作"火箭过山车"，这个称呼完全符合一家在 10 年内从一个想法到成长为小型初创公司，再到拥有 20 000 名员工的全球性大公司。

优步的全球化运营节奏紧张、结构复杂，大多数决策都直接出自其位于旧金山市的总部。在优步总部办公区的正中央，有一间用玻璃和钢材搭建的特殊办公室，它被大家称为"作战指挥中心"。

很多人都对这间办公室的命名感到不解——作战指挥中心这个名字并不符合优步公司以全球各地的城市名字命名其会议室的惯例。而且这间屋子也不像其他会议室一样可以被随意预订，有的时候还会有保安在门口值守。那是因为这间屋子本质上就不是拿来给大家平时开会用的。很多公司（美国国内或国外的科技公司）都有"作战指挥中心"的概念。但大多数公司只是临时把某间会议室改为作战指挥中心，让某个团队能够集中精力来解决最迫切的产品问题。在问题解决后，他们的作战指挥中心又会恢复成普通的会议室。对优步而言，可能是出于它的特殊需要，这间作战指挥中心根本不是临时的，而是一个24小时不间断运行的专用场地。这间永久性屋子很大，里面搭了暗色的木质墙体，安装了多台平面电视，放置了一个能围坐十多人的大型会议桌，并且额外添置了沙发。一组红字数字时钟展示着新加坡、迪拜、伦敦、纽约、旧金山等地的当前时间。由于优步的业务覆盖全球，因此世界上某个区域的业务总会遇到需要处置的紧急情况，这就充分发挥了作战指挥中心的效用。

2015年12月，出现了一个紧急状况，而且就发生在公司总部所在的旧金山市。

这是一场计划从傍晚7点开到深夜的紧急会议，它在我们参会人员的日历上都被标注为"NACS"（北美冠军系列赛），暗指会议议程侧重公司在美国和加拿大头部市场的运营状况、产品路线图和竞争策略。这个会议实际上是公司首席执行官特拉维斯·卡兰尼克（公司内部员工称呼他为"TK"）逐城审视整个业务的重要机制。

参加这场会议的有十多位公司高管和领导者，其中包括我自己、财务主管、产品主管以及关键的区域总经理。区域总经理负责管理优步公司最大的团队，组成了与司机和乘客打交道的地面运营城市团队。区域总经理都被视为自己所在市场的首席执行官，他们要为这个市场的损益负责，要为数千位运营人员的努力负责，同时他们也是最接近业务中最棘手的问题的人。我在优步代表的是司机开发团队，这是一个负责招募整个业务布局中最稀缺的"资产"（优步司机）的重要团队。这对优步来说是一项艰巨的任务。优步在司机引荐项目上就投入了数亿美元，在付费营销方面也花费了近十亿美元。为优步的网络增加司机人数，是我们发展业务最重要的杠杆之一。

北美冠军系列赛会议每周都会开一次，每次开始时都会播放一张熟悉的幻灯片：一张城市及其关键指标的网格图——追踪排名靠前的 20 多个市场。幻灯片网格的每一行代表一座城市，每一列代表收入、总人次、每周变化等数据。其中还包括收取了"高峰溢价"的行程趟数占总行程趟数的比例，在这种情况下，因为没有足够的司机接单，所以乘客被迫支付额外费用。如果出现太多溢价订单，乘客就会选择优步的竞争对手。优步最大的市场，比如纽约、洛杉矶、旧金山始终会位居榜首，这些城市每一个都能带来数十亿美元的年收入，而一些小城市，比如圣迭戈和菲尼克斯，总是排在榜单的尾部。

当天开会的时候，卡兰尼克身着灰色 T 恤、牛仔裤和红色运动鞋，坐在离数据屏幕最近的位置。当他看到数据的时候，他从座位上跳了起来，然后走近屏幕。他眯起眼睛，紧盯着数据。"好吧，好吧……"他稍微停顿了一下，然后问，"为什么旧金山的溢价订单增加了那么多？怎么会比洛杉矶的溢价订单还要多？"他开始在作战指挥中心里来回踱步，问的问题也越来越多："上周司机引荐注册的人数有所下降了吗？营销渠道的转化率如何？这周是不是有大型活动？还是有音乐会？"会议室里的人开始发表意见，既是回答他的问题，也提出了自己的新问题。

由本地网络构建形成的全球网络

当时是我加入优步的第一年，虽然我在其他公司也参加周例会，但是优步的周例会确实与众不同。在例会上，大家讨论每个城市业务情况的颗粒度让我感到惊讶。举例来讲，当分析旧金山的业务状况时，大家会用127平方千米的城市中心区与东海岸区、半岛区的业务数据进行对比。参加例会的都是高级管理人员，但他们讨论的颗粒度和详细程度令人难以置信。但这是运营优步这样一个复杂的超本地网络的必要条件，在这个网络中，供需关系由人口较多的社区和交通繁忙的"路段"决定，如海港区和金融区，而其他出行方式往往难以满足这些需求。

在周例会的数据表上，每一行都代表一个城市的数据，但更重要的是，每个城市都是优步全球网络中的一个单独网络，需要加以培育、保护并促进其发展。优步的基因里深深地刻印着在超本地网络层面上分析数据的理念。我在优步工作的数年中，很少听到以总和口径统计的数据，比如总出行次数或者总活跃乘客数，除了在公司全员大会上作为一个虚荣的里程碑。大多数总和口径的指标在这家公司的业务人员眼里都形同虚设。取而代之的是，讨论总是聚焦在某个独立网络的动态上，可以通过增加市场营销预算、对司乘人员招揽性的支出、产品更新或实地运营努力等方式，独立地对每个网络的动态指标进行上下微调。

北美冠军系列赛会议的主要功能是评估每个本地网络和全球网络的整体健康状况——优步当时的主要收入来源城市有 20 个左右，这个会议是确保对这些城市进行核算的核心手段之一。在此基础之上，更重要的是进一步细化，把每个本地网络的数据都拆成两方来看，既看乘客方（需求侧）也看司机方（供给侧），要确保每一方的数据都健康，而且要确保双方力量相对均衡。如果溢价太多，乘客就会停止出行。如果溢价太少，司机就会下线，在漫漫长夜后回家。

分析讨论还在继续。我和其他几位能够参加北美冠军系列赛会议的高管，在过去的几天里一直都在努力研究一个假设。运营团队告知我们，最近几周以来，我们在美国本土最大的竞争对手 Lyft 公司的司机推荐人数暴涨，这导致我们这边的司机成群结队地倒向对手方。司机推荐通常都会采用"赠送 / 获得"的激励计划——公司补贴 250 美元给你，同时，当你的朋友注册为优步司机时，你也将获得 250 美元。节假日期间需求的急剧上升导致我们在美国西海岸地区主要竞争市场（主要是在旧金山、洛杉矶和圣迭戈）的司机人数出现重大缺口。对乘客而言，这造成的体验是极差的——如果你呼叫一辆车，你等待司机的时间可能比平时要长很多，有的时候甚至要等候 20 分钟，这也意味着更多的乘客会取消订单。他们甚至会去查看优步竞争对手的叫车价格和服务水平，然后转用竞争对手的平台。这种临时取消订单的行为会让优步司机很恼火，因为他们可能已经在接乘客的路上行驶了几分钟了。如果激怒司机的次数太多，这可能会引起连锁反应，因为司机很可能会选择当天不再接单，继而转投竞争者的平台。

在我们把业务困境讲清楚之后，卡兰尼克也变得更加紧张和烦躁。他长叹一口气，然后说："情况不妙啊，伙计们，大为不妙啊。"正确的破局方案是什么？根据我们多年运营本地网络的经验，有一种措施应该可以帮助我们快速找回供需双方的平衡。正确的破局方案就是要从供给方开始，快速增加司机人数，降低乘客等候时间，减少客户订单取消率，这就等同于要给司机提供激励。"如果我们在旧金山、洛杉矶和圣迭戈三个地方推行 750 美元补贴 +750 美元返利的司机推荐计划，会有用吗？"

这是一个超级大胆的提议，激励金额远远超出公司历史上任何一次激励计划的金额。但当时旧金山、洛杉矶和圣迭戈三个城市需要帮助。这些城市是同类公司竞争最激烈的市场，我们需要通过增加供给来迅速恢复平衡。卡兰尼克环视了一下房间，略微停顿了一下，然后自己给出了答案："肯定有用。这能吸引他们的注意力。这足够让那些打盹儿的人醒过来！"他边说边笑，肯定地点了点头。

而其他人并没有那么急切地把奖金激励看作正确的破局手段。过去一年，优步在美国国内可谓风生水起，美国市场成了其产生正向现金收入的主要阵地，但优步在中国新业务的竞争中，虽然产生了令人难以置信的巨量订单，但是也造成了巨额亏损。优步与滴滴出行展开了激烈的竞争——滴滴出行是优步在中国国内共享出行领域主要的竞争对手，光是在奖金激励这一项上，优步一年就要消耗数十亿美元。我们开始探讨其他破局手段，包括如何改进显示预计到达时间，以及如何劝阻乘客取消订单。在不提供金钱激励的前提下，我们还有其他手段能够调整不同网络的业务平衡度。金钱激励是一种强有力的手段，但并非唯一的手段。大家的讨论开始循环往复，卡兰尼克看上去越来越不耐烦了。

卡兰尼克又开始在会议室里走来走去："不行！不行！伙计们，我们的司乘网络正在崩塌。我们必须立刻止损……现在要的是行动！"他激动地用双手做着切砍的动作。"你们提到的其他措施也要做，让乘客在道路地图上都可以看到这些提示，但是这封邮件这个周末必须发出去。你们谁能帮我把这个事情搞定？"他的这种果断来源于多年来激烈的市场竞争，像 Flywheel、Sidecar、Hailo 等共享出行公司早就被挤出了市场，因此当遇到业务困境的时候，他必须闪电般地做出反应。优步的团队对当地城市网络的健康状况进行了快速、精确的监控和响应。这样一来，大家接下来要做什么就特别清楚了。

区域总经理一致同意由他们承担发邮件的工作，我则需要和自己的团队，也就是负责司机推荐计划的产品／工程端的同事，根据会议议定的事项来调整产品结构和相应金额。我们为在下周一之前交付所有变更而下定决心狠干一场。我们在会议期间还讨论了其他一些需要跟进的后续事项，并且议定下周要再次碰头讨论。此时已经是周五晚上 10 点，我们当中很多人从一大早就开始为今天这个会议做准备。我步行回家，我住在旧金山的海斯谷附近，离公司只隔了几条街。回家之后我开始了"边看电视，边发邮件"的例行公事，这一天差不多也就这样结束了。

这就是我第一次参加北美冠军系列赛会议的体验，后来它成了我每周必做的功课。这个专题会通常在周五上午10点左右开始，但有的时候也会在周二晚上9点或周日下午2点，因为只有这些时段才能召集所有需要参会的人。尽管参加北美冠军系列赛会议只是我在优步工作的一部分，但这个会议很快就变成了对我最有教育意义的会议，它让我学会了如何从零启动网络效应，并促进网络效应的扩张。在后来的几年里，我很幸运能够在这个运营着优步最大市场的核心团队中工作。我们每周讨论的问题都不一样。在北美冠军系列赛会议上，我们的注意力随业务需要而灵活转移，有的会议讨论了如何重新平衡西海岸地区的业务网络，有的会议讨论如何确定产品功能的优先级以增加收入，有的会议讨论如何拓展新的区域，以及中间发生的所有事情都会成为我们讨论的内容。

当我加入优步的时候，优步已经步入了正轨，但是我有幸在业务团队的前排，亲眼见证了优步团队带领公司取得活跃乘客人数达到1亿，拥有全球800多个市场，年收入达到500亿美元的成绩。这是我人生中一段难得的经历，每每想起我们当时取得的业绩，我都会感到无比自豪。公司的成长并不是自动发生的，其背后有数万人的团队在努力应对全球范围内数百个市场的网络动态，我们从与当地竞争对手的激烈交锋中吸取了所有惨痛教训，因为这些对手也有自己强大的网络效应。我很幸运能在优步高速增长的时期进入该公司，也就是公司订单量处在曲棍球棒曲线开端的时候，而随着优步业务在几年内取得了10倍以上的增长，这条曲线开始向上弯（见图0-1）。

（单位：亿次）　　　　　　**100 亿次优步出行**

100 亿次出行
2018 年 9 月达成
距 50 亿订单达成相隔 12 个月

50 亿次出行
2017 年 9 月达成
距 20 亿订单达成相隔 11 个月

20 亿次出行
2016 年 10 月达成
距 10 亿订单达成相隔 7 个月

10 亿次出行
2016 年 7 月达成
公司首次提供一键叫车服务 5 年后

图 0-1　优步出行次数 [1]

　　我在优步度过的美好时光是我一生都无法忘记的。我亲眼见证一家初创企业发展到拥有上万名员工、数百万名客户和数十亿美元收入的规模。我也亲眼见证了新产品从无到有，再迅速扩大规模，成为引领整个市场的主导产品。对我而言，这是一段极具教育意义的旅程，在这段经历中我收获了很多一辈子都不会折损的友情，包括我现在仍然每周都联系的朋友。但在 2018 年，我感觉自己应该离开优步了。优步在那几年经历了一些动荡，公司守卫者的大换血，公司经营的首要原则也不再像之前那样充满创业精神。这些和我想要的都背道而驰，所以，为了自己人生的新篇章，我选择回归自己的本源：与企业家一起打造下一个头部企业，只不过这一次，我是一名风险投资人。

根源性问题

2018 年，我离开了优步，在专门投资初创公司的安德森-霍洛维茨风险投资公司开始了新的职业生涯。这家公司创始于 10 年前，它的创始人是本·霍洛维茨和马克·安德森，这家公司刚刚启动就做出了惊人的动作，他们早期投资的知名项目包括爱彼迎、Coinbase（加密货币交易平台）、脸书、GitHub（科技行业技术交流平台）、Okta（身份识别软件）、Reddit（主题论坛社交平台）、Stripe（互联网跨境支付平台）、Pinterest（社交平台，类似于小红书）、照片墙等互联网企业。这家风险投资公司为自己树立了专门投资技术企业的名声，它从硅谷聘用了多位知名的创始人和管理者，倡导投资人亲身参与被投企业运营管理的理念。公司内部人员习惯用数字缩写"a16z"来指代公司，这是对软件开发实践的一种极客式的称呼，也就是把长单词进行缩写，比如internationalization 就可以缩写为 i18n。a16z 这家公司的文化与我的个性不谋而合。

这次，我以投资者的身份回到创业圈子里，过去十多年在旧金山湾区积累的人脉和知识都得以充分利用。早在加入优步之前，我已经撰写并发表了近千篇文章，文章主题涵盖用户增长、企业评价指标、病毒式营销。在这段时期内，很多科技行业的行话，如"增量黑客"和"病毒式循环"，都通过我的文章得到了普及。我的博客读者有数十万，再加上创业圈子里总是能遇到熟人，我结交了很多企业家和初创企业的建设者。我以顾问或天使投资人的身份服务于多家初创企业，包括 Dropbox（网盘软件平台），

Tinder（婚恋约会软件），Front（客户沟通软件），AngelList[1]等。我过去的这些经验，再加上我在优步的专业知识，足以支持我走上风险投资人的职业道路。

在这个新的角色中，所有职业体验都大不一样。优步的办公区设在旧金山市中心最繁华的地段，我不再去那里上班，而是去了离斯坦福大学不远的田园般的办公室。安德森-霍洛维茨公司的办公室里文化和创新很好地交织在一起。办公区走廊里悬挂的是罗伯特·劳森伯格、罗伊·利希滕斯坦等当代艺术家的作品，办公区的会议室则是用著名的发明家和企业家的姓名来指称，比如史蒂夫·乔布斯、格蕾丝·霍珀、埃达·洛夫莱斯以及威廉·休利特。这里的工作节奏也和优步的日常工作大不相同。在优步，我需要专注深挖某个特定领域，比如拼车行为分析，但是在安德森-霍洛维茨公司，我关注的知识领域需要大幅向外扩展。

我每天都要与多位创业者当面沟通他们的新创意。在某一年，该公司接触到的创业想法可能达到数千份，其中大多数都是新型社交网络、协同工具、交易市场、创新产品，这与本书后面章节中列举的案例息息相关。我们与创业者的沟通起始于"首次推介"会议，创业者需要在这次会议上介绍自己、展示产品和阐述经营策略。这些会议对双方都很重要，如果会议卓有成效，那么初创企业就可能收到数百万美元的投资，有的甚至会收到数亿美元的投资。对创业者而言，这次会面风险最大，收益也可能最大。

---

[1]　整合风险投资人、创业投资人和潜在投资项目的平台。——编者注（本书中的脚注若非特别注明，均为编者注。）

在此类推介会上，行话满天飞，例如"网络效应""飞轮效应""病毒式循环""规模经济""因果循环""先发优势"。这些还只是其中的一小部分。做推介的人往往会准备好配合行话的图表，其中的数据无一例外都是向右向上健康发展的。"网络效应"差不多已经成为一种陈词滥调。当遇到难以解释的问题时，这几乎就是一句万金油式的答案。"如果竞争对手奋起直追，你们怎么办？"我们有网络效应。"凭什么认定快速增长趋势在未来能延续下去？"我们有网络效应。"我们为什么要出资给这家公司，而不是某公司？"他们有网络效应。任何一家初创企业都声称自己已经具备了网络效应，而且风险投资企业基本上都用网络效应来解释为什么取得成功的企业能够获得爆发式增长。

但是，同类论证会或推介会开得越多，我越感觉困惑，而且我不是唯一有这种感觉的人。"网络效应"和与其相关的概念一再被创业者引用，但这个概念似乎没有深度。没有任何数据指标能够证明这种效应是否真的存在。

在我与初创企业打交道的这些年，也就是过去 15 年的时间里，我在旧金山湾区的各种场合，听到人们嘴里说出无数次"网络效应"。在咖啡厅里、在会议室中、在投资人会议上，这个词总是被提起，但总是停留在比较肤浅的层面。

耳朵都听起茧了，怎么你还是不能深入理解这个概念呢？

如果网络效应是一种直观易理解的概念，那么我们应该很容易就哪些公司具备网络效应，哪些公司不具备网络效应达成一致意见。我们应该很容易知道用哪些数据来证明网络效应正在发生。我们也就应该知道如何一步一步地创建网络效应并促进其发展壮大。但我们并不具备这样的知识。关键知识的缺失让我感到非常困惑，因为这是当今科技领域非常重要的议题。正是这种对知识的探索激发了我写作此书的想法。

不同网络之间的动态关系是当前科技发展的核心知识之一，但我发现自己在这个知识点上的储备相当空白，所以我才开始着手研究并动手写作这本书。我曾在优步公司身临其境地感受到网络效应的存在，但是我没有掌握足够的词语和研究框架来描述这个概念深层次的细微差别。

从业者与商业界的其他人士总是存在差距。对研发特定网络产品的从业者而言，他们的重点总是放在如何改进自己特定领域内的机制上。以共享出行为例，与这个产品有关的讨论总是离不开乘客和司机，离不开如何减少乘客等车时间，如何制定高峰溢价策略，以及一系列仅适用于与按需出行相关的专业词语和概念。再举一个工作场所的聊天工具的例子，开发这种产品的人关注的是渠道、信息发现、信息推送以及配套插件。这两种产品从直观感受上来讲是毫不相干的，但是它们都深深地植根于网络效应，它们都是用来帮助人们加强沟通的工具。照理说，我们应该有一套通用的概念和理论来分析网络效应，它应该对不同类型的产品都同样适用。

我们需要能够回答以下这些基础性问题。

网络效应到底是什么？如何把网络效应应用在你自己的业务上？如何得知你的产品是否具备网络效应？如何得知哪些产品不具备网络效应？为什么网络效应难以被创造以及你如何创造网络效应？你能否在产品已经成形之后叠加网络效应？网络效应会对

你的业务指标造成什么影响，尤其是在战略层面的影响？梅特卡夫定律是否正确，或者说你是否应该在战略中采用其他方法？你的网络会失败还是成功？你的竞争对手是否具备网络效应，如果它们具备，那么你与其竞争的最佳方式是什么？

创业顾问会说，归根结底最重要的还是打造一款伟大的产品，毕竟苹果公司就是这么做的。但为什么说采用正确的产品发布方式也同等重要呢？如果最重要的就是产品本身，那么你到底应该把产品推给网红，还是推给高中生？如果是B2B（企业对企业）业务，那是不是应该直接卖给比较励志的科技公司？什么才是发布产品的正确方法，发布之后又应该通过哪些步骤实现扩展？

你如何在自己的产品中构建网络效应？你如何得知网络效应在哪个时间节点开始发挥作用？你又如何得知网络效应是否强到足以构建护城河？你如何选择正确的指标来优化产品，以实现病毒式增长、提升用户回头率、构建产品护城河以及其他你希望达成的运营效果？你需要在产品中添加哪些特性才能扩大网络效应？

在网络产品中，造假者、滥发信息者和诱骗者总会出现，当面对他们的时候，什么才是正确的回应方式？当其他网络运营者过去在面对大型繁荣网络带来的负面效应的时候，他们采取过哪些措施，是否值得我们借鉴？更通俗地讲，如何持续扩张一个已经运行的网络，尤其是当出现饱和、竞争以及其他负面效应的时候，又该采取哪些措施？

在两个同样具备网络效应的产品相互竞争的情况下，到底是什么导致其中一个能够胜过另一个？为什么我们曾观察到有的大型网络会输给小型网络？你如何才能在新的地理区域、新的产品线推出新的网络，特别是在竞争激烈的市场中，又该怎么做？

这些就是我们提到网络效应的时候需要搞懂的最基础的问题，但是当你去寻找答案的时候（不论是看书还是上网搜索），你只能看到一些少量的可操作的实用见解，当然也少不了一些高屋建瓴的战略规划。其中最优质的一些见解来自经营者，他们有可能是初创企业的经营者，也有可能是大型企业的管理者，因为他们都在一线进行过战斗，这也就成为我撰写此书的起点。

我从搜集数据入手，我首先和 Dropbox、Slack（协同办公软件）、Zoom（远程视频软件）、领英、爱彼迎、Tinder、Twitch（视频直播平台）、照片墙、优步等多家公司的创始人和创业团队开展了上百次面谈。我想了解的主要是这些公司刚刚起步的那几年发生的故事，也就是公司的创始人和为数不多的几个人鼓足勇气挑战全世界的那几年到底发生了什么。我也研究了过去数百年间的历史实例，追溯了连锁信、信用卡和电报网络，把它们的成功与比特币、网络直播和工作场所协同工具等现代创新联系起来。通过这些研究，我积累了丰富的定性和定量的数据，形成了这本书写作的基础。

我发现大家其实在重复表达同样的理想和概念，在多个不同的行业中，这些概念都被反复提及。通过与从事社交网络运营的人交谈，你会发现他们的想法可以套用到运营交易市场的业务上。同样，我在优步的工作经历让我理解了乘客和司机形成的网络交互关系，这让我对 YouTube（在线视频播放平台）及其创作者和观众的双面网络等产品有了更深刻的认识。或者再套用在 Zoom

上，它可以用来分析会议组织者和普通参会人员之间的关系。这些反复出现的主题在整个行业都有回响，无论是用于分析 B2B 业务，还是用于分析零售消费产品，都同样适用。

这是一本关于网络效应的最佳入门读本

这本书的主要内容来自上百次的访谈，通过我本人为期 3 年的研究和整理，融入了我过去将近 20 年积累的投资和运营经验。这本书以网络的兴起、发展和终结为逻辑框架，详细介绍了科技行业中反复被人们提及的许多知识和核心概念。我也将通过本书的主要章节对这种关于分析网络效应的核心框架展开论述，并附有实例，为你自己的产品提供可操作的发展路线图。

本书讨论的是当今时代的一个关键议题。我认识到，网络效应，包括如何启动网络以及如何促进网络扩张，已经成为硅谷的关键秘诀之一。当今，在全世界，拥有 10 亿活跃用户数的软件产品屈指可数，其中许多产品的创始人、管理者和投资人都拥有特殊的专业知识。在过去数十年，科技界不断构建社交网络、开发者平台、支付网络、交易市场和工作场合应用程序等软件的过程中，这些知识得以积累。这个由科技精英构成的社会群体不断促进合作，不断交叉渗透，从一种产品衍生到另一种产品，把不同专家的知识集中到一起。在撰写这本书的过程中，通过对企业创始人和业界专家的采访，我得以亲眼看见了这一切，也尽可能地向读者阐释了这些概念之间的相互关联性。

在充分把握网络效应基础理论的前提下，我认真汲取了他人的经验，遵从这个行业的游戏规则，在安德森–霍洛维茨公司开展风险投资业务的过程中，我重点关注以网络为核心的产品。我发现，我投资的初创企业有的可能专注于传递信息，有的专注于社交，有的专注于工作，有的专注于贸易，但只要是以推动人际交往为产品核心的初创企业，都能吸引我的注意力。我干这行也有 3 年了，投资的企业有 20 多家，投资金额也超过了 4 亿美元，企业类型涵盖交易软件、社交软件和音视频软件等。我发现自己学到的关于网络效应的知识能够广泛应用在整个行业，比如说，它既适用于 Clubhouse 这种语音社交软件，也适用于 Substack 这种让作者通过为其读者发布高质量的新闻稿获利的软件，甚至视频游戏、食品快递和教育科技类软件也同样适用。

我给自己定的目标就是写一本关于网络效应的权威读本——一本足够实用、足够具体的书，以帮助读者把网络效应应用到自己的产品上。读者应该能够对照这本书，分析自己的产品目前处于开发进度条的哪个位置，了解未来还需要采取哪些措施来获得进一步发展。我尝试在本书中揭示网络效应的整个生命周期：从打造网络效应的底层机制讲起，说明了如何扩大网络效应，并介绍了如何利用网络效应。这些都是以从业者的角度去讲，远远超出了街头巷尾的热议和所谓的高层次案例分析的程度。

网络效应核心框架的第一阶段将面临的是"冷启动问题"，这是任何一个新软件在开发时都会遇到的问题，因为此时还没有用户。我借用大家在生活中都可能遇到过的问题来打个比方：当天气寒冷到温度降至冰点时，你很难启动汽车。同样的道理，任何一个新网络在初创时都会遇到冷启动问题。如果社交网络上没有足够的用户，也没有人可以互动，用户就会逐渐退出。如果一个工作软件没有接入所有同事，那公司或许不会使用这种软件。在一个没有足够的买家和卖家的市场中，产品挂出后可能很长时间都卖不掉。这就是冷启动问题，如果不能迅速解决这个问题，新产品就会迅速消亡。

无论你是软件工程师、设计师、企业家，还是投资者，我写这本书的目的就是给广大读者提供帮助。或许你与本书中提到的某些企业建立了合伙关系，或者你正在亲身体验科技以网络为手段重塑你所处的行业。网络效应是科技行业的一股强大且关键的力量，随着整个经济不断被重塑，我们越来越需要理解网络的力量。

但是我们还是先回到基础性的问题上来：首先，到底什么是网络效应？

第 一 部 分

网络效应

第一章

什么是网络效应

　　根据经典定义，网络效应指的是，一个产品问世之后，用的人越多，这个产品就越有价值。这是一种简化的定义。我在本书后面的章节中会不断深挖网络效应的架构，但从这个简化定义开始了解网络效应，也不失为一个不错的起点。以优步为例，使用这个应用软件的人越多，乘客就越有可能找到把他们从 A 点送到 B 点的人。这同时意味着司机的空驶率降低，收入增加的可能性提高。尽管像优步这样的移动应用程序可以产生网络效应，但是这种现象的经典案例早在多年之前就已经出现了。实际上，在这个领域最让人受教的是一项 100 多年前就出现的科技产品，而且我们迄今还在使用，那就是电话。

　　1908 年，美国有 9 000 万常住人口，但是电话机数量不足500 万部，其中绝大多数电话机都由美国电话电报公司运营。亚历山大·格雷厄姆·贝尔发明了电话，注册了专利，并成立了这家公司。电话在当时还算一种新兴科技产品，但这家公司就靠运营电话业务蓬勃发展起来。时至今日，这家公司可谓家喻户晓，它还改了一个比较摩登的名字"AT&T"。

这家公司当时的总裁是西奥多·韦尔，他亲自撰写的公司年报总是能对公司业务做出中肯、深入且带有哲理的分析。在AT&T公司1900年的年报里，韦尔曾引述过网络效应的核心理念，只不过没有冠以现在这样时髦的名字：

> 电话机如果没有实现两端连接，那它连玩具都算不上，更算不上是科学仪器。它会变成这世界上最没用的摆设。电话机的价值在于它能与其他电话机进行连接，而且能够连接上的电话机数量越多，其价值越大。[2]

韦尔关注到的这种由网络带来的力量既适用于电话网络，也适用于社交网络，甚至适用于你在工作场合使用的聊天平台。仅从人的直觉上来讲，韦尔提出的观点非常符合情理。如果你的朋友、家人、同事，甚至你认识的社会名人，都没有使用你正在用的软件，那这款软件的网络对你的作用似乎就不是太大，甚至有可能完全没用。无论你是想通过照片分享软件查阅身边人的照片，还是想用文件分享软件获取同事刚刚生成的最新版文档，你总是希望有合适的人和你身处同一个网络。这是一个非常简单的想法，但对产品设计、市场营销乃至商业策略都产生了重大影响。

韦尔的话里还有一个更微妙但更关键的观点，那就是网络效应先天具有两重性：首先必须有电话机这个实体产品，然后还需要有使用电话机的人构成的网络和连接电话机的实体线路。当讨论网络效应的时候，我通常会把这两重因素视为互相可以替换的因素，或者直接就把两者合并起来讨论，统称为"网络产品"，但是这两重因素之间的区别还是十分重要的。运作比较成功的网络效应既需要一个产品，也需要一个运载网络，在美国电话电报公司兴起的年代是这样，在当前这个时代也是这样。以优步为例，此处的"产品"指的是用户手机上运行的软件，"网络"指的是任意给定时段内同时在线的、通过优步而连接在一起的、以寻找订单或司机为目的的用户。（在这个新的案例里就不再需要实体线路连接了。）在当代，产品通常由软件构成，而网络通常由用户构成。

上面提到的这些理念，也就是由产品和网络的相互依赖以及网络扩张带来的积极效应，最终将渗透到电脑和软件的时代。

10 亿用户俱乐部

韦尔提出对网络效应的思考已经过去十几年了，在这段时间里，人类创新的重点已经从电话机转向了应用软件。在最近的十多年里，软件正在"吞噬"整个世界，其带来的影响力是以 10 亿为数量级进行计算的。

全球顶尖的社交网络每天有 20 亿用户登录访问。数百万个独立内容创作者、企业和媒体在网络上上传了大量视频，全球消费者每天观看的视频总时长超过了 10 亿分钟。当代的专业人士，无论是在闪亮的摩天大楼里上班，还是在嘈杂的咖啡厅里办公，都要应用软件来与他人沟通协作，与同事分享资料和文件，所有这些功能都是架设在价值数千亿美元的云软件产业之上的。全球最大的连锁酒店公司——每年为客户提供超过 1 亿次的住宿服务，每年都要产生数十亿美元的预订量——实际上并不拥有任何一家实体酒店。相反，它把愿意出租自己房屋的人连接在一起，形成了一个巨大的网络，吸引旅行者来它的网络中预订房间。这些惊人的数据是应用软件开发者创造的，他们已经发布了数百万个应用软件，全球有 20 亿部智能手机在运行这些软件。用户有可能身处偏僻的乡村，也有可能身处国际化大都市的市中心。

这些软件的背后就是当今世界上最强大的科技企业，把它们团结在一起的就是科技行业最强大的市场力量：网络效应。

网络效应深深植根于大多数已经获得成功的科技产品，我们随处可见这些软件，只不过它们的类型各不相同。eBay（在线拍卖、购物网站）、OpenTable（在线订餐软件）、优步、爱彼迎代表的是市场类软件，其网络由买家和卖家组成。Dropbox、Slack、谷歌套件代表的是工作场所协同类软件，其网络由你和你的同事组成。照片墙、Reddit、TikTok（国际版抖音）、YouTube 和推特则是由内容创造者和消费者（包括广告商）组成的网络。安卓和 iOS 这样的开发者生态系统，让消费者可以方便地发现并付费下载各类软件，并且了解是谁开发了这些软件。

我们来看看已经跻身"10 亿用户俱乐部"的科技企业。苹果公司有 16 亿台 iOS 设备，谷歌公司的用户数达到了 30 亿。脸书的社交网络软件和即时通信软件加起来有 28.5 亿用户。运行微软 Windows 系统的设备有 15 亿台，运行 Office 套件[①]的设备

---

① 微软公司开发的办公软件套装，包括 Word、Excel 和 PowerPoint 等。

也达到了 10 亿台。在中国的科技圈里，微信、抖音、支付宝及其背后的企业都已经超越了 10 亿用户的大关。以上这些是取得惊人规模的科技产品，它们为数不多，但是每一个都充分利用了网络效应。

上面提到的产品之间的差异还是比较明显的，它们给用户创造的价值不同、目标客户群不同、商业模式不同，但它们都拥有一种相同的"基因"——依赖网络效应，使用该产品的用户越多，其价值也就越大。正如当年，电报和电话把全世界数十亿人连接在一起，现在出现的这些软件也能达成同样的效果——通过网络，用户可以进行买卖、合作和沟通等。

当一种软件能够将用户有效地连接起来的时候，我们就可以把网络效应分拆为"网络"和"效应"两个部分来进行定义。

"网络"是由使用产品进行互动的人定义的。对美国电话电报公司而言，它的网络就是连接千家万户的电话线。在数字时代，对 YouTube 来说，网络的含义是由软件来决定的。它的网络是由内容创作者上传的视频以及观看这些视频的观众组成的。YouTube 作为软件平台运营者，身处中间位置，向创作者和观众提供建议，并根据标签、推荐和信息流来管理视频，从而将恰当的视频内容推送给相应的观众群体。当一个网络上的用户看上去与我们志同道合的时候，我们就会喜欢使用这样的网络。这里指的志同道合的人既有可能是提供了我们所需要的产品和服务的市场营销人员，也有可能是开发了我们喜欢的游戏的研发人员，当然也可能是我们喜欢的明星、作家和朋友等。反过来，这些人加入这个网络，恰恰也是因为我们和其他数百万志同道合的人身处同一个网络。这是一个循环，毕竟内容发布者也需要有合适的观众和客户基础。

虽然说网络把用户连接在了一起，但是网络运营者并不占有用户的底层资产，这是一个比较违背常规认知的特征。爱彼迎旗下没有任何房产，其网络上的房东可以自由选择在其他网络上发布自己的出租信息。爱彼迎创造的价值在于让住客与房东能够便利地联系起来。很多软件开发者能够在苹果公司的软件商店里发布自己的产品，但他们并不是苹果公司的雇员。YouTube 平台上的内容创作者不是该公司的雇员，他们发布的视频也不是该公司的资产。这些网络都不占有用户的底层资产，它们的商业模式里最重要的是用户之间的联系。这种生态圈能够长期存在，其贡献的主要价值就是把所有人都连接在一起。这才是真正产生魔法般效应的地方。

网络效应中的"效应"主要用来描述网络的价值如何随着用户的增多而增长。有些情况下，价值的增量体现为用户交互的频率增加，或者整个网络成长的速度越来越快。但另外一种审视"效应"的角度就是通过极端数据的对比来看。一开始，YouTube 平台上没有任何视频，观众也好，创作者也罢，没有谁会认为它有任何价值。但时至今日，YouTube 的活跃用户数将近 20 亿，观众每天观看的视频总时长超过 10 亿分钟，这种体量带来了创作者和观众之间的互动，甚至是创作者和创作者、观众和观众之间的互动。用户选择继续留在这个网络上，并且使用网络的频率越来越高，原因正是其他人也在更多地使用这个网络。

看了上面这些定义，你如何评判一个产品是否具备网络效应？如果它具备，其效应有多强？我们需要分析的问题其实很简单：首先，这个产品是否形成了网络？无论出于商务、协作、沟通，还是其他使用这个产品的目的，这个产品是否将用户连接在一起？其次，这个产品吸引新用户、增强用户黏性或者变现的能力是否随着网络的扩大而变得更强？当软件上没有更多用户的时候，用户是否会遭遇冷启动问题？需要提醒读者注意的是，这些问题的答案并非绝对的黑白分明（通常你不会得到一个"是"或者"不是"的答案），而是隐藏在灰色地带。这也是让我感觉网络效应非常有趣并值得研究的原因。

网络效应是非常重要的力量。世界上规模最大的科技企业都是以网络效应为核心推动力的，而且它们正在成长为人类历史上最有价值且最重要的企业。你或许熟悉在"10亿用户"级企业清单上的科技企业，你或许认为它们令人向往。或许你是一位企业家，想打造下一个现象级的初创企业，一个得到网络效应助推的企业，一个以网络效应为护城河的企业。或许你已经是这些科技巨头生态圈当中的一员，你需要更深入地理解这些巨头的动机和经营战略。或许你是一家规模较大的老牌企业的一员，希望在一个由网络效应决定的行业中竞争。无论你的出发点如何，关键的一点就是理解这些产品底层的驱动力量——如何发布、成长并形成规模，以及如何参与竞争。

对那些没有花任何精力来了解这些驱动力量的企业而言，我可以给它们讲很多警示的案例。在本书后面的章节中，我会介绍照片墙是如何在与早期的照片分享类软件的竞争中全面胜出的。我也会讲企业软件（传统上由销售牵头、靠人际关系驱动的软件）是如何被网络效应驱动的新产品革新的，这里的案例包括了 WebEx（远程视频会议系统）与 Zoom 的对比，也有谷歌套件与 Office 的对比。随着科技行业的发展，网络效应的力量也在增长。

当前，发布新技术产品是非常具有挑战性的

科技巨头利用网络效应助推自身走向巅峰，但当前不是发布新产品的好时机。科技行业的生态系统对新产品可谓充满了敌意——竞争激烈，仿冒产品遍地，营销手段效率低下。

在这种环境下，想发布新产品的团队必须考虑新的网络产品到底有哪些优势，然后学习并掌握足够的知识和技能，去打造具备这些优势的产品，并最终发布产品。网络效应的运行机制给新产品突破重围提供了通道，因为新产品容易通过口碑传播和病毒式增长吸引新用户，并随着新生网络覆盖广度和密度的提高，从而提高用户参与度并降低用户流失率。当一个新的服务型网络取得成功时，规模更大、更成熟的企业往往很难后来居上。这些技巧可谓屡试不爽，而且在当前这种对新产品不友好的环境中显得更加重要。为什么发布新产品如此困难呢？因为我们身处一个用户注意力零和竞争的年代，多如牛毛的移动端软件、软件即服务（SaaS）产品和互联网平台的可防御性极低。

想想早在 2008 年，iPhone 的软件商店刚刚问世，一共只有500 个软件可供下载，整个移动应用生态圈敞开大门欢迎初创企业发布自己的软件。当时出厂的手机的初始屏幕几乎是空白

的，因此厂商求着用户在手机上安装游戏、工作软件和照片分享软件。（当然也少不了手电筒软件、放屁软件。）当时的软件开发人员面对的竞争环境很友善，他们只需要开发出比排队或坐地铁更有趣的体验，或者比参加乏味的工作会议更有吸引力的体验就可以。

仅仅过了 10 年，现在的格局完全变了。苹果公司软件商店刚开始的时候虽然只有几百个软件，但现在已经收录了数百万个软件，这些软件相互竞争的目标都是消费者的注意力。所以，所有的软件开发者都陷入了白热化的竞争。仅仅开发一个好的、有用的软件已经远远不足以获得用户的注意力，他们必须用尽一切手段，从那些用了多年时间来优化以吸引用户的超上瘾软件手中抢夺用户的注意力。对苹果软件商店和谷歌商店的数百万个软件而言，这就是一场零和游戏。所以各大应用商店的应用软件排行榜常年不变也不足为奇，一般都是大型的成熟软件才能够长期霸榜。

这个现象也着实令人疑惑。相比多年以前，现在的软件开发者应该具备了许多的优势，至少在开发软件方面应该是这样的。当前的科技行业里，开发开源软件的群体不断壮大，软件开发者可以利用开源软件，而不像 10 年前那样采购专有软件。开发团队还可以利用云平台进行计算，比如亚马逊网络服务（AWS）或者微软云计算（Azure），而不用自建数据中心。现在很多平台都有按点击量付费的可靠的广告服务，而不用像以前一样不明不白地把钱花在电视广告等传统渠道上。现在有很多即取即用的软件即服务型工具，开发者不用再去开发很多本地工具。有多个软件商店可以实现全球范围内的软件发布，可以触达数十亿新用户。这些新的便利条件听上去都很美好，但是它们对你来说很美好，对你的竞争对手来说也同样美好。如今，大多数软件的技术风险都很低，也就是说，由于开发团队无法通过工程手段开发出产品而导致失败的概率很低，但它们的护城河也很浅。当一种开发模式获得成功时，其他竞争对手非常容易效仿，而且仿制的速度很快。

虽然开发软件变得简单了，但是让软件产品成长起来并没有变得更容易。形成用户网络的产品有较强的吸引新用户的能力，通过现有用户引荐其他用户。在面向潜在客户群体进行营销的渠道陷入白热化竞争的时代，这种获客能力显得至关重要。我们再回看智能手机刚刚问世的那个年代，手机端应用程序数量少，应用程序开发人员也少，移动端广告和客户引荐计划等营销渠道仍然有效，而且成本相对可负担。我们现有的广告平台，比如谷歌和脸书，都是竞拍式渠道，想打广告的企业需要通过竞价来争夺相同的目标用户。在这种格局下，竞争者数量当然是越少越好，但我们完全可以预见，竞争者只会越来越多。随着软件开发商学会更加有效地将软件功能变现，随着更多风险投资资金涌入这个赛道，对广告资源的竞价抢夺只会变得更加激烈。原本能够带来较好效果的广告渠道，现在看来成本已经变得很高，同时，由于渠道饱和以及用户适应了渠道宣传手段，用户点击广告的次数越来越少，广告回应率逐步走低。

在竞争激烈的科技行业，网络效应是为数不多的护城河之一，而且其保护作用也有很大的局限。虽然照片墙能够在短短几个月的时间里就复制出 Snapchat[①] 软件的故事功能和短暂的照片消息功能，但是它很难改变数百万用户的使用习惯。处于同一个竞争环境中的规模较大的企业，更有能力复制其他人开发的产品，但是它们往往会发现无法复制其他人的用户网络。时至今日，科技公司对开发软件到底需要多少工程人员应该了如指掌，而且行业里还比较推崇简洁的风格，这既避免了软件结构过于复杂，也限制了开发的成本。

科技行业的这种力量角逐最早出现在消费类软件初创企业中，比如交易市场软件、通信软件和社交软件等以网络效应为核心的软件，但是这种角逐也逐步渗透到了我们在工作场所使用的软件中。脑力劳动者越来越希望企业所用的软件能够和在家里使用的软件一样，"能用就行"。随着这种预期的蔓延，企业在软件部署上也变得越来越"消费者化"，也就是企业用的软件一开始由单个使用者推荐，再逐步推广到整个公司，这当中也体现了网络效应。我在本书后面的章节中会讲述 Zoom、Slack、Dropbox 以及该领域其他领军企业的故事，其中很多公司都成长为营收数十亿美元的大企业，它们的估值一点儿都不输给消费类初创企业。

我们前面分析的这些现象——有限的用户关注度、激烈的竞争、受限的触达客户的营销渠道、具备用户网络的竞争对手以及未知的应用平台——都对这个行业施加着巨大的压力。科技企业面临的风险是巨大的。当一个新的产品试图利用网络效应打造一个自己的生态圈时，与其相关的上下游行业都可能遭巨大的冲击。

---

① 一款"阅后即焚"的照片分享应用。

科技正在改变一个又一个行业，总的来说，业务机会是越来越多的。科技正在逐步渗透我们生活的方方面面。两股巨大压力的交会（激烈竞争与巨大的市场机会并存）使我们更有必要对网络效应在科技行业产生的影响有更清醒的认识。

在前面的章节中，我已经讲到了美国电话电报公司的案例，以及 1908 年电话机诞生时出现的早期网络效应，也强调了这些早期发明对当今时代的重要影响。但是故事还没讲完，我们还需要用另一则故事来帮助大家完善对网络效应的理解，那就是 20世纪 90 年代末的互联网泡沫。虽然我们在 20 世纪之初就意识到了网络效应的存在，但网络效应的现代概念来源于几十年前的实践，也就是在互联网时代开始之时。

第二章
网络效应发展简史

互联网泡沫

1995 年前后，互联网开始出现在公众视野，数百万消费者第一次通过拨号上网的方式享受到了互联网，全球最早的商业网站也是在这个时期出现的。这些商业网站背后不仅仅是学术研究者，更重要的是以此为商业模式的初创企业，它们带来了一个科技驱动的繁荣时代。从 1995 年算起，仅仅几年的时间里就有数十家初创企业进行了 IPO（首次公开募股），纳斯达克指数上涨了 400%。这些企业包括：雅虎、网景、eBay、亚马逊和 Priceline（旅游服务网站）。时至今日，这些当年上市的科技企业中有许多现在依然存在，其价值数十亿美元。

1996 年算得上是互联网蓬勃发展的年份，但那时也只不过有 2 000 万用户接入互联网，其中大多数人使用的都是拨号调制解调器。西奥多·韦尔在 20 世纪初就洞察到网络的价值在于接入网络的节点数，在那个年代，整个美国电话电报公司的网络一共就只有几百万台电话机。如今，网络的用户规模需要以数十亿计了。

在当年，即便是这些早期的小公司，也对互联网潜在的商业价值产生了极大的兴趣。新一代网络词语开始涌现，包括"赢家通吃""先发优势""曲棍球棒曲线"等。当时的理论认为，如果一家初创企业拥有了某个特定领域第一个也是最大规模的用户网络，那么无论是连接买卖双方的网络，还是连接用户与内容的网络，这家企业（理论上）都将变得不可战胜。它可以为用户提供更多价值，兼并行业竞争者，不出意外它将成为行业垄断者，正如一个世纪前的美国电话电报公司一样。不出所料，在巅峰时期，美国在线公司的估值一度超过 2 240 亿美元，成为当时全球范围内最有价值的公司之一。

当然，我们现在回头去看，当年的这些理论有些傻得可笑。这也是为什么"互联网繁荣"时期也被称为"互联网泡沫"时期——很多经营不善的初创企业依托这些理论过早上市，后来因资金紧缺而纷纷倒闭退市。

但主导网络公司思维的一些观点依然存在。科技行业仍然喜欢谈论赢家通吃型市场以及企业的先发优势，在现实中，这些都只能当作神话，听一听就算了，而且有实践证明了这些理论不可行。我们看看现实：先行者拥有的优势微乎其微，很多最终的胜出者都是后人一步进入市场。赢家也没法通吃，而是需要和其他很多同样拥有用户网络的产品竞争，抢夺不同区域和客户群的控制权。既然如此，我们为何还要带着那么大的热情去研究网络效应？我们如果深入研究相关文献就会发现，互联网泡沫时期有一个非常流行的重要理论，只不过这个理论对网络效应的描述有很大的毫不掩饰的缺陷。我指的就是梅特卡夫定律。

梅特卡夫定律

如果你查阅现有文献，用不了多久，梅特卡夫定律就会被当作网络效应研究中的核心支柱理论进行介绍：这是一个在互联网繁荣时期流行起来的理论，并被广泛用于解释当时那些初创企业的天价估值。与韦尔的观点不同，这条定律给出了一个定量（尽管极其简单的）计算网络价值的方法，说明随着更多节点的加入，网络的价值也会增加。该定律的基本定义如下：

兼容通信设备的系统价值与设备总数的平方成正比。[3]

简单地讲，每当用户加入一个具有网络支持的软件时，这个软件的价值就增加到 n^2。这意味着，如果一个网络有 100 个节点，随后增加到 200 个节点，那么其价值不是简单地翻番，而是增长 4 倍。

这条定律最早由计算机网络先驱罗伯特·梅特卡夫于 20 世纪 80 年代提出，它用数学函数定义了给定数量的连接设备（传真机、电话机等）形成的网络的价值。梅特卡夫最早是从自己销售以太网的经验中总结出这套理论的。以太网是比互联网更早一代的计算机网络协议。

在 20 世纪 90 年代末，在新兴互联网"网络公司"不断涌现的背景下，人们开始盛行用梅特卡夫定律来证明行业"先行者"的合理性并抬高其估值。相信这种互联网即将大爆发的世界观给当时的商业界带来了巨大影响。相信这种观点就意味着你相信 20 世纪 90 年代的"网络"初创企业正在打造全球范围内最大的网络，它们的价值将呈现指数级的增长。早点儿买入，快点儿买入，因为它们的价值很快就要呈爆发式增长了。

只不过我们现在以反思的角度去看就很容易产生疑问，也就是怀疑为什么梅特卡夫定律适用于互联网网站的建设。对于如何看待 eBay 上的买方和卖方的问题，这条定律并没有过多地解释这一点——从事买卖的人应该被视为"兼容通信设备"吗？eBay 是否等同于梅特卡夫最初创造的以太网那样的计算机网络互联技术？在互联网繁荣时代，这些质疑声都变得无足轻重。有人把这条"定律"重新包装成一个网站随用户数增加而价值实现非线性增长，并成了当时行业里讨论的基础性理论。

梅特卡夫定律的缺陷

如果你读到这里就此打住，那你刚好吸收完关于网络效应的常规讨论中可能出现的高层次战略思维。我在前面的这些章节里谈了一点儿历史，介绍了一些行话，抛出了几个"大鱼吃小鱼"的案例，引出了梅特卡夫定律的定义，并且阐述了其可能带来的战略影响。但对那些希望利用网络效应来创造、发展和竞争的科技行业从业者而言，这些知识还远远不够。对那些在下一个季度的发展路线中需要围绕网络效应制定战略的产品经理、工程师、设计师和高管而言，这就更加杯水车薪了。

任何一个曾经从零开始打造过具备网络效应产品的人都会告诉你：非常不幸的是，梅特卡夫定律与网络效应毫无关系。虽然这条定律在其诞生的时代非常耀眼，但是它并没有随着时代的发展而更新。梅特卡夫定律缺少对网络建设重要节点的描述，比如说在起步阶段，如果没有人使用你的产品，那你应该采取什么样的行动才是正确的。这条定律也没有关注用户交互质量，比如说一个由买家和卖家组成的网络，其特征就是千人千面，这里带来的网络多面性在定律中也没有被关注。这条定律也没有区分"活跃用户"和仅仅注册但未开展互动的用户，更没有分析由于过多用户开始挤占网络资源而导致的产品体验下降。这些情况都已经远远超出了"节点越多越好"的简单理论。梅特卡夫定律只能算是一个简单的学术模型，经不起现实生活中混乱的考验。

猫鼬定律

如果梅特卡夫定律不适用了，那是否有更好的理论呢？我撰写此书的目标之一就是给大家介绍一套更好的理论，而且我觉得它已经被我找到了。这是一套基于动物种群的数量增长研究而形成的理论，其最初的研究对象是猫鼬——对，就是你在《狮子王》电影里见过的丁满，和野猪彭彭一直在一起的那只动物。

我在西雅图华盛顿大学读书的时候，接触到了这个更适于分析网络效应的理论。大四的时候，我选修了一系列关于生态学研究的数学课，其研究的对象是动植物种群的数量。这些课程里的数学主要针对的是有社交习性的动物，如猫鼬、沙丁鱼、蜜蜂和企鹅，这让我不禁联想到网络效应。

很多具有社交习性的动物会通过群居来获得额外的社会效益，比如一同狩猎、寻找配偶和抵御天敌等。在这种网络中，节点越多越好。但是，如果因为任何一种原因导致种群数量减少，那它们的社群效益会迅速消失，进而导致整个种群濒临崩溃。如果种群数量增长太快，就会导致很多动物拥挤地生活在一个狭小的空间内，种群数量爆发将抵销社群效益，那么这个物种的种群数会趋于稳定。这是不是听起来很熟悉？对，就是这样：具有社交习性的动物也具有网络效应。

猫鼬种群引发的思考

猫鼬种群是最能说明网络效应的动物。它们是高度社会化的动物，通常生存在非洲南部，常见的种群数量为30只或50只，我们把这种群体称为"群"或"伙"。猫鼬喜欢在群体当中生活，因为当天敌靠近时，只要有一只猫鼬发现了威胁，它就会将两条短小的后腿直立起来，通过发出复杂的捕食警报声，提醒整个群体危险在靠近。猫鼬发出的声音可能是吼叫，也可能像吹口哨，它们能够通过声音提示附近的同伴，捕猎者来自空中还是地面，以及这个捕猎者带来的风险是低、中、高当中的哪一档。这种行为保证了整个群体的安全。

芝加哥大学教授、美国生态学先驱沃德·克莱德·阿利在20世纪30年代首次描述了这种动物的种群行为。在他发表的《动物群聚效应研究：金鱼体内对胶体银的集体保护》[4]论文中，阿利描述了他通过观察发现，当水中的金鱼以群聚形式生存时，其种群数量增长更快，而且能够有效抵御水中存在的毒性。鸟类会成群结队地飞行以达到迷惑和抵御捕猎者的目的，猫鼬成群结队地生活以实现相互警示的目的，金鱼种群也存在同样的种群效应。阿利观察到的这些现象后来被总结成了生物学当中的一个重要概念，因为这个概念首次提出了生物种群数量存在一个临界点（也被称为"阿利阈值"），即当种群中的生物数量处于这个临界点时，整个种群将获得更安全的生存环境，种群数量也必然出现更快速的增长。换句话说，阿利提出的种群数量增长曲线描述的是网络效应在生物界的一种体现（见图 2-1）。

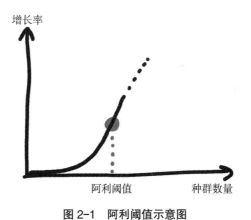

图 2-1　阿利阈值示意图

　　如果猫鼬种群中没有足够的猫鼬向其他成员发出危险警告，

种群中的个体极有可能被捕猎者捕杀。之后，这种情况会循环往复，随着猫鼬数量变得越来越少，它们自我保护的能力变得越来越差，后果就是种群的个体数量越来越少。这是动物种群数量低于阿利阈值后会发生的现象，而且种群数量趋向于零。

上面讲的动物种群现象对科技产品的借鉴意义已经很明显了。以通信软件为例，如果软件用户数不够多，有些用户就会删掉这个软件。随着用户基数的减少，更多的个人用户会选择离开这个平台，最终会导致整个网络的沉寂乃至溃散（见图 2-2）。脸书兴起之后，它逐步分流了 MySpace 的用户，导致 MySpace 最终的失败；另外一个案例就是黑莓手机，当消费者和软件开发人员转投谷歌和苹果智能手机阵营时，黑莓手机彻底销声匿迹了。

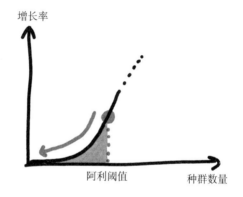

图 2-2　无法达到阿利阈值后种群溃散示意图

另外一种情况是，如果猫鼬种群数量保持健康的增长，又会发生什么现象？答案是猫鼬种群会持续扩大、繁衍后代，可能会繁殖出更多的种群。如果种群数量超出了阿利阈值，那么这个种群的个体数量会持续攀升，因为这个种群已经有足够的基数保证数量健康增长，并且为种群提供集体保护（见图2-3）。猫鼬基数越多，未来种群的总数就会越多。只要种群的总量保持在一个高位，那么即使捕猎者偶尔偷猎到一两只猫鼬，整个种群的数量还是会继续增长。

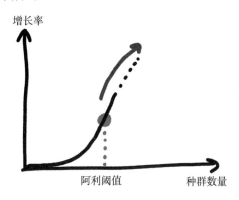

图 2-3 超越阿利阈值后的增长情况示意图

不过种群数量的增长不可能永久持续下去，环境中支持种群生存的资源是有限的，比如猫鼬最喜欢吃的昆虫和水果都是有限的，所以环境能够承载的种群数量是有限的。动物种群数量的扩张会随着外部环境的制约而达到一个天然的极限，这个数值通常被称为承载量（如图2-4所示）。对具有社会性的动物而言，比如我们提到的猫鼬和金鱼，它们的种群数量过度增长的曲线刚开始的时候很平缓，超越临界点之后就迅速增长，之后达到临界点，饱和后就开始走下坡路。

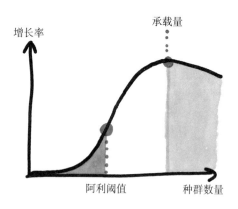

图 2-4 发生种群数量过度增长时环境的承载量示意图

在科技行业，当过多的用户造成环境"拥挤"时，就会引发网络效应版的承载量问题。对即时通信软件来说，过多用户可能导致你收到过多的信息。对社交软件来说，用户可能收到过多的推送内容。对交易市场类软件来说，挂牌出售的物品太多，买家想要找到中意的商品，过程可能会变得很烦琐。如果你不开启垃圾信息过滤、算法推送，或者运用其他手段和措施，那么这个网络可能很快就会瘫痪。但是，如果开发者能够用恰当的工具来帮助用户发掘信息、屏蔽垃圾邮件以及提升用户界面的关联度，那么开发者就可以为用户增加环境的承载量。

种群（和网络）崩溃时的情境

如果渔民在大海里过度捕捞，那么沙丁鱼、金枪鱼和其他鱼类的数量可能出现负增长，最终在短短几年的时间里就走向种群崩溃的境地。具有网络效应的科技产品也会出现同样的现象：刚开始的时候有少数几位朋友退出了某个网络，这个网络的有用程度降低了一点儿，但随着用户的减少，当总用户数降到临界点以下的时候，整个网络就会完全崩溃。

　　生态环境中，这种反向的变化是肉眼可见的。离我现在居住的旧金山约一个小时车程的南部，有一座风景秀丽的小城叫蒙特雷，就在加利福尼亚州。这座小城最知名的就是丰富的渔业资源，而且这里也是美国知名作家约翰·斯坦贝克的故乡。在20世纪早期，当地的渔业已经产业化，一整条大街的沿途两边都建起了沙丁鱼罐装厂，这条路也被命名为罐头厂街。产业化局面形成以后，蒙特雷每年都要收获数十万吨的沙丁鱼。沙丁鱼本身很小，一条或许只有几盎司①重，所以在当地渔业兴盛时期，每年捕获的沙丁鱼应该在50亿条左右。

　　渔业在当地获得了巨大的成功，成了这个数万人口小城的支柱产业。但一夜之间，这种局面就发生了翻转。在20世纪50年代的某一年，沙丁鱼群神秘地消失了。整个城市的人都耐心地等待着鱼群明年能游回来，但它们再也没有出现。之后，大家又等了一年，同样没见到鱼群的影子。随后又过了一年，情况依旧没有改变。沙丁鱼就这样消失了。在渔业兴盛的早期，一次出海捕鱼能够收获将近8亿吨沙丁鱼。数十年之后，这个数据断崖式减少到17吨。[5]

　　过度捕捞，再加上动物种群的复杂动态，最终导致蒙特雷的

---

① 1盎司≈28.349 5克。

捕鱼产业走向衰亡。当地的罐装厂最终都关门歇业，过去的旧厂房现在改建成了纪念斯坦贝克以及蒙特雷海湾水族馆研究海洋生物的绝佳旅游景点。游客现在还可以去参观过去的罐装厂，那些代表着蒙特雷沙丁鱼产业兴衰的标志牌和图表依旧悬挂在厂房里。

沙丁鱼是一种具有网络效应的鱼类，用阿利曲线能够帮助我们认识到，网络是可以被瓦解甚至彻底消亡的。对沙丁鱼而言，只有种群数量大于"阿利阈值"，其才能从负增长走向可以自我维持的健康增长，但是如果人类过度捕捞，我们也可能导致其走向临界点的另一侧（见图 2-5）。

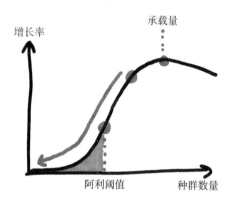

图 2-5 种群数量低于阿利阈值后塌缩示意图

沙丁鱼的网络会崩溃，科技产品的网络也同样会崩溃。如果你的朋友都不再使用发送文字短信的软件，那你为什么还要用呢？当你打开一个软件时看到的是一片空白，你最终也会放弃再次打开它。很快，这个网络效应就会随着其加速走向崩溃而消失。

优步的阿利曲线

我在华盛顿大学读书的时候就学过阿利教授关于数量生态学的理念，但和大多数人一样，我在大学时学习的知识，一毕业就全部忘记了。多年以后，我站在优步旧金山总部的白板前，我试图想象在一个城市里增加司机将如何改变乘客体验。我想得越久，画得越多，一张熟悉的曲线图变得越来越清晰。

如果一个城市中司机的人数很少，那就意味着乘客需要等候的时间很长，这就是所谓的高 ETA（预计到达时间）。这会导致订单转化率低，谁会为了一辆车而傻等半个小时呢？所以，除非你已经有数十位司机（在这个例子中，我们假设有 50 名司机），否则你的网络对用户的价值几乎为零。乘客不会使用这样的软件，司机也不会坚持使用，所以整个网络会自行崩溃。

一旦你的司机数超过了临界点，整个网络就开始运转了。乘客如果可以在 15 分钟内上车，那么即使存在一定的不方便之处，他们也是可以坚持使用的。如果把等候司机到达的时间缩短到 10 分钟或者 5 分钟，那么整个局面会变得更好。网络中的司机人数越多，则整个网络的便利性越强。一个城市的共享出行网络就会开始呈现出经典的网络效应。

但这种网络的价值最终也会趋于稳定，也就是超越峰值之后，司机人数越多，收益越差。等候司机到达的时间缩短到 4 分钟、2 分钟或者立刻上车，对乘客而言已经没有任何差别了。实际上，立刻上车还会让乘客手忙脚乱，因为你总会需要一点时间带上家门钥匙，再跑出去和司机会合。

如果我把这条曲线画在纸上，就会得到图2-6。

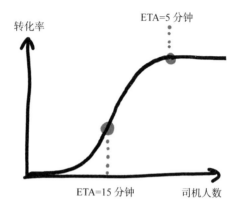

图2-6　优步的转化率与司机人数关系示意图

这张图看起来是不是很眼熟呢？

猫鼬定律和梅特卡夫定律的对比

统治着猫鼬这种社会性动物的数学原理对人类同样有效。毕竟人类也是一种社会性动物，我们分享照片、出售收藏版运动鞋、共享工作项目，还会分摊晚餐的费用，以此来建立联系。人际网络教会了我们采买物资、相亲约会，而不是停留在狩猎和交配的状态。

让人类集结在一起的内在动力与让猫鼬群聚的动力是一致的，这两个不同的物种其实共享了很多相似的理念。人类的社交网络中需要一定保底数量的个体才能使得整个网络发挥作用，猫鼬的种群也存在同样的需要。正如同人类的通信软件用户群会不断增长，但最终会达到市场的饱和状态，动物的种群数量也会不断增长，直到种群数量超越生存环境的承载量。虽然我们用来描述这类现象的词语不同，但是其背后的核心理念和数学原理是相同的：

阿利效应→网络效应

阿利阈值→临界点

承载量→饱和状态

在后面的章节中，尽管我会一直使用描述商业的这一组词语——网络效应、临界点和饱和状态，但我还是会把这套理论归功于阿利教授和他关于生态研究的数量化模型。数百年来，生态学家创造了多种动物种群数量模型，用来预估种群数量增长的速度，预测种群数量何时出现过度增长的状态，还用来预估种群数量变化的复杂机理。我在本书中借用这些理念来描述科技产品如何借助网络效应来启动、发展壮大并维护自己的市场。

我们常听到的说法是，科技产品要么具备网络效应，要么不具备，现在引入的这套理念为我们提供了更丰富的理论基础。科技行业需要创造颗粒度更高、精准度更高的词语，这样才能把对网络效应的分析引向深入，也才能把具体概念和计量标准关联到产品策略上。

科技行业目前需要的是一套能够把相互关联的概念和词语统一起来的研究框架，而这个框架就是这本书的核心内容。

第三章
冷启动理论

研究框架

我在本书中提出的核心研究框架是一种引导大家用新思维来分析网络效应的方法论。这个框架分为不同的研究阶段，每个阶段有独特的挑战、目标和最佳实践。我写这本书不仅仅是要介绍一个在网络的成长和演变过程中发生的现象，更是要让读者明白如何让理论变成行动，如何推动一个产品从一个发展阶段迈向下一个发展阶段。

我把这套研究框架称为"冷启动理论"，也就是用构建网络效应的第一个也是最重要的一个阶段来命名整个框架。

冷启动理论包含不同的阶段，每个阶段都是产品开发团队必须亲身体会的，只有通过所有阶段的考验，才能充分捕获网络效应的能量。这套理论所对应的曲线图直观地反映了随着时间的推移而建立起来的网络价值，其通常呈现为一条"S"型曲线，末端通常呈现出下行趋势（见图3-1）。

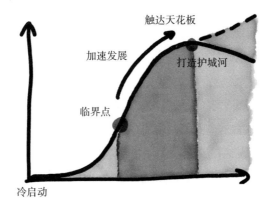

图 3-1　冷启动理论框架各阶段示意图

冷启动理论共包含 5 个主要阶段：

1. 冷启动阶段
2. 临界点阶段
3. 加速发展阶段
4. 触达天花板阶段
5. 打造护城河阶段

让我逐一介绍一下各阶段的定义和基本特征，然后我在本书后面的章节中会详细展开介绍与各阶段对应的案例。

冷启动阶段

　　大多数新生的网络都会走向消亡。以视频共享类软件为例，如果在产品发布的早期没有汇集足够广泛的内容，那用户是不会停留在这个平台上的。对市场交易类、社交类以及其他消费（甚至 B2B）产品来说都是这样，如果用户得不到自己想要的内容，他们就会对这个软件感到反感。这会引发一个自我强化的恶性循环。换句话说，在大多数案例当中，初创企业最追捧的网络效应实际上起到了破坏创业产品的作用。我将这种现象称为"反网络效应"，因为这种现象纯粹是破坏性的，在一个企业刚刚起步的阶段尤为明显。想要解决冷启动问题，必须在同一时段、同一网络内汇集恰当的用户和内容，这是很难在启动阶段就做到的事情。

　　这也就是冷启动问题的本质。为了解决这个问题，我分析了一系列案例——维基百科上创建内容最多的用户群体、信用卡的发明过程以及 Zoom 公司如何开发出一款现象级的产品。从这些案例中，我总结出一种关注搭建"原子级网络"的方法论。所谓原子级网络，就是规模最小但运行稳定并且能够自主成长的核心网络。举例来讲，Zoom 的视频会议网络只需要两个人就可以运行，相比之下，爱彼迎的网络至少需要每个市场中有数百个活跃的租房信息才能稳定运行。我仔细分析了每个网络背后的核心产品理念，也分析了许多初创企业在选择产品特性时的相似之处。我还着力去寻找一些问题的答案，比如谁是新生网络中的第一批用户，谁又是最重要的用户，他们为什么会成为第一批用户？他们为什么是最重要的？你如何能在初创网络中播下正确的种子，引导网络朝着你希望的方向成长？

临界点阶段

开创首个原子级网络需要付出巨大的努力，但很明显，只建造一个原子级网络是不足以支撑长远发展的。要想赢得一个市场，很重要的措施就是打造尽可能多的网络，充分渗透这个市场。但要如何做才能以足够大的规模实现这个目标呢？幸运的是，有一种重要的力量开始发挥作用：随着网络规模的扩大，每个网络成长的曲线都会越来越陡峭，以至于对整个市场的占领都会变得越来越简单。这就是研究框架的第二阶段：临界点阶段。我在这个阶段主要以 Tinder 为案例，向读者介绍这家公司如何在南加利福尼亚大学成功实现启动，并把成功经验扩展到临近的大学。在大学中获得成功之后，它扩展到洛杉矶城市，再扩展到更大的地区，直到占领完整的市场，包括印度和欧洲。

我们可以把启动一个网络类比为推倒第一张多米诺骨牌。每一次新的启动都会让下一组相邻网络的启动变得更简单，直到变成一种不可阻挡的趋势，但所有这些都起源于刚开始时取得的最小规模的一次胜利。这也就是为什么我们经常看到最成功的网络效应会像共享出行、协同工作和社交网络等软件那样从一个城市传播到下一个城市，从一家公司传播到下一家公司，或者从一个校园传播到下一个校园。软件即服务产品通常都在公司内部实现增长，也就是先在一个点着陆，再逐步铺开，当然也会在公司之间传播，因为公司雇员会与合作公司以及公司顾问分享这些产品。这就是一个市场达到临界点的状态。

加速发展阶段

当一家公司的业务发展到拥有像 Dropbox、Slack 和优步一样的规模时，似乎其网络效应就会启动，下一个发展阶段也就水到渠成了。但事实并非如此。与预期相悖，下一个发展阶段正好是科技企业开始大规模雇用上千名员工的阶段，也是其启动一系列雄心勃勃的新项目的阶段，因此企业希望维持住产品快速发展的势头。在加速发展阶段，企业开足马力，拼尽全力来强化网络效应，维持住增长的趋势。

在这个阶段，经典的"网络效应"定义不再适用。我提出，这个阶段的网络效应不再是一股单一的力量，而是三种独特的潜在力量在共同发挥作用：第一是获客效应，让产品利用网络，通过病毒式增长推动低成本、高效率的用户获取；第二是交互效应，也就是随着接入网络的增加，用户之间的互动也相应增加；第三是经济效应，也就是网络的增长能够提升产品变现的能力，促进线上业务的转化率。

如果我们理解了这些推动企业发展的效应，我们就能让给这些效应赋能的机制加速运转。举例来讲，获客效应的背后推手实际是用户自发推荐带来的病毒式增长和早期用户获得的良好体验，这种体验会促使这部分用户邀请其他人加入这个网络。PayPal（网上支付工具）的病毒式推荐计划和领英的为互联而推荐计划就是这方面的两个典型案例，它们采用的战略都提升了获客效应背后的真正动能。

交互效应的表现形式就是在网络扩大的同时，用户之间的交互频率也随之增加。企业可以通过让用户在"交互云梯"上实现升级，达到进一步提升交互的效果。实际做法就是通过激励计划、市场营销／沟通和新产品功能等手段，将用户导入新的应用场景。优步就对用户进行逐步引导，最初级的用户只预定去机场这种远程旅途，进阶之后的用户就算外出用餐也会习惯性叫车，再升一级的用户则是每天都叫车上下班。

最后，经济效应会直接影响科技产品的商业模式，随着时间的推移，它也能在网络规模增长的同时，通过增加关键货币化流量的转化率和提高每个用户的收入来进行改进。以 Slack 这样的产品为例，当一家企业内部有越来越多的业务团队开始使用 Slack 作为办公工具软件时，你就更有机会把这家企业转化成付费客户。再以《堡垒之夜》这样的游戏为例，当一个玩家将自己现实中的朋友拉入游戏环境时，游戏运营商更有机会将软件服务变现，因为他们的收益靠的就是向玩家出售定制服装和武器。

把上述三种效应结合在一起，就能获得火箭助推器一样的力量，推动网络向着 10 亿用户俱乐部飞速前进。

触达天花板阶段

在很多介绍网络效应的故事里，当一个产品超越临界点时，这家企业似乎迎来了童话般的结局——它已经赢了。但如果你去问公司内部的运营者,你会听到截然不同的说法:一个高速成长的网络会产生继续扩大与自我分裂两个方向的诉求,而且这两个方向都有巨大的力量。

这就是一个网络"触达天花板"的阶段,在这个阶段,网络的增长将会停滞。造成这种现象的原因很多,首先是获客成本,通常由于市场饱和而飙升,用户数量的病毒式增长会减缓。与此类似,网络上一定还存在"无效点击定律",在一段时间后,它会导致获客效应和交互效应的成效不断下降,因为用户对一成不变的营销手段会选择视而不见。网络中还会存在欺诈、用户拥挤和情境崩塌等情况,这些都是网络发展和成熟过程中自然会产生的现象。在网络发展的过程中,还会有很多其他负面力量一起滋生。

在现实世界中,各种产品都容易走上高速发展的道路,然后遭遇天花板,这个时候产品团队就会开始解决问题。但在团队解决的过程中,又会出现另一个增长高峰,然后产品又遇到新的天花板,然后团队又经历一个新的循环。这种循环每重复一次,情况就会变得更复杂一分,因为随着时间的推移,原来没有解决的问题会变成底层的严重问题。

我分析了一系列重量级的科技产品遭遇增长放缓期的案例,包括在互联网诞生早期的新闻组网络内爆,eBay 的美国业务放缓,尼日利亚王子(邮件仿冒者)诈骗案等。在这些案例中,有些问题是可以找到简便的解决方案的,有些问题则成了最终摧毁网络的罪魁祸首。解决天花板问题是困难的,任何一个成功的科技产品必然会伴生不同程度的垃圾邮件和容易诱人上当的内容。这些问题只能通过管理手段持续维护，没有办法根除。

打造护城河阶段

整个研究框架的最后一个阶段关注的是如何利用网络效应来抵御竞争对手，这也是大多数网络和产品走向成熟时必然要关注的焦点。虽然网络效应不是唯一的护城河（品牌、技术、合伙人和其他因素都能提供助力），但它依然是科技行业最重要的手段之一。

但我也观察到一个显著的缺陷：用网络效应来与竞争对手开展对抗是一种非常棘手的手段，因为运营同一类产品的公司都能利用同一种发展动能。比如说，任何一种工作协同软件都可以利用网络驱动的病毒式增长、更高的黏性，并随着更多用户的到来获得强大的变现能力。市场交易类软件和通信类软件也是如此。

这种动能催生出一种独特的竞争机制——"基于网络的竞争关系"。这种竞争不仅关乎产品特性或执行，而且还涉及一种产品的生态体系能否成功挑战另一种产品的生态体系。爱彼迎在欧洲市场就遇到了这个问题。当地出现了一个名为 Wimdu 的强大的竞争对手，Wimdu 创建之初就获得了巨额融资，有数百人的团队，而且据它自己公布的书面材料，在欧洲市场它的影响力更大。爱彼迎在对抗欧洲竞争者的过程中，只能靠网络的质量和扩大网络效应来取胜，而不是通过传统的竞争变量，比如价格和功能。

由于同一类别中的所有科技产品都可能在利用同一种网络

效应，因此即便大家利用的是相同的力量，竞争的结局也会呈现出非对称的形态。大型网络和小型网络在任何一个给定的市场环境中采用的都会是截然不同的策略，我们可以把这种状态比作一边是普通人大卫的策略，一边是巨人歌利亚的策略。初创企业不得不在大型网络无法顾及的利基细分领域中寻觅机会，它们需要通过关键的产品特性，打造出自卫性强的原子级网络，随后在机会合适的时候，提升经济效应和交互效应。孵化期的企业则可能利用自己相对较大的体量来驱动更高的变现率，提升头部客户创造的价值，而且会以特别快的响应速度来跟进成长较快的细分市场。在深度研究网络之间如何展开竞争这个问题的过程中，我将分析优步、Lyft、eBay 中国业务、阿里巴巴以及微软的软件打包销售模式。

贯通 5 个阶段

以上就是冷启动理论。整个研究框架由 5 个阶段组成，其目的是教会大家如何创建、发展和维护网络效应，也是为了让任何一个新产品团队（无论是初创企业还是相对大型的企业）都能在工作中利用这套理论制定发展路线图。

创业者应该从第一页开始阅读这本书，因为冷启动问题关注的重点就是如何发布新产品，如何创建新公司。从另一个角度来说，致力于开发成熟产品的团队会发现这本书中间的几章和他们的工作息息相关。达到加速发展阶段和不断优化产品增长循环，是每个成功的产品团队每天必做的功课，只有这样才能朝着下一个阶段进发。

我创造冷启动理论的本意是要使其能够适用于科技行业中的大多数企业，包括视频平台、市场交易平台、工作协同工具、自下而上的软件即服务产品、社交网络和通信软件等。在整本书中，我会从优惠券、信用卡和早期的互联网协议等历史案例中汲取经验。你会惊讶地发现，数百年前古老的交流方式与我们当前使用的现代化软件存在共通的运作原理。

在阅读本书的过程中，我希望读者能够看到科技产品之外的网络模式。本书中提到的很多理念远远超出了移动应用程序的范畴，正如我的朋友、知名投资人、初创企业家纳瓦尔·拉维康德曾说他观察到：

> 人类是一种被网络连接在一起的物种。网络使人类可以相互协作，没有网络，人们就只会做各自的事情。网络也决定了合作的成果如何分配。货币是一种网络，宗教信仰是一种网络，一家企业是一种网络，公共道路是一种网络，电力系统也是一种网络。[6]

更进一步说，建设和控制成功的网络的风险也是极高的：

> 网络必须依照一定的规则来建立。网络中必须有规则制定者来监督规则被遵守和执行的情况。他们的对立面是企图规避规则的作弊者。网络中的规则制定者自然会变成社会中最有权力的人。

冷启动理论旨在将这些理念整合到一个具有普遍适用性和可行性的框架中。随着本书的讨论逐步展开,后面的每个章节都会提出一系列新的词语,用于描述企业在每个阶段面临的挑战和期望实现的目标,并辅以相应的案例、访谈以及来自本行业标志性产品的深入研究成果。

让我们正式开始吧。作为本书研讨的开端,我就从第一个阶段入手:分析冷启动问题。这是一个关键的早期阶段,也是给全书命名的阶段。

第 二 部 分

冷启动问题

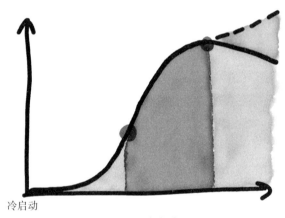

图 II-1　冷启动问题

第四章

冷启动阶段——新产品进入市场最重要的阶段

当我们开始创造一种新的具备网络效应的产品时，我们需要做的第一步是搭建一个单一的、微小的并且能够自我运转的网络。刚开始的时候，你只需要建设一个网络就够了。但即便是建设这样一个网络，任务也是十分艰巨的。所以在本章，我先给大家讲一个失败的产品的故事，以及与它伴生的网络。

这家公司从创立到关闭其核心产品，一共经历了4年零10个月。公司的业务团队都是曾经创造过辉煌的人。他们曾经打造并出售过一家价值高达数千万美元的公司，他们做的事情其实都是对的。他们做了一次非常振奋人心的产品发布会，在公司创建仅仅两年之后，就以极大的市场声浪向用户推出了测试版软件。随后，他们和用户紧密合作，添加恰当的软件功能，修正系统错误，并采取一些其他措施。公司刚刚创立就从美国最顶尖的投资人那里拿到了1 700万美元的融资，雇用了45位非常有天赋的人，打造了一款独特、有趣、令人愉悦的产品。这家初创公司名叫微尘,其打造的产品是一款多人游戏,名字叫作"故障短跑"(Glitch)。

从"故障短跑"游戏的简介来看,它似乎有点儿"离经叛道"。这是一款在浏览器上运行的多人游戏,游戏的背景被设定在 11 位巨人的头脑中,这些巨人包括洪巴巴、莱姆和弗兰德利等。他们一直在梦想着一个全新的世界,而这个新世界被赋予了存在的意愿。游戏中的角色、背景以及艺术看上去就像是由"巨蟒组①和苏斯博士②"联合设计的产物。用户在游戏界面中走来走去,点击环境中的物品,学习不同的技能,包括给狐狸梳毛、炼制药水、园艺以及传送等。

不幸的是,这款游戏的早期评价并不好。AV 俱乐部曾评论说:"这款游戏的背景故事是 11 位巨人梦想着让一个游戏世界成为现实。这种设定太傻了。"用户的评论也不太友好:"尽管这家公司在游戏发布前大吹大擂,说这款游戏能够改变游戏的面貌,但这款游戏实际上极其无聊,你基本上就是走来走去,然后点击各种物品。我曾经告诉一位朋友,你可以把这个游戏看作'农场物语',只不过这次你连农场都没有。"以上是名为"dgreensp"的用户在互联网讨论网站"黑客新闻"上发表的评论。

最终,这款游戏没能留住客户。在多年以后的一次访谈中,这家公司的首席执行官对糟糕的用户留存率感叹道:"大多数人,我说的是 97% 的注册用户,都会玩不超过 5 分钟就退出这款游戏。

---

① 英国 6 人喜剧团体,有着"无厘头"的搞笑风格。
② 儿童文学家、教育学家。

导致这款游戏失败的就是我们采用了漏桶算法。我的意思是，就像很经典的游戏一样，你在 5 分钟内就能把它导入 Excel，然后就能看到这是行不通的。"作为一款多人游戏，"故障短跑"只有在很多人一起玩、一起聊天的情况下才会变得有趣。但这款产品从来没能获得足够数量的用户，也就没有开启这种社交体验。

对初创企业而言，这并不是一个有什么独到见解的案例，也不是什么了不起的结果。毕竟，有很多新的产品在经历了漫长的旅程之后，最终还是免不了失败，只不过这一次这家公司做了一次奇怪的转型。多年以后，微尘公司带着第二款产品卷土重来，这次的产品叫作 Slack。说到这里，你可能已经知道了故事的结局，因为当我写作这本书的时候，Slack 的每日活跃用户量已经超过了 2 000 万，它的企业用户数也超过了 100 万。这个创业团队从即将彻底亏损的微尘初创公司做起，直到后来成长为 Slack 科技有限公司，后者最终以 260 亿美元的价格卖给了 Salesforce （一家客户关系管理软件服务提供商），同时创造了 8 亿美元的收入。该公司的首席执行官斯图尔特·巴特菲尔德和他的创始合伙人埃里克·科斯特洛、卡尔·亨德森、谢尔盖·莫拉乔夫成功实现了创业领域最令人惊叹的华丽转身。

我们很容易把 Slack 这样的产品看作一夜爆红的典型案例，毕竟它已经到了"家喻户晓"的程度，但是依靠网络效应来打造的产品通常不能在一夜之间就取得辉煌。就用 Slack 公司的案例来说，从创造"故障短跑"游戏到放弃这第一款产品，创业团队花费了将近 4 年的时间，公司获得的融资基本花光了，员工都被裁掉了。随后，他们又花了两年的时间来重复这趟艰巨的从 0

到 1 的旅途：挑选一个新的产品，找到测试用户，广泛推广产品，重建团队，将公司更名为 Slack，为新的发展战略融资。这与所谓的一夜爆红完全是相反的。事实上，我会通过一个个案例向大家说明，创建具备网络效应的产品既艰难又缓慢。但是，我们能够从已经获得成功的案例中找到一种值得研究和可被复制的模式。

Slack 公司这个案例中的问题包括：从创业团队正式启动 Slack 产品的研发，到这个产品看上去已经进入正常运转，这个过程中到底发生了哪些事情？我们可以学到什么？我们可以复制什么？

对我而言，比较幸运的是，在早些年的时候，安德森-霍洛维茨公司就给微尘公司提供过支持，双方的关系可以追溯到微尘公司的创始时期。我的同事约翰·奥法雷尔帮助我联系上了斯图尔特·巴特菲尔德和早期的雇员阿里·雷尔，从他们那里我获知了这个案例。下面就是他们告诉我的故事。

首先让我们回到 2009 年的伊始。当时，他们的创业团队仍然在打造"故障短跑"这个游戏。斯图尔特和他的创始合伙人们招揽了来自不同地区的数十名工程师，他们有的来自旧金山，有的来自温哥华（创始团队的最初工作地就设在温哥华）。今天，我们会认为这是更广泛、更具变革性的远程办公趋势的重要预演。但在那个时候，远程办公还是一种新生的概念，这也意味着还没有出现能够支持远程办公的工具。

为了帮助团队能够协同工作，他们利用了一种能够互相聊天的工具。他们用的并不是我们目前所能用到的这种界面漂亮的产品。该工具的交流全是通过文本完成的。它发出命令的方式很搞笑，所有的语句都要以"/"开头，因为整套系统都是基于一种古老的技术，即 IRC（互联网中继聊天）。这套系统的创始人是芬兰一所大学的员工雅克·奥伊卡里宁。IRC 始创于 1988 年，当时是互联网发展的早期阶段，用户友好性并不是开发者关注的首要重点。所以对新手而言，IRC 实际上是不可用的。正如斯图尔特后来所说的：

> IRC 比互联网还早出现了好几年。由于它过于陈旧，因此它才错过了一些我们现在认为是标准的产品特性。[7]

IRC 不具备搜索功能，也不能存储历史信息。要想找到合适的频道和聊天对象是非常困难的，你需要从很多不同的 IRC 应用程序中下载正好有用的那一个，连接到 IRC 服务器上，并加入合适的频道。

所以，微尘公司的创业团队在 IRC 的基础之上，开发了一款聊天工具，在其中加入了存储历史信息和照片的功能，并且让用户可以方便地搜索过去的聊天记录。这个聊天工具把很多重要的工作流程串联了起来，在刚开始的那几年，大家都没有给这个工具起个名字，更不用说把它称作 Slack。这个聊天工具的服务器端就设置在公司内部，地址是 irc.tinyspeck.com，但它依旧非常有用，因为它让团队能够轻松地分享图片、动画和服务器日志。很多非技术人员都不太会用 IRC，所以他们只能使用公司奇怪的小型聊天软件。这个不知名的软件（公司的早期雇员阿里·雷尔把它命名为"弗兰肯工具"，意思是能做所有事情）支持整个团队的协作，并且成为微尘公司核心工作流程中的部分。

当大家都清晰地意识到"故障短跑"这个游戏将走向失败时，创业团队就要拿出一个新的想法。斯图尔特、卡尔和其他几位创始合伙人决定就用这个摆在他们面前的聊天工具作为下一步的起点。他们要对这个功能强大但不起眼的内部应用工具重新进行设计，让每个人都能使用它。这个工具很快被定名为Linefeed，但是，这个名字也只用了短短几天。在随后的日子里，有的人把这个工具称为蜂巢，也有些时候被大家称为Chatly.io，还有其他一系列名字。

无论这个工具被叫作什么，它最终都成了大家现在使用的Slack。经过重新设计制作之后，任何一个公司都可以使用它，而不仅仅是微尘自己。这个软件是用自己的后端进行重建的，而不再基于IRC。它支持对话搜索，可以便利地存储照片和其他资源，并且能够自动备份对话记录，解决了IRC存在的所有问题。考虑到新产品有这些关键的功能，公司将它定名为Slack，实际的意义是"所有对话和知识的可搜索日志"。有的董事会成员不喜欢这个名字，他们认为使用这个软件的人会被称作"Slackers"（偷懒鬼），听上去感觉很奇怪，但这个产品还是很快就被推出了。

他们接下来所做的事情就是找来自其他公司的朋友来做私人测试。斯图尔特动用了个人关系，他去找他的朋友来试用Slack，并且不断改进软件以添加更多的功能，提升用户的体验。我问过斯图尔特，当邀请初始用户的时候，他是否进行过谨慎的挑选？他回答道：

没有，完全没有。我有些朋友在其他的公司工作，我会想尽一切办法说服他们使用我们的软件。当时我们没有任何团队负责培养客户需求、去做现场营销和发展其他的获客措施，当时只有我一个人。有的时候需要经过数十次会议才能让大家相信这是一个很酷的软件。[8]

他的朋友来自多家初创企业，比如 Rdio（音乐流媒体公司），Wantful（礼品类电商网站），Cozy（房产租赁服务平台），最终他成功邀约了 45 家企业进行测试。同意试用软件的其他企业往往也都是初创企业。出现这种情况也很合情合理：

科技行业的初创企业是比较早接受我们软件的客户群体。因为它们有一种信仰，不管这种信仰幼不幼稚，它们都相信软件能够让他们的生活变得更美好。这些初创企业和我们一样——很多企业的员工总数还不到 10 人，和 Slack 公司很像。

斯图尔特和阿里·雷尔负责管理客户体验，他们将亲自处理社交媒体上的所有反馈和客户支持单。即便在 Slack 软件公开发布之后，斯图尔特依然要亲自处理 10 000 条推文和 8 000 张客户支持单。

每一个参加测试的用户都成了一个原子级网络——一个稳定的能够自我维持的用户组，足以驱动网络效应。一旦在其测试者中形成了原子级网络，Slack 公司就会继续添加其他的用户，让软件变得更有用，提高用户的参与度，让软件变成这家公司办公场所中实际的沟通工具。即使在今天的 Slack，最小单元的团队至少应该包括三个人。只要有了三个用户，群组就能稳定。但如果有一个更大的团队，由 50 个人组成一个有机的群体，比如一个部门，或者整个公司上千人加入这个平台，那情况就更好了，这样软件的网络效应会不断增长。

随着 Slack 公司在越来越大的网络中测试自己的产品，Slack 团队也从中学到了越来越多的经验。斯图尔特在接受《快公司》杂志的一次采访中说："我们的模式就是逐步向规模更大一些的群体分享 Slack 软件。我们或许会说：'这个好主意，看起来也没有那么了不起。'通过引入更多的团队，我们能够放大各阶段获取的反馈。"

Slack 公司的团队充分了解到了 Rdio 公司这样有 120 人的团队如何使用产品，以及产品如何在公司内部传播——先是前端的开发人员在用，之后扩展到工程团队，最后扩展到整个公司。刚开始试用的时候，一个由 10 人组成的团队或许只会建立为数不多的几个频道。但一个由数百人组成的团队会像 Rdio 一样，突然为户外徒步旅行等活动创建 4 个截然不同而且人数几乎为零的频道。事实证明，帮助用户找到沟通频道是一个需要解决的问题。对规模更大一些的机构来说，它们或许需要一个团队目录，让用户能够自己去查阅公司里都有哪些员工，以及这些人负责什么工作。团队规模的每一次扩大都需要开发人员重新思考整个软件的设计，这样才能形成稳定的、可以持续发展和壮大的原子级网络。

和我后面将要分析的案例一样，Slack 也是一个由多个网络组成的网络。在规模比较大的企业里，一整套原子级网络会自发出现，并且自我生长。斯图尔特曾向我介绍过，大型企业或许拥有上万个不同的办公地点，每个办公地点都可能建立自己的频道。每个办公场地可能代表的是一个业务部门，也有可能是一家下属子公司。每一个规模相对较小的团队都会有一个独立的领军人物或者一个早期的软件试用者，他负责创建产品，他会邀请同事加入，并在平台上开始与其他人对话。数年之后，Slack 公司雇用了专业的企业销售团队，他们会专门去接触那些在公司多个部门已经采用 Slack 的大客户。销售团队会去问他们，想不想实现"全员覆盖"，也就是让整个公司的人都加入软件平台，这样一来可以在软件中启用更高级的安保功能，也可以启用更多的企业功能，并且能够获得团体优惠报价。在 Slack 公司成立几年后，企业销售变成了实现业务高速增长的巨大加速器。

通过病毒式增长提升软件接受度的做法，其实很多都是从消费产品借用过来的。对 Slack 而言是这样，对其他很多同时期出现的 B2B 产品，比如 Zoom 和 Dropbox 也都是一样。这些公司开创了一个新的"自下而上"的增长方式，也就是个人贡献者在客户企业内部推广产品。Slack 很早就进入了这种市场阶段，所以它不得不开发出很多模式。不过这家公司的创业团队非常了解这个模式的各个组成部分。这家企业的创始人之前曾经创建了 Flickr，那是 Web 2.0 时代规模最大的照片分享网站之一。正是 Flickr 推广了带标记的照片以及围绕话题和事件组织社区内容流。当斯图尔特还在大学读书的时候，他就热衷于尝试最早的互联网社交软件，比如说过去老式的论坛新闻组，基于文本的虚拟世界 MUDs/MOOs，当然也少不了 IRC。

最终微尘公司更名为 Slack 科技公司，其新的旗舰产品也面向全世界发售。2013 年 8 月，Slack 首发阶段就有 8 000 家企业注册并加入了等候试用产品的清单。在两周之内，等待试用的企业增加到了 15 000 家。在之后的一年，Slack 收获了 135 000 名付费用户，每天新增注册用户数达到 1 万人。此后不久，其日活跃用户达到了 100 万的体量，之后就是按部就班地突破 200 万、300 万，现在还在持续增长。斯图尔特和他的企业（现在百分百地专注于 Slack）在 2014 年的 4 月进行了下一轮融资，全面实现了转型。

Slack 的故事是令人难以置信的，有许多值得我们学习的地方。但就本书而言，把一个无名的 IRC 聊天工具发展成 Linefeed，再发展成 Slack，在这个过程中，最引人注目之处在于其团队展示出从零起步的思维方式：他们为了解决自己团队迫切需要解决的问题，如何孵化出一个现象级产品。值得学习的还有微尘公司打造了稳定的小网络，并在大型企业内部将小网络串成一张大网络，这是解决冷启动问题的最佳案例之一。

冷启动点概念介绍

这本书就是用网络效应的第一个阶段来命名的，坦率地说，这是最重要的阶段。新产品如果最初进入市场就失败了，其网络还没开始就已经坍塌了。每一个具备网络效应的产品，包括 Slack 在内，都是从单一的网络起步的。在后面几个章节中，我会介绍如何打造第一个网络，涉及的案例包括维基百科、早期的信用卡、Tinder 和 Zoom 等。

　　首先我会介绍主要的矛盾冲突点，我将其称为"反网络效应"。市场上有一种神化网络效应的说法，认为网络效应是强大的，而且具有正面的力量，但我认为事实与此正好相反。小规模或者规模不足的网络天然存在自我毁灭的趋势，因为如果当一个人使用一个产品时，却发现他的朋友或者同事都不使用这个产品，他自然而然就会离开。如何解决这个问题？那就是要建设"原子级网络"，也就是用户人数刚好能够让每个人都持续留在平台上的规模最小的网络。

　　这些网络通常都有不同的"方面"：有可能是买方，也有可能是卖方；有可能是内容创作者，也有可能是内容消费者。正常情况下，网络中总会有某一方面是比较容易吸引的，这就是网络的容易面。但是对任何一个早期的网络来说，最重要的工作就是吸引并保留"网络的困难侧"，这一侧的用户往往是整个网络社区中做事较多，但人数较少的群体。举例来讲，维基百科上绝大多数的内容实际上是由多产的编辑写下的，而这些编辑的人数只占到维基百科总人数很少的一部分。以优步为例，在这个共享出行的市场中，绝大多数订单都是由司机完成的，但司机的人数只占优步用户数的 5% 左右。乘客的数量很多，但是他们与平台内其他人发生交互的频率很低，而且交互的程度也不深。想要吸引困难侧的用户，你就需要"解决一个难题"——你设计的产品需要对网络中的关键子群体有足够的吸引力。Tinder 就为其网络中最具吸引力的用户做了这样的设计，我在后面会把它当作一个案例展开讲。

一个产品不仅要有吸引网络中困难侧用户的能力，并且如同我在分析"现象级产品"的时候所讲，大多数成功的网络效应驱动软件有时也非常简单。它们会摒弃一长串的功能，取而代之的是强调促进软件用户之间的交互。Zoom 就是这方面的成功案例。有很多潜在的投资者和科技行业的专家都质疑这样一个简单的产品能否取得成功，但 Zoom 确实是借助网络效应打造现象级产品的典范。

在解决了冷启动问题之后，一个产品就可以持续地创造"魔法时刻"。当用户打开这个软件，并找到一个已经成熟的网络时，他们通常都能找到自己想要找的人或者内容。这时候网络效应就开始发挥作用，随着加入你的软件平台的用户越来越多，你所属的市场很快就会达到临界点。

第五章

反网络效应——一股具有破坏性的力量

像 Slack 这样的公司总是能激发我们的无限联想——从一家失败的游戏初创公司，到最后以 260 亿美元估值退出市场，这个故事真是令人难以置信。但通常，每一个类似 Slack 这样成功的案例背后，都会存在无数的失败案例，而且有些企业通常在刚起步时就注定要磕磕绊绊。

反网络效应指的是迫使新生网络归零的负面力量。尽管科技行业更关注网络效应的正面结果，但网络效应自诞生之初其实就是一股具有破坏性的力量，其背后的动力是一种恶性而非良性的循环，新用户数量不足是因为还没有足够多的其他用户加入。以 Slack 为例，如果你的同事都没有使用这个工具，那你也没有理由去使用它。以优步为例，如果没有足够多的司机，你就无法使用这个软件约车，而如果没有足够多的乘客，司机就不会上线开工。创建网络的第一个阶段是最艰难的，有些人把这个阶段比作"先有鸡还是先有蛋"的问题，或者需要"引导"一个社区的问题。我则将其称作"冷启动问题"。

在关于初创企业获得成功的经典神话传说里，一般会有那样一小群年轻的创业者正在努力工作，也许是在很酷的沿海城市的科技中心仓储区租了一间仓库。他们打造出了一款现象级产品，给用户创造了一种全新的互动方式，这款产品可能是通信软件，可能是文件共享软件，也有可能是提供买卖服务的软件。或许这群创业者事前并不知道他们创造了一种带有网络属性的产品，也因此获得了网络效应的加持。当然，在这种版本的神话中，他们向全世界发布了自己的产品，并且立刻就呈现出曲棍球棒效应。这个产品会在科技媒体和广大互联网社区中激起热议。最终，它传播到世界的每一个角落，用户数量高达数百万。

这种故事轻易地略过了一个关键时期，那就是网络规模不足、缺乏用户活跃度的时期。现实中，新产品问世时往往会迎来初始用户数量的小高峰，但随着产品新鲜度下降，用户数量会逐渐减少。或许创业团队会再次发起推广，但是这种努力也无甚收获。用户只有看到自己的朋友在使用该产品之后，他们才会开始使用这种产品。团队可以疯狂添加软件功能，可以加倍提升市场营销力度，但他们的网络一直不能实现有效增长，团队最终将无路可走。当创业团队不能解决冷启动问题时，其面临的结局只有失败。

冷启动问题是新生网络必须面对的第一个挑战。克服这项挑战肯定是不容易的。我们分析一下市场数据就明白了：曾经出现过的社交、通信和交易市场软件有数万个，但最终成长为大型独立企业的只有几十家。创建一家新企业本来就很难，但是在这些产品类别里，面临赢家通吃的压力，情况只会更加艰难。

或者把市场初创企业作为产品的一个子类别。安德森–霍洛维茨公司最近开展了一项针对排名前100的市场初创企业的分析，发现其中有4款顶级软件占据了这个细分领域总收入的76%，也就是产品高度集中。社交软件和协同办公软件等细分领域也存在同样的现象，少数的几个顶级产品坐拥十亿量级的用户群体。但这些细分领域仍然是初创企业非常想进入的领域，因为这些领域中诞生了世界上最有价值的企业，并塑造了我们生活和工作的科技行业。深入理解这种发展趋势对于预判未来是非常重要的。

多少人才算够

对一个工作环境中第一个使用 Slack 软件的人而言，如果找不到其他人来协同办公，他的体验肯定不好。如果他偶然遇到另外一位也用 Slack 工作的同事，这就够了吗？两个人就足够了吗？如果他遇到的是其他两位同事，三个人就够了吗？你到底需要多少人才算够？ Slack 科技公司首席执行官斯图尔特·巴特菲尔德为我解答了这个问题：

> 只要有两个人就可以让 Slack 软件运行，如果想要其真正发挥作用，至少需要三个人。有很多三人小组已经稳定运行了很长时间，这是被称为客户的最低要求。

用户在 Slack 软件上的互动情况同样重要。光注册是不行的，随着使用的时间变长，他们在软件平台上也要进行聊天。最终，他们的互动会达到一个临界点（以 Slack 为例，大概是 2 000 条消息），之后他们就会坚持使用这个软件。

> 根据我们对哪些公司与我们合作、哪些公司没有与我们合作的经验，我们认定，任何在历史上产生过 2 000 条对话记录的团队肯定都试用了 Slack，而且是认真试用了。对一个 50 人规模的团队而言，这差不多等于 10 个小时的信息量。对典型的 10 人团队而言，这相当于一周的信息量。但令我们震惊的是，无论其他因素是否产生了影响，在产生了 2 000 条对话记录后，有 93% 的客户至今仍然在使用 Slack。[9]

这个想法可以被广泛应用于 Slack 之外的多种产品。

到底需要多少用户才能让产品体验变得很好？要解答这个问题，企业需要画一个坐标图，将产品的网络（作为横轴）与一组重要的交互计量数据（作为纵轴）进行对比分析。以优步为例，画出这个坐标图就可以看出，司机人数越多，乘客等候接单的时间就越短，也就有更多乘客愿意用这个软件，至少在网络发展到一定规模之前是这样的。最终，当网络发展到乘客到底是等 2 分钟能约到车，还是等 1 分钟能约到车的时候，这就会导致收益递减。脸书最知名的增长格言"7 天增加 10 个好友"就是对同样理念的另一种表述。

带着朋友加入软件网络的用户往往更容易留在这个网络中，所以至少在达到收益递减临界点之前，你要最大限度地提高留存率。对这一类问题分析足够多之后，你就会观察到一些有趣的模式：你会发现曲棍球棒增长曲线中隐藏的关键，也就是到底网络密度要达到何种程度才会真正提高使用率。每个产品的临界值不同，有的需要的人多一些，有的需要的人少一些。Zoom 同样是一款办公沟通工具，它形成稳定网络所需的人数很少。Zoom 公司的首席执行官袁征曾对我说：

> 你只需要两个人就够了。其中有一个人想给另一个人打电话并展开讨论，这就足够让两个人都感觉 Zoom 是个有用的软件，并且持续使用它。[10]

另外，爱彼迎和优步是同时运作两个方面群体的交易市场类软件公司，由于它们经营的网络有超本地化的限制，因此它们需要的不只是一两位用户那么简单。从它们的运营角度来看，用户的选择非常重要。如果在爱彼迎上，用户或许想要浏览几十个不同的房源，如果在优步上约车，乘客可能在城市中很多不同的地点要求用车。所以，要想让用户在这种网络中获得良好的产品体验，网络中的人数肯定要多得多。以爱彼迎为例，公司老员工乔纳森·戈登这样说：

> 公司联合创始人柏思齐是个特别重视量化的人，他认为一个区域的市场至少要有 300 个房源，并且其中必须有 100 个已审核的房源，这样才能促进市场实现增长。[11]

优步则尝试过以帮助乘客快速约到车为目的、以司机预期抵达时间为计量单位来优化用户体验。克里斯·纳库缇斯·泰勒是加入优步比较早的一位区域总经理，他曾经描述过这些优化措施的重要性：

> 司机预期抵达时间在区域市场刚刚建立的时候总是很难看的。在某些区域，尤其是郊区，乘客动辄就要等候 15 分钟以上。当然还存在另外一个关键的计量指标。我们需要把司机预期抵达时间控制在平均每单 3 分钟以内，并且覆盖整个城市。
>
> 如果你能够把预期抵达时间、空单和溢价都迅速降下来，那你就会获得一个健康的市场。[12]

优步另一位早期的区域总经理，也是优步第一批 50 名员工之一的威廉·巴恩斯曾启动过洛杉矶市场，他是这样介绍早期使用的临时计算方式的：

> 当时的策略就是"发动足够的车辆上路"，并且尽力让司机预期抵达时间和订单转化率（为订单付费的用户占比）提高到合理的水平。在洛杉矶和其他大城市，我们的目标是保持任何一个时间都有 15～20 辆车在线。启动洛杉矶市场的成本简直就是天文数字，因为我们在尽力拿下西好莱坞市场。[13]

启动市场的要求越高，启动的难度自然越大，但是从长远来看，产品的护城河也越宽。以优步为例，尽管时不时就有批评者认为优步缺少护城河和网络效应，但时至今日，优步与那些无法用同样的手段来解决冷启动问题的后起之秀相比，仍保持着巨大优势。

理论上讲，知道一个产品必然遇到发展临界点对创建产品的人来说肯定是有用的，但从现实来讲，你拿这个指标到底能干什么？对开发新产品而言，在启动网络之前就预估其规模，这对开发者是非常重要的。通信类软件可以是一对一模式，所以网络规模可以很小，你可以据此制定发展规划。相比之下，内容创作者和读者或者市场上的买方和卖方等高度不对称的产品可能需要积累更多用户才能达到临界点，并且启动这个网络所需投入的精力也不少。初始网络的规模决定了产品发布策略。

冷启动问题的解药

解决冷启动问题需要开发团队启动一个网络，并且迅速扩大网络的覆盖面、增加网络密度，这样才能快速改善用户体验。在Slack 这一案例中，你可以将其理解为，当你需要找到公司里的另一位同事时，而他恰巧也使用 Slack 的概率有多高，以及如果你在 Slack 上发起对话，他回复的概率有多高。如果网络的规模很小，而且用户非常稀少，那你或许就无法用这个软件给你期望的对象发送信息，或者你发出了信息，但是由于对方很少使用这个软件，他们也无法及时回复。你的同事可能还会奇怪，你为什么不给他发一封邮件。

假设你还在继续向网络中添加用户，但是加入的都是错误的人，那么这样还是不够。你需要在网络中添加恰当的用户。来自同一个团队的 10 个人比来自同一个大企业但是随机挑选的 10 个人更加适合使用 Slack 软件。网络密度和人际关联度是关键因素。

最终，当你在 Slack 的网络中添加了足够多的用户时，它会变成在办公场所中默认的向他人传递信息的工具。你或许会用它进行一对一的对话，但是你也可能会逐渐开始使用这个软件来分享会议日程、总结会议成果或者其他各种任务。交互率、留存率和变现率都会逐步提高。这不是魔法，也不是能够立刻把次等规模的网络变成有效网络的非黑即白的开关。相反，随着网络的逐步完善，网络的核心指标也会逐步获得改善。

冷启动问题的解决方案首先是了解如何添加一小群恰当的用户，并且同时引导他们以正确的方式使用这个产品。让这个初始网络起步是关键，而且这个"原子级网络"本身就是关键——最小的、稳定的网络，也是所有其他网络建立的基石。

第六章

打造原子级网络是关键

如果你研究如何发布具备网络效应的产品，你会发现最常见的一种路径是从小规模做起，比如在一座城市、一所大学或者一家公司进行小规模测试，如同 Slack 做的那样。只有在小规模网络中取得确定性成功之后，它们才会逐步扩大规模，最终征服全世界。

如果你能够打造一个稳定的、能够自我维持的网络，也就是原子级网络，你就有可能在打造完第一个网络后打造第二个网络。如果你能打造 1 个，并且接着打造第 2 个，或许你就能够打造出第 10 个，甚至第 100 个。只要复制粘贴的次数足够多，你就能打造出一个巨大的、覆盖整个市场的网络。

对优步这类线上线下同步运营的公司而言，采用逐个城市扩张的策略似乎是正确的。但对 Tinder 和脸书这种从大学校园成长起来的产品，以及 Slack 这样的从大型企业内部逐个团队成长起来的 B2B 公司而言，它们的成长历史也是经过时间验证的。每种模式都有其合理的理由，在这个章节中我会对这些原因进行分析，首先要引入的就是 20 世纪最重要的发明之一。

发行第一张信用卡

有一个关于原子级网络的很好例子，不是来自科技行业，而是来自消费金融领域，这个例子就是 1958 年第一张信用卡的发明。

我第一次听说关于创设信用卡的故事是在我的同事亚历克斯·兰佩尔那里，他在安德森-霍洛维茨公司专门从事金融科技投资。在他撰写的一篇与此主题相关的文章中，亚历克斯介绍道：

> 信用卡和支付卡可以说是全世界范围内含金量最高的网络，目前处在交易流通领域的卡片市值至少有 1 万亿美元。这个网络于 1958 年 9 月 18 日诞生在加利福尼亚州的弗雷斯诺市。
>
> 当时，市面上有"签账卡"，比如大莱卡，但是发卡银行并没有向持卡人"授信"。对消费者而言，如果要凭借信用消费，要么只能在专门的商家（比如西尔斯百货），要么就要经过一系列烦琐的流程。如果你想要借一笔贷款，你必须亲自去银行柜台办理。[14]

信用卡具备网络效应的原因和其他交易市场类软件一样：它们汇集了消费者、商家和其他金融机构，共同组成了一个多方面的网络。网络中的所有参与者都是获益方，尤其是消费者，他们不用再带着现金去购物。商家和银行也乐于看到消费者用信用卡消费。信用卡的网络越大，意味着有更多的消费者加入，也意味着有更多的商家接受信用卡支付，其有效性也就越强。这会带动更多的消费者和商家接受这种支付方式。

美国银行发明了第一张信用卡，并选择了加利福尼亚州弗雷斯诺市作为第一个试验地点。他们的试验只在这一个城市进行，这是为什么？

> 选择弗雷斯诺作为第一个试验地点，一方面是因为其人口规模（当地约有 25 万居民，这是当时银行认为信用卡机制能够运作起来的必备人口基数），而另一方面是因为弗雷斯诺当地有 45% 的家庭与美国银行有业务往来。[15]

为了让产品触达用户，美国银行负责这项计划的约瑟夫·威廉姆斯组织了世界上第一次成功的大规模邮递推广，而且是在用户未主动寻求的前提下，寄送了大量的信用卡。亚历克斯对此有更详细的介绍：

> 在 9 月 18 日当天，银行向 6 万名弗雷斯诺居民寄送了美国银行卡。不需要任何申请程序，卡片直接投递到户，人们立刻可以使用。商户使用信用卡结算的手续费率设为 6%，消费者则立刻获取了 300 ~ 500 美元的信用额度。这次 6 万人的大投送展示出美国银行的商业智慧：从第一天开始，持卡人群体就已经确定了。美国银行可以凭借这个消费者群体，去和那些没有发行自有信用卡的商户签约。美国银行重点覆

盖的是小型商户，比如弗洛斯海姆皮鞋店这样的小商家，而没有去接触西尔斯百货这种大商户。有300多家弗雷斯诺的本地商户最终签约。

三个月内，美国银行就把这项业务扩展到了北部的莫德斯托和南部的贝克斯菲尔德。一年之内，他们就把旧金山、萨克拉门托和洛杉矶纳入了业务版图。第一次在弗雷斯诺投送信用卡的13个月之后，美国银行一共发行了200万张信用卡，签约商户达到20 000家。

原子级网络的概念在这个案例中已经非常清晰了。尽管美国银行的业务已经覆盖了整个加利福尼亚州，但是其并没有面向整个州启动新业务，而是选择了弗雷斯诺，在这个其业务渗透度很高的小地方启动全新的试验。除此之外，美国银行还选择了正确的时机，在同一天投送了第一批信用卡，以便让钱包里有信用卡的人随时准备使用。在消费者都收到卡片之后，他们着力去开发城市主干道上的小商户，完成了网络中另一个群体的确立。这些同一时期完成的动作，共同创造了第一个信用卡原子级网络，开启了人类历史上最具价值的网络之一。

原子级网络

无论是信用卡、多玩家游戏还是协同办公软件，"原子级网络"都是开发者所需的能够独立存在的最小规模的网络。它需要具备足够的密度和稳定性，能够抵御早期反网络效应的侵蚀，并且最终能够独立发展。我把这个网络比作原子，因为它是最终构建更大网络的单元。如果你能造出一个原子级网络，然后再复制这种成功经验，那么你就能创造出网络的其他部分，这是建造其他一切的基础单元。

在 Slack 这个案例中，原子级网络的规模非常小。产品增长的临界点就等于你身边的工作团队（一家企业少于 10 人也能够运作），因为团队里自然而然会产生足够的对话活动，能够维持住用户之间的交互。我们可以用这个案例和信用卡的案例做对比，信用卡需要在整个城市范围内发行才能发挥作用，毕竟信用卡业务需要足够多的销售者和购买者，而且作为战略的一部分，把一个城市中心的商业区内的商户都签下来也是合情合理的。

打造原子级的网络需要使用很多不同类型的工具。纵观 Slack 强劲的网络发布与其他交易市场、社交网络、开发者平台和其他数十个类别的产品成功案例，我们会发现其中有共性的话题。很多话题与人们的普遍共识是背道而驰的：具备网络效应的产品应该以最简单的形态进行发布，而不应该具备完整的功能，这样就能在风险投资公司这里获得一个直观的估值。开发者的目标应该是打造一个小规模的原子级网络（一个能够在道理上讲得通的最小规模网络），之后再关注如何增加网络密度，不要太在意所谓的"市场规模"。最后，当执行发布动作的时候，必须抱着"拼尽一切"的态度，即便产品规模不可扩张或者不可盈利，也要打造出声势，不要一上来就担心增长的问题。

在 Slack 以及很多早期依靠网络效应推动的产品的发展策略里，都隐藏着一系列短期推动因素。这些因素通常被称为"增长黑客"，对塑造最初的原子级网络是非常重要的。以 Slack 为例，其在早期试用软件的客户群体中造势，并且在软件发布时采用了邀请制。科技行业里还有其他知名的案例：PayPal 在建立网络的初期给用户提供了每引荐一位新用户就返 5 美元现金的优惠；Dropbox 通过在黑客新闻网站发布宣传视频，引来一大批热切希望试用这种神奇的云存储产品的爱好者；还有，"优步冰激凌"推广就是让用户可以通过一个叫车软件按需下单购买蛋卷冰激凌，当这种冰激凌推广活动刚刚投放的时候，本地的报纸和社交媒体还会争相报道，这进一步帮助优步建立了共享出行网络。每一次实施这种短期的"增长黑客"行动都给建立原子级网络的工作提供了重要而快速的帮助，为未来的增长拉开了序幕。

在建成第一个原子级网络之后，开发者就能通过复制这个过程，创建出更多其他原子级网络。以 Slack 为例，早期就开始使用这个软件的团队会养成使用的习惯，并且逐渐在其任职的公司内部传播开来。最终，整个公司都会升级成为付费用户。然后，企业马上找下一个目标，并重复这个过程。Slack 最早的用户都是初创企业，但后来，原子级网络逐渐在 IBM（国际商业机器公司）或者《财富》500 强企业这类大型企业内部出现。一旦 Slack 软件能够生成一个足以支持单一业务团队的密集网络，它最终必然会渗透到整个企业。

为什么从细分领域入手

原子级网络可以被看作是对克莱顿·克里斯坦森的颠覆性创

新理论的补充。小型网络都是从不起眼的小地方开始生长，慢慢成长为可以占据整个市场的大网络。我在安德森-霍洛维茨公司的同事克里斯·迪克森在一篇文章中表达过相似的观点，这篇文章的标题恰到好处，叫作《下一个成功的大发明在刚出现的时候看上去像一个玩具》。

> 颠覆性的科技产品在刚刚诞生的时候，往往会被低估，被看作玩具，因为它们"满足不了"用户的需求。电话机刚出现的时候，只能把声音传到一两英里①之外的地方。当时领先的电信公司西联汇款放弃了收购电话机的计划，其认为电话机对企业和铁路公司没什么用，而这两个群体就是这家公司的主要客户。他们犯的错误是没有预判到电话技术和配套的基础设施会快速发展（社会对科技的接纳通常是非线性发展的，其背后的推手是所谓的互补网络效应）。这种错误还会再次出现，比如原本制作大型电脑的公司错过了个人电脑（微型计算机），当代电信企业错过了 Skype。[16]

我认为克里斯的观点是正确的，不过我会把他的观点扩展到我的目标读者群体中。科技产品确实会在刚开始时看起来像个玩具，但根据颠覆性创新理论进行推导，挑选一个小规模、更有针对性的领域作为起始点，可能将带来巨大的好处。搞定这个初始小网络，建立一个原子级网络，并以此为基石开始发展。换句话说：

---

① 1 英里 ≈1.609 3 千米。

下一个成功的大网络在刚出现的时候看上去像一个不起眼的小网络。

具备网络效应的产品通常看起来都像是玩具，而且是只给小众客户提供的玩具。这也是它们容易被低估的原因。原子级网络是在青少年或者游戏玩家等小众受众中产生的，并且会在这些受众中获得追捧，但是我们并不清楚它们能否在主流受众中得到关注。只不过，随着网络逐渐成形，这种疑惑可能很快就会被打消。在这个过程中，你可能并不属于目标受众群，但这种情况是可以被接受的。

以这种方式低估新产品，是科技行业做出愚蠢决策的首要原因，也是诱使所谓的专家给出产品行不通、不够有趣、市场占比太小等评论的原因。只是过不了几年，这些产品就会证明他们错了。做出错误的预判是可以理解的，当一个网络既不包含你，也不包含你的朋友或同事的时候，你确实无法和这个网络产品产生共鸣。产品能够触达的市场看上去很小，直到和你相关的人开始使用产品，才会令你感觉到这个产品或许和你有关。这并不是说产品本身需要做改动，而是说需要充实网络，让人和内容都与之相关。

选择你的原子级网络

启动一个原子级网络的第一步是构想出这个网络可能是什么样子。我个人建议，你开发的产品的原子级网络或许应该比你现在设想的要更小、更具体。不要把原子级网络设定为一个庞大的用户群，也不要设定为一个特定的消费者群体，更不要限定在一个城市，而是应该考虑更小范围的事物，比如由数百人组成的一个团体，或者是某个特定的时间点。优步的情况也类似，通常我们在讨论网络的时候都会提到"旧金山"或者"纽约"，但是在优步发展的早期，公司关注的是狭小的、短暂的瞬间，更有可能出现在讨论中的是"下午5点，在第五大道和国王大街交界处的加州火车站"。区域总经理和司机运营组的人有一种内部工具，叫作"星际争霸"（借用了当时非常流行的即时战略游戏的名字），这个工具让管理者可以在软件界面上点击一组司机，然后给他们发信息，告诉他们："到火车站去，有大批乘客在等车！"这样就起到了实时指挥司机的作用。

在这些特殊时间点的订单逐渐成为常规之后，公司内讨论的重点就开始转移到城市中约127平方千米范围内的更广泛的网络上，随后再加上东海湾、硅谷等热门的郊区。经过多年的发展，公司可能把整个国家或者世界超大区域作为网络边界来讨论，比如欧洲、中东和非洲地区或亚太地区，但是在公司发展的初期，讨论的话题总是更加聚焦。在这个阶段，公司应该着重讨论如何打造规模尽可能小的网络。

在商业界，我们讨论问题时所用的词语通常都会指向由数百万人构成的群体，这就是我们使用"市场""细分市场""人口统计"这些词语时想要表达的真实含义。而启动一个新生网络时使用的词语应该更加侧重于在恰当的时间，在恰当的场合，以恰当的意图将少数人分组。对于婚恋软件、交易市场软件尤其应该如此，但是这对协同办公软件也同样适用。问题就是从"大通银行产品团队第二季度策划周期"这一句开始的。

假设原子级网络所需的用户越多，其搭建的难度也就越大。有的网络产品对于原子级网络用户的要求非常低，比如电话、Snapchat 软件等通信产品，以及 Zoom 等视频会议产品。这种网络更容易启动，只要你能够让每位新用户在网络上找到一位朋友，或者让用户邀请一位朋友，那么这个网络就能够运作。从这个角度来说，这些产品能够成为客户黏性最高、增长速度最快的产品也就不奇怪了。但是这种便利也存在缺陷，因为对你来说容易的事情，对你的竞争对手来说也同样容易，他们只需要找到为数不多的用户就可以起步，这就是为什么会出现那么多通信类软件，以及为什么大型软件里要添加很多消息应用程序和聊天功能。

让我们再看看网络规模另一端的状况。行业里存在一类企业产品，比如 Workday（一种基于财务数据的人力资源管理工具），它需要企业整体部署才能产生价值。在这种情况下，通过病毒式增长策略实现增长是很困难的，因为一次只吸引几个用户是起不到任何作用的。你如果需要数百名用户同时登录一个平台，那就必须通过公司进行全局式的协调部署。在这个情境里，通过自上而下的企业推销，让企业直接强制员工使用这个软件或许会更有效。

原子级网络的力量

逐个城市、逐个校园、逐个团队的增长策略能够带来令人惊讶的力量。它能够使用户之间建立起密切、有机的联系，在多个维度强化网络效应：用户交互度会提升，因为用户很有可能会在网络中找到与自己相关的用户。病毒式增长的速度会提高，因为产品的潜在用户看到他们的朋友和同事都在使用这项服务。在早前介绍的美国银行发行信用卡的案例中，他们在一个时间点只着力在一个城市试行业务，因为这样做消费者可能更容易找到本地接受这种新支付方式的商家。相比之下，当你试图一次性升级产业或地域服务时，你网络中原本的活跃因子会迅速消解，因为反网络效应会出现。一个由 1 000 名随机用户组成的 Slack 网络，其用户留存率肯定不如同一家公司的 1 000 名用户同时加入那么高。

原子级网络这个概念的力量非常强大，因为一旦你能打造第一个，那么你有很高的概率打造出第二个。每一个网络都会比上一个更简单一些，因为每个网络都会和下一个网络产生关联——Slack 在一家公司内部取得的成功，能够帮助它在下一家公司也取得成功，因为员工会在公司之间流动，他们会在新的工作单位使用该产品。脸书在校园发布产品的过程也会随着时间的推移而越来越简单，因为学生在不同的学校都有朋友，他们对这个网络产品有越来越多的需求。先建几个核心原子级网络，之后过不了多久，你就可以将其复制粘贴到很多市场。

面对原子级网络，有两个值得我们探究的核心问题：打造一个原子级网络首先要做好哪些准备？为什么这项任务那么难？要解答这两个问题，我需要先讲清楚每个网络中都必须让其满意的子集用户群体，只有他们高兴了，这个网络才能正常运转。

第七章

吸引并保留困难侧用户

即使当原子级网络刚启动时，网络中也会存在一种重要且令人诧异的动态因素，而且随着时间的推进，动态因素会变得越来越多：网络中人数占比不高的一小群用户会创造出与其人数不相匹配的巨大价值，他们也会因此在网络中占有与其人数不相匹配的超高权力。

这就是你创造的网络中的"困难侧"。他们比其他用户做的工作要多，对网络的贡献度也比其他用户高，但是他们是最难被招揽的，也是最难以长期留存的。对社交网络而言，困难侧用户指的是内容创作者，他们创造出来的媒体内容是其他用户消费的对象。对应用程序商店而言，困难侧用户指的是软件开发者，他们是各类软件产品的实际制造者。对协同办公软件而言，困难侧用户指的是编写、创建文档和项目的管理人员，通过他们，用户才能邀请其他同事加入协同办公环境。对市场交易类软件而言，困难侧用户通常是指销售商或供应商，他们会全天候在网络中招揽客户，推销自己的产品或服务。

有些情况下，识别困难侧很容易，但我还是要鼓励读者深入思考到底哪一侧是困难侧，因为对困难侧的定义可能需要从非常细致的角度入手。举例来讲，规模较大的求职类交易市场网络的用户力量对比就与大多数网络相反。希望雇用员工的企业（买家）才是这个网络的困难侧，而求职者一端往往是比较容易汇集的。

有的网络中，看上去似乎并不存在两个对立的侧面。科技行业有时把这种网络称为单侧网络，比如通信类软件和社交软件。但即使在这样的网络里，也会有一群用户格外活跃，特别外向，能够发起用户之间的对话，组织用户聚会，但也总有一群用户是相对比较沉默的。几乎每个网络都会有困难侧的用户，而只有当这一群用户都对网络感到满意的时候，这个网络才能正常运转。当他们发挥作用时，该网络会产生学术专家所说的"跨侧网络效应"——当网络中一侧的用户越多时，就越会让另一侧的用户获益。以优步为例，司机人数越多，订单价格就越低，司机预期抵达时间就会越短，这让乘客获得了便利，同时，如果乘客越多，司机赚取的收入也就越多。

毋庸置疑，招揽网络困难侧用户，让他们对网络感到满意，是建成原子级网络最重要的任务。为了帮助读者理解困难侧用户加入网络的动机，我们借用世界上规模最大的网络产品案例之一——维基百科。

志愿者成就了维基百科

维基百科是互联网上规模最大的网站之一，随当月访问量的波动，其经常在网站访问量排行榜的第八或第九名上下浮动，超过了亚马逊和网飞，更是远远超越 eBay 和领英。该网站每月的页面浏览量超过 180 亿次，访问用户超过 5 亿，网站收录的文章覆盖了极为宽广的话题领域。这是一个明显具有网络效应的产品，访问者来网站上找自己想读的内容，写作者在维基百科上撰写各种文章。写作者已经贡献了巨量内容，自 2001 年维基百科问世以来，该网站上已经发布了 5 500 多万篇文章。维基百科自己给出了网站规模的数据，并且与传统的纸质百科全书进行了比较：

目前，英语版维基百科收录了 6 308 342 篇完整的文章，其他语种的维基百科的内容数量加起来远超英语版，整个维基百科收录了用 309 种语言撰写的 5 500 万篇文章，总字数超过 290 亿字。仅英语版维基百科字数就超过了 39 亿，其字数是 120 卷版《大不列颠百科全书》的 90 多倍。[17]

你或许会感到惊讶，整个维基百科的内容（5 500 多万篇的文章）其实是由为数不多的用户写成的。用为数不多形容还不太准确，这个群体的人数可谓少之又少。尽管维基百科的用户有数亿人，但是每月活跃的内容创作者大概仅有 10 万人。如果你再深入分析这一小群作者，你会发现每月编辑文章超过 100 次的大约只有 4 000 人。也就是总用户中只有 0.02% 的人是对内容有贡献的。

这些贡献者加入网络的动机是很值得研究的。在维基百科最活跃的编辑贡献者群体中，有一个叫史蒂文·普鲁伊特的人，他的本职工作是美国海关及边境保卫局的出入境记录和信息搜集官员。普鲁伊特利用自己的业余时间进行维基百科文章的编辑。虽说是利用业余时间，但这跟做一份兼职差不多。2019 年，哥伦比亚广播公司曾经报道过他对维基百科的贡献，因为他是对英文版维基百科贡献最多的编辑者：

> 史蒂文·普鲁伊特在维基百科上进行的编辑超过 300 万次，撰写的原创内容超过 35 000 篇。这不仅为他赢得了赞誉，也使他在互联网获得了传奇的地位。
>
> 《时代》周刊将普鲁伊特称为互联网上最具影响力的人之一，这一定程度上归功于他编辑了英文版维基百科中近1/3 的文章。这是一项了不起的成就，而最初他是由于沉迷于追溯自身的历史才开始这么做的。
>
> 他从专著、学术期刊和其他引用源搜集资料，每天花在研究、编辑和写作上的时间超过三个小时。[18]

他做这些工作赚了多少钱？他一分钱都没有赚到。他是一名志愿编辑。尽管我们大多数人无法理解为什么有人会每天花好几个小时在维基百科上免费写东西，但是如果你放眼去看用户生成内容型的软件产品，这种现象其实非常普遍，而不是个例。优步的网络中有近 1 亿名乘客，但是只有几百万名司机。YouTube 上有 20 亿活跃用户，但是上传视频的只有几百万人。再试想一下，撰写文档和制作幻灯片的人，与只是浏览或进行少量编辑的人进行对比。这种用户群体内部的关系随处可见。

简单侧与困难侧的对比

为什么会存在困难侧？困难侧的产生缘于网络产品天然的属性，因为网络中必然会有需要大量劳动才能完成的任务，比如说出售产品、组织项目和创造内容。困难侧的用户在网络中需要开展复杂的工作流程，他们有的人希望获得身份地位，有的人希望获得经济收入，并且会尝试有竞争力的产品。因此，他们的预期会很高，网络开发者很难吸引他们，也很难留住他们。

对开发者而言，困难侧用户带来的好处是，他们会创造出更多的价值。用最极端的案例来讲，你可以分析一下维尔福集团的 Steam 游戏平台，它让用户通过自家的平台来购买和下载游戏。这是一个典型的双侧网络，其中困难侧指的是游戏开发商。这个平台上最好的游戏开发商或许能够打造出一款下载量过百万的游戏，但他们需要数千万美元的投资和拥有数百人的团队才能做到这一点。在一个以价值创造为关注点并且不那么极端的案例中，优步平台上最优秀的司机的工作时长可能是普通司机（兼职司机）的数倍，但是二者的收入差距远不像内容或软件等数字产品那样巨大。在上述两个案例中，游戏开发商和司机都需要比两种服务的消费者投入更多的努力。消费者通常是网络中的简单侧，吸引和保留消费者的成本通常更低，方式也更简便。

由于困难侧用户至关重要，因此企业必须从创造网络的第一天开始就思考这种产品如何能够满足这群用户的需求。一个成功的新产品必须能够回答下列问题：网络中的困难侧用户指的是谁？他们将如何使用这个产品？对困难侧用户而言，这个新产品为他们提供了何种独特的价值？（然后，也要回答给简单侧的用户提供了何种价值。）他们首次听说这种软件是通过什么方式，处于何种情境？对困难侧的用户而言，随着网络规模的增长，他们有何理由会更加频繁地回到网络中来？有何理由要加强在这个网络中的交互？是什么让他们对你的网络产生黏性，哪怕有新生的网络出现，他们也还会继续使用你的产品？这些问题都很难回答，需要你深入了解用户的动机。

困难侧用户的动机取决于产品类型，内容创作者的目标与市场卖家的目标明显不同。使用协同办公软件的用户又会有另一种截然不同的动机。理解了这些差异化的动机，企业就能够更容易地为持有这些动机的人提供服务。

社交类软件的困难侧

内容创作者是很多种网络产品的核心，这些产品的基础是内容的创作、分享和消费。依靠内容创作者的产品是当前全球范围内规模最大、成长最快的产品，其月均活跃用户数可以达到10亿量级，比如 TikTok、Twitch、YouTube 和照片墙。我前面也提到，维基百科也是这一类产品中的一员，其用户只是一个更大的网络中的一小部分。

谷歌现任产品副总裁布拉德利·霍洛维茨在一篇广为流传的文章《创作者、整合者和消费者》中，描述了仅占总用户数1%的创作用户与其他用户的差异：

- 1%的用户可能会创建一个新的群组（或在群组中发起一个新的话题）。
- 10%的用户可能会积极参与网络交互，并且实际上可能会创作内容，无论是发起一个新的话题，还是对已有话题给出答复。
- 100%的用户获益于上述两部分用户（潜水者）的活跃贡献。[19]

科技行业把这个发现称为"1∶10∶100"定律，所以1%的高活跃度用户成为最具价值的用户也就理所应当了。对YouTube和照片墙这样的内容分享型平台软件来说，存在一条所谓的"幂法则"，也就是20%的顶级影响者和创作者会成为绝大部分网络交互流量的拥有者。他们会吸引来数百万粉丝，他们创作的内容可以获得数千万次的浏览量。

这只介绍了已经发生的事实，但没有解释为什么会发生这样的现象。就在最近，Snapchat软件公司的首席执行官、联合创始人埃文·斯皮格尔介绍了自己对Snapchat、照片墙与TikTok内容创作金字塔的理解：

> 你可以把互联网技术或者通信技术比作一座金字塔，金字塔的塔基（非常宽广）代表用户的自我表达与对话。这是

Snapchat 软件的精髓所在。和朋友聊天是任何一个人都乐意做的事情。他们只是表达自己的感受。

随着金字塔向上收窄，你看到的第二层代表社会阶层。社交媒体的初始结构就是基于社会阶层的。金字塔的这一层代表了你的身份，向他人展示出你很酷，从他人那里收获点赞和评论，等等。这一层对处于金字塔基层的很多人来说不是那么容易接受的，同时其吸引力也会减弱。在这一层，用户交互的频率会变得有限，因为用户只会一周或一个月做一件很酷的事情，而不会每天都做。

在金字塔的塔尖，以 TikTok 为代表的是真正的人才。TikTok 上的用户会展示自己用好几个小时去学会一段舞蹈的过程，或许他会想出一种好玩的新创意方式来讲述一个故事。他们真正是为了娱乐大众而创作媒体内容的。我认为这种内容的适用性更窄……[20]

斯皮格尔的金字塔理论关注了人类的情感诉求，即自我表达、展示地位和沟通交流，并且人类会通过创造不同形式的内容来达到不同的目的。发送一张 Snapchat 照片很容易，尤其是随手拍的自拍照，任何人都懂得怎么做。但是花好几个小时去学一段 TikTok 上的舞蹈就很难，不是谁都能做到的。成为一个网络的困难侧用户，需要付出的努力越多，参与的用户人数就会越少。

对 Snapchat 来说，这个软件的价值主张很简单，就是保持用户和朋友之间的沟通，并且随着时间的推移，强化朋友之间的关系，这就是软件的实用之处。但其他很多平台软件，特别是分享视频或照片的"广播"型软件，其价值在于宣示你的社会阶层。因此，我们在照片墙软件上看到的照片都是关于旅游、汽车、音乐会和健身的。用户会对"社交反馈闭环"上瘾——用户发布内容之后，其他人通过点赞、分享和评论的方式与其产生互动。如果反馈是积极向上的，它就会鼓励创作者生产更多的内容。

社交反馈闭环是网络效应研讨中的一个核心概念，因为由创作者和观看者形成的网络架构已经无处不在。在内容分享类以外的网络中，我们也看到了类似的架构。我们能够在其他软件上观察到类似的困难侧用户加入的动机，比如在 WhatsApp（一个通信软件）上组织群聊的领头人，在 Eventbrite（帮助用户组织活动的软件）上组织活动的人，通过邮件网络通信的人，在 Yelp（点评餐馆和美食的社交软件）上精心评论自己喜欢的餐馆的人，等等。在这些软件平台上，只需要问自己一个问题："当平台上新增一篇文章时，如果没有人阅读这篇文章，内容创作者是否会感到失望？"如果回答是肯定会失望，那就说明社交反馈具有重要价值。工具、观众群和网络产品三个因素加在一起才能解锁网络困难侧的用户，这一切都与内容创作者息息相关。

内容创作者只是困难侧用户中的一种。市场交易类、协同办公类、多人游戏类以及其他很多种类的软件中都存在困难侧用户。在每一类软件中，困难侧用户加入网络的动机都各不相同。市场交易类网络中的卖家关注如何创收，多人游戏网络中的开发者关注如何创设身份，以及如何让游戏变得更有趣。关注这个小规模用户群很重要，这样软件的信息传递、功能实现和商业模式都要朝着服务这个群体的目标去对齐。缺少这个用户群，原子级网络就会崩溃，因为一个社交网络不可能脱离内容创作者而存在，市场交易网络不可能脱离卖家而存在。

维基百科的微小困难侧

维基百科的困难侧用户占比可谓是微乎其微，相当于总用户数中约 0.02% 的高度积极用户为网络中其他用户创作内容。这与我之前提到的"1∶10∶100"金字塔结构不同，但是它比金字塔结构更加极端。吸引并留住内容创作者对维基百科来说是至关重要的工作。这些内容创作者的动机看上去不同寻常。他们肯定不是出于赚钱的目的，因为维基百科的作者都是没有报酬的。他们肯定也不是看中了网络的实用性，因为在网上发布文章还有很多更简便、更直观的渠道。如果仅仅认为这群人是由于闲得无聊才来写作的，那这种看法也太过简单、肤浅，我认为肯定不是这样的。

利用本章提出的研究框架，我做出合理的推测：与照片墙和YouTube 上的内容创作者的动机类似，维基百科上的内容创作者可能是冲着这个网络社区本身来的。社交反馈、社会地位以及与社区内其他用户的互动，都在鼓励着编辑持续地创作内容。内容创作者把自己称为"维基人"，他们通过维护内容全面的长篇文章向其他用户展示自己在某一主题方面的专业知识，而网络社区内的其他用户会感谢他们，欣赏他们，这就为他们创造了地位。他们可以通过编辑既有文章来纠正他人的错误，这又是另一种给他们提供地位和满足感的方式。这种团队合作和友爱让用户之间产生了情感联系，让他们长年累月地留在这个网络里。史蒂文·普鲁伊特作为维基人当中最高产的创作者，他在白天或许只是一个普通的职员，但是在夜晚和周末，他就化身为全球最大网站的最重要的贡献者之一。

理解网络中的困难侧用户，不仅对维基百科很重要，对任何一个想要启动原子级网络的新产品也同样重要。缺少这个核心群体，原子级网络将很难正常起步。夸张一点儿说，这是起步时最重要的一群客户，因此，你也必须想清楚，如何从第一天起就确保你的产品会对他们产生吸引力。

第八章
帮助困难侧用户解决难题

前面我反复说过，在创建第一个原子级网络的过程中，最难做的事情就是吸引困难侧用户。新启动的视频平台网络要注重吸引内容创造者，市场交易类网络要注重吸引卖家，协同办公类网络要注重吸引公司内部的项目管理人员。网络另一侧的用户会追随他们而来。真正该深究的问题是，到底怎样才能吸引到困难侧用户？

答案是，打造一个能够为困难侧用户解决重大诉求的产品。我们以在线相亲网络为例，这种网络随着时间的推移，已经发展到能够比较好地匹配相亲双方的程度，可以说解决了一个自从有人类以来就困扰着我们的问题。相亲软件是靠网络效应驱动的，它在一个个城市中发展壮大。加入网络的用户越多，网络上的人找到匹配对象的概率也就越高。但是，在相亲网络诞生之初，人们的交友体验是非常糟糕的，特别是对网络中的困难侧用户来说。

情书泛滥的困扰

在互联网诞生的早期，大约在 20 世纪 90 年代初，就有人发明了在线相亲网站。这种网站就像报纸的分类广告版，男士和女士可以在庞大的数据库里浏览潜在对象，如果发现自己感兴趣的人，就可以给对方发信息。Match.com 和 JDate 是这一领域的先驱，它们虽然存在不足，但还是成功运作起来了。基于分类广告的设计造成了糟糕的产品体验，因为受欢迎的用户（特别是受欢迎的女士）总会收到巨量的信息，让她们应接不暇。在酒吧或者俱乐部，如果一位特别有魅力的男士或女士身边已经有一排等着搭讪的人，那么其他人可能就不会再对他们动心思，但是网络上就不存在这些顾忌。所以，发出信息的一方体验也很差，因为他们会觉得没有人答复自己的信息。

这个故事传递出的信息并不出人意料，受欢迎的人，尤其是受欢迎的女性，是在线相亲网络中的困难侧用户。后来过了没几年，出现了下一代在线相亲平台，代表者是 eHarmony 和 OKCupid 网站。这些网站通过问卷调查和匹配算法，让系统决定哪些用户获得哪些匹配的对象，以及他们获取匹配推荐的频率。这保证了女性用户收到的信息量减少，而收到适当对象的信息的概率提高。而发出信息的男性用户也会得到更多回复，这样用户就不再觉得自己陷入了一个靠复制粘贴来发送信息的无聊循环。

直到 2012 年，随着移动端软件的兴起，新一代的约会软件才应运而生。以 Tinder 为代表，这类软件在困难侧用户方面做了进一步创新。我采访了 Tinder 的联合创始人之一肖恩·拉德，询问了他 Tinder 是如何在上一代产品的基础上进行创新的。他向我介绍了几种新概念的组合：

> 过去的相亲网站会让用户觉得自己在上班，和在办公室里一样。你得白天发出邮件，晚上回去还得写回信。只不过写信的对象从工作中的同事变成了潜在的约会目标。Tinder 很不一样，它让约会变成一件有趣的事。用户在注册时不用填写一堆的表格。它的使用是可视化的，你只需要来回滑动浏览，你完全可以在排队时花 5 分钟做这件事。它已经成了一种娱乐方式。[21]

另一个需要解决的问题是，用户如何从成堆的回复信息中挣脱出来。在现实生活中，通常是由你的朋友给你介绍潜在的浪漫对象，或者通过二人共有的背景经历，如工作或学校，来帮助你筛选对象。对在线相亲平台而言，网络中最有吸引力的用户需要添加一些额外的信号来帮助他们筛选匹配对象。Tinder 通过与脸书的整合实现了这个目标，拉德也对我解释了这款软件是如何建立信任的：

> Tinder 从一开始就要求用户与自己的脸书账户绑定，这样我们就可以向用户展示与潜在约会对象的共同朋友的数量，这样双方就产生了信任。我们还通过利用手机的 GPS（全球定位系统），设置了用户只会与生活在附近区域的人匹配，这在当时还是比较新的技术。这样一来，你在软件上看

到的就是生活在你附近的、与你有共同朋友的人，也就是你在现实生活中可以遇到的那种人！和脸书账号绑定能确保你的 Tinder 账号不会展示给朋友，反之你朋友的 Tinder 账号也不会展示给你。这些设置都赢得了用户的信任。Tinder 内置了在软件内传递信息的功能，所以你也不用透露自己的电话号码。如果与约会对象的谈话无疾而终，你可以直接取消匹配，不用担心被对方骚扰。

当然，Tinder 使用的滑动操作模式也能让用户在使用过程中放松，不至于被大量的信息压得喘不过气来。软件用户中男性右滑（代表喜欢）女性的概率大约有 45%，而女性右滑男性的比例大概只有 5%。所以，女性通常都能和自己喜欢的男性配上对。不过，用户如果觉得自己加入的对话太多，可以在一段时间内终止滑动，只答复当前配对对象发来的信息。所有这些通过仔细观察而获得的启示帮助 Tinder 向其网络中最重要的用户群提供了更好的体验，解决了冷启动阶段最重要的问题之一。

交易市场类软件的困难侧往往就是供给侧

交易市场往往是围绕着卖家转的。我曾亲身体验过管理共享出行网络困难侧的难度。以优步为例，在任何一个特定市场，所谓的超级司机只占整个司机供给量的 20%，但是他们完成的订单占总订单的 60%。他们是全球范围内最有价值的用户群，因为他们是优步业务的核心。

优步的司机只是驱动交易市场类企业发展的众多工种中的一种。对交易市场类网络而言，困难侧通常就是供给侧，指的是付出自己的时间、产品和精力并试图在平台上提供以上服务来赚取收入的工人或小企业。他们利用电子交易市场开展副业，出售收藏品，或者提供在线辅导课程。他们以此替代做小时工，在美国有近 8 000 万小时工。这些人通常是社会的中间阶层，他们所做的零售业工作的岗位年化流动率可以达到 100%，他们正在为了获取额外收入而苦苦挣扎。市场初创企业通常能给这些人提供更多的机会。

要解决市场平台的冷启动问题，通常第一步（与优步采取的措施一样）就是启动时即向市场注入足够数量的供给。对于像 eBay 这样的市场，其一开始就要有足够数量的藏品销售者。对于爱彼迎这样的市场，其一开始就要有足够多的房东。对于 YouTube 这样的社交平台，其一开始就要有足够的视频创作者。对于相对专业的网络，比如 GitHub，如果能让一些知名的开源软件和重量级开发者加入网络，一定对其发展有帮助。一旦供给侧就位，就可以引入需求侧（买家和用户会形成网络主体）。不过，一旦需求得到满足，你又得开始重新关注供给侧。随后就按照这个模式继续发展下去，对大多数面对消费者的交易市场而言，规律就是"供给、需求、供给、供给、供给"。尽管供应侧可以通过补贴等手段在早期很容易进入网络，但供给侧还是必然会演变成阻碍网络发展的瓶颈。从定义上讲，网络的困难侧肯定是很难搞定的。

优步必须进行创新才得以解决其网络困难侧的招揽问题，也就是如何吸引司机的问题。刚开始的时候，优步专注于增加黑色轿车和加长版豪华轿车司机，因为这些车的司机都是有执照的，而且不容易引起争论。但是，竞争对手 Sidecar 的出现带来了翻天覆地的变化，因为这家公司创造性地招揽了没有执照的普通人来他们平台上做司机。这就是"点对点"模式。它很快就把数百万普通人变成了共享出行的司机，Lyft 和优步很快就复制了这种模式，并推动其成为流行模式。Sidecar 公司的联合创始人、首席技术官贾汗·卡纳介绍了这种模式的起源：

> 很明显，让任何人都可以注册成司机肯定是一件大事。司机越多，乘车费用越便宜，等待时间也会越短。这是 Sidecar 公司内部多次头脑风暴会议后想出来的方法，但总有个疑问悬在我们头上：监管会是否允许我们这样做？是否存在没有立刻被监管会叫停的先例？在开展了海量研究之后，我们找到了一种已经在旧金山运作了很多年的模式，一个名叫林恩·布里德洛夫的商人经营着一家叫 Homobiles 的公司，他的业务模式解答了我们的疑问。[22]

让人诧异的是，最早的共享出行理念并非来自投资者撑起来的初创企业，而是来自一家名为 Homobiles 的非营利机构，其经营者是湾区 LGBTQ（性少数群体）社区中的知名人物林恩·布里德洛夫。他运营的业务旨在保护和服务 LGBTQ 群体，同时为他们提供交通出行服务，包括送他们去参加会议，去酒吧和娱乐场所，也可以去医疗保健机构。他强调的是安全性和社区身份认同。

Homobiles 已经建立了自己的利基市场，而且已经找到了基本的方法：布里德洛夫招揽了 100 位志愿司机，他们会响应短信约车。用车者还会交钱，但是这些钱是以捐献的名义给的，用于补偿司机的工作时间。这家企业 2010 年就建立了，比优步 X 软件问世还要早几年，并且日后给一个总收入超过 1 000 亿美元的产业提供了商业模板。Sidecar 汲取了 Homobiles 的经验，它几乎照搬了 Homobiles 的业务模式，只不过采用了数字化形态：以捐赠资金为出发点，司机和乘客都在前排落座，就如朋友之间顺道送一程。随着这个关系被理顺，共享出行市场拉开了序幕。

夜间和周末

从 Homobiles 和 Tinder 的案例里，我们获得的重要经验是：如何在网络的困难侧已经加入，但其诉求还没有被满足的情况下，找到症结所在？这个问题的答案就在于分析困难侧用户的喜好和副业。

数百万内容创造者、软件开发者、市场卖家和兼职司机为网络中的困难侧提供了动力。他们是聪明、积极的先行者，他们会寻找机会让自己变得有用。在 Linux、WordPress 和 MySQL 这些开源操作系统的背后，在这些成为当代互联网基石的技术背后，也有这样一群开发人员。eBay 上的数百万卖家通过买卖人们想要的商品，创造了就业机会，创造了新的企业。对照片墙和 YouTube 这类照片分享和通信类产品而言，这些网络里的困难侧用户就是数不清的业余摄影师和摄像师，他们依照自己的喜好，用照片和影像记录旅途、特殊时刻、建筑、美丽的人物以及其他各种各样的内容。

人们在夜间和周末做的事情代表着这个世界上未能被充分利用的时间和能量。如果利用得当，这些事情可以变成启动原子级网络所需的基础。有些时候，较大的群体是由自身有闲暇时间的人组成的，但有些时候，较大的群体是由资产利用不足的人组成的。举例来讲，共享出行的网络从根本上依赖于汽车的低利用率，这些车除了日常通勤或者偶尔跑腿时有用，其他大多数时间都是静置无用的。爱彼迎的网络基本就靠房东家里空闲的客房或者平时不住的房间组成，当然也需要房东投入时间和精力。Craigslist（按类别发布文字广告的网站）和 eBay 就靠让人们卖掉手里的"废物"组成网络，这些"废物"对卖家无用，但是买家可能会认为它们存在一定的价值。

在通常情况下，困难侧用户会坚持使用爱彼迎或 TikTok 的网络，因为这些是他们的需求所在，他们也因此被锁定在这些平台提供的正面网络效应中。但是，成功的秘诀在于更仔细地观察用户，要把网络困难侧用户进行细分，看看哪些人还没能得到充分的服务。有时候，这种未能得到充分服务的群体可能是一个利基市场，比如说一个小型社区里专门做化妆或者开箱视频的博主，平台可以通过增加商业化功能为他们提供更好的服务。也有可能是一个内容制作质量较低的群体，他们只是社区中的业余玩家，比如在推特上每周完成 #whateverchallenge（任意挑战）任务的人，平台可以通过提供基础的视频编辑软件来帮助他们。对从未能充分利用的资产中衍生出来的网络而言，它可能由那些希望在周末开展副业来多赚点钱的小众群体组成。当然，也有可能会出现一个新的平台转变，本来感觉很小众的平台，却可能会颠覆整个生态系统。

我们的想法是从没有得到充分服务的领域（这些细分市场的用户本身可能是不具备吸引力的客户）入手，并应用克莱顿·克里斯坦森的颠覆性创新理论进行分析。新发布的产品通常都会从低端市场启动，提供"刚好够用"的功能，然后在此基础上发展进入中端市场，最终成长为孵化企业的核心市场，从而颠覆整个市场。最近一段时间，市场上出现了一股相反的潮流——优步和电子邮件运营商 Superhuman 以高端奢侈产品的形态出现，开始自上而下地占领市场。

当我们把颠覆性创新理论和网络效应结合在一起利用时，这就更能解释科技行业的发展。从功能上讲，原子级网络通常从低端起步，也就是从细分领域入手。但是，在原子级网络成熟后，网络中的困难侧用户就会想要把他们的产品和服务延伸到垂直市场的上一个层级。这就会逐渐吸引另一侧的高端用户加入网络，之后反过来又会刺激困难侧用户持续增长，如此循环往复。爱彼迎虽然起家于出租气垫床，但是愿意出租气垫床的房东或许也愿意出租整个房间，甚至出租整套公寓。这会改变整个市场供应的潜在性质，会吸引更加高端的需求方，进而又吸引高端库存进入市场。所以，现在爱彼迎提供了一系列高端出租项目，包括奢华顶级公寓和精品酒店客房。通过这种方式，网络效应在颠覆新生行业的过程中发挥了重要作用——它创造了一股动力，从而推动低端的原子级网络逐步向高端产品发展。

约会软件的困难侧

让我们再回到在线相亲这个业务上。当它被看作一种具备网络效应的产品时，约会软件就会把双方同时带入一个浪漫的情境。如果从这个意义上讲，Tinder、Bumble、Match、eHarmony、HotOrNot 以及其他约会软件都反映出上亿年来一直都存在的一种人类行为方式。业余媒人会给单身的朋友介绍对象，这已经成为他们的喜好。有很多人需要这种服务，但要有一定的技巧才能做成这件事。在当代社会，我们通过数字化手段升级了相亲这门技术活，利用算法来匹配对象，通过约会资料我们能够便捷地在数千人中挑选潜在相亲对象，实时通信也让双方的沟通变得更简单。

最重要的是，这些进步都帮助网络开发者吸引并留住相亲网络中最受欢迎的成员——困难侧用户。匹配算法必须帮助用户找到与他们魅力相当的对象。用户浏览的个人资料要能够帮助他们判断对方是"青蛙"还是"王子"。软件内置的通信功能也需要符合他们的需求，而且在必要的时候，要让他们能够退出对话。如果这些功能缺失，受欢迎的人群就会放弃这个产品，从而导致网络质量下降，影响其他所有用户的体验。

尽管约会软件（其实也包括其他所有具备网络效应的产品）必须为网络中的困难侧用户提供价值，但是这些软件对其他用户是否也要这样做呢？说实话，这是一个很高的目标，不过你也应该尽力去为其他用户打造满意的体验。你需要打造一款"现象级产品"。

第九章
如何开发一款现象级产品

"我创建 Zoom 之初，大家都认为这是一个糟糕的想法。"

我坐在 Zoom 的首席执行官袁征的对面，我们在圣何塞一家离 Zoom 办公区不远的酒店里，点了一家不起眼的餐厅提供的地中海风味的美食，边吃边聊。袁征向我介绍了 Zoom 初创期的故事：

> Zoom 最初的名字叫 Saasbee。Saasbee 刚起步的时候，我给几位朋友和天使投资人寄送了投资计划书，邀约他们来投资。其中大多数人都只是因为认识我这个人才给我的公司出资，他们其实并不关心我到底是做什么的。但如果他们真的看了我的方案，他们都会厌恶这个商业想法，根本就不会出资！ [23]

但在随后几年中，Zoom 的商业理念被证实是一个杀手锏。

产品理念很重要。在之前的几章，我着重介绍的是如何建造一个原子级网络，但没有直接介绍作为网络核心的产品理念。什么样的理念会让一个网络产品获得成功，什么样的理念会令其失败？为什么都没人能一眼看清 Zoom 的初始理念？

Zoom 创始于 2011 年，10 年之后，当我在 2021 年新冠肺炎疫情依旧猖獗的情况下撰写这本书的时候，Zoom 已经变成了数百万职场人士远程办公的重要工具。它的成长是非常迅猛的：2019 年底，Zoom 平台上每年会议参与人数为 1 000 万人，仅仅几个月之后，这个数据就变成了 3 亿人。这种成长速度令 Zoom 的估值飚升到 900 亿美元。

我在优步工作的时候认识了袁征，和他一起吃过饭、喝过咖啡。优步当时已经是 Zoom 的早期大客户了。他创造的这款产品令人印象深刻，所以我想多花点儿时间和他聊一聊。当时，优步全球范围内的员工已经达到了数万人，而且这些人高度分散，我们就是通过 Zoom 来运转整个团队的。无论你身处哪个大洲的哪个办公室（我自己曾在优步位于悉尼、阿姆斯特丹、纽约和旧金山的办公室里待过），这里的会议室和能够容纳全员的空间都会显示即将开始的 Zoom 会议。他们把 iPad（苹果平板电脑）装到墙上，用熟悉的蓝色背景衬托出当天的会议列表。这是优步工作文化中不可或缺的组成部分。

但在刚开始的时候，没人看得懂 Zoom 背后的理念。为什么会出现这种情况？按照袁征自己的分析，有可能是因为这个理念过于简单。当市场中已经存在 WebEx、GoToMeeting 和 Skype 等多种同类型的视频会议软件时，再开发一个便于使用的视频会议产品并不是任何人都能认可的想法。Zoom 本身并没有比其他软件多出什么功能，但它打造出了最关键的特性——"它能用"。

Zoom 给用户提供的最大价值就是它可以毫无障碍地组织远程会议，强化了工作团队内部以及企业和企业之间的网络效应。它让参会人员可以通过点击链接直接加入会议，而不用再拨号或者填写参会代码。提供高质量视频意味着一个工作场所中只要有少数几个人成功采用这款软件，它很快就会通过病毒式传播的方式传播给公司里的更多团队。除此之外，围绕 Zoom 的产品，已经形成了由供应商和顾问组成的完整生态系统。换句话说，丝滑的使用体验带来了一种使其具有的网络效应得到强化的产品结构。它让获取新用户的过程变得更容易，并且让已经存在的用户的交互频率变得更高。可以说，Zoom 是一个具备网络效应的平台，它既有现象级产品，又有围绕产品建立网络的机制。二者是交织在一起的，而且能够相互促进。

人们很容易将 Zoom 的简洁性视为其竞争优势，但是这种简洁性在现实环境中是很难实现的。客户总会提出无穷无尽的需求，而竞争对手也有可能开发出更多的功能。但是，据我自己的观察，所有具备网络效应的产品的最大特点就是往往能做好一件事。

Zoom 到底独特在哪里？我们应该如何做才能想出一个开发网络产品的好创意？这些想法与开发传统软件的想法有何区别？

网络产品与非网络产品的对比

网络产品与典型的产品在使用体验方面有本质差异。网络产品促进了用户之间的交互体验，传统软件产品则强调如何强化人机交互。网络产品通过不断添加用户来实现增长并获得成功，从而创造网络效应，而传统软件通过构建更好的功能和增加应用场景来实现增长。这也是推特、Zoom以及其他网络产品一开始被认为只不过是"功能而非产品"的原因，也是它们一开始被大多数人忽视的原因。它们都只强调一种神奇的核心功能体验。从这个角度进行对比，传统软件通常能够在企业软件采购过程中赢得"打钩比赛"，但会输在终端用户的实际产品参与竞赛的环节。

网络产品需要在网络的多方用户的需求中取得平衡。不仅要考虑买方，还要考虑卖方；不仅要考虑内容创作者，还要考虑观众。网络产品最重要的功能往往是围绕着用户如何找到其他用户，以及如何与其他用户建立联系来进行开发的，给照片加标签、共享权限和"你可能认识的人"等功能都是为了这个目的才出现的。通过这些功能，用户可以在这个平台上找到相关的人和内容，有可能找到自己爱看的游戏主播，有可能找到适合本团队的项目领域，也可能是其他任何恰当的内容。这是传统软件产品缺失的概念。在传统软件产品中，网络产品的丰富程度和复杂程度来自网络中的用户，而非来自软件自身的功能。

与其前代产品不同，Zoom的简洁性给新原子级网络打开了大门，毕竟它的原子级网络只需要两个人就够了。这使得公司可以把视频会议的功能性进一步扩展。原本视频会议只是用于开网络研讨会或者打销售电话，现在很多公司可能全天持续地连接视频会议，也可能一天当中多次使用视频会议。如果我们进一步分析企业扩展网络的能力，那么 Zoom 的简洁性就是它扩展网络的优势所在。如果一个产品的概念和用户价值易于描述，那么它肯定能够在用户之间轻松地传播，正如著名生物学家理查德·道金斯在我最喜欢的一本书《自私的基因》中提出的词语"迷因①"。你可以通过复制粘贴来传播 Zoom 的参会链接，就和迷因的传播一样简单。

引人注目的网络产品往往听起来就和迷因一样，这并不奇怪。它们背后的理念非常简单，它们赋予你执行一两种任务的主要能力。整个产品的使用体验仅存在于为数不多的界面上，并且只给用户提供极少的关键功能键。举例来讲，Snapchat 的关键功能是给朋友发图片，Dropbox 的关键功能是实现文件同步，优步的关键功能是让你能够一键约车，Slack 的关键功能是与同事对话，YouTube 的关键功能是让你看视频。它们用起来都很简单，你也很容易向你的朋友或同事介绍这种软件。

这些产品从功能上讲都非常简单，这也意味着经常有人批评它们缺少足够差异化的技术，或者缺少足够强的防御性。极少有人将专利或者深层次的知识产权作为核心策略的一部分。事实上，当我与消费领域的初创企业家见面时，对方如果吹嘘持有多少专利，我可能会很不耐烦。有的时候这种批评观点是错误的——光鲜简洁的产品界面背后可能隐藏着非常专业的技术基础。Zoom 公司就投资了视频编解码器、视频压缩及其他相关的技术企业。但在绝大多数情况下，这种观点是成立的。推特早期的工程团

---

① 迷因，多指互联网上病毒式传播的文化现象或表情包。

队就经常因为缺乏经验而被人批评，导致早年出现了臭名昭著的"fail whale"（失败鲸）这样的错误提示页面。Snapchat 和脸书都是由在校大学生开发的。优步的软件最早是外包给墨西哥公司开发的，所以后期新的工程团队加入之后，公司给他们配发了西英词典，以帮助他们理解用西班牙语写下的注释和源代码。在上述这些案例中，直到软件的网络实现规模化增长，运营软件的企业才会升级其工程团队。

这种病毒式的、简洁易用的软件最早是在零售消费领域兴起的，但随着时间的推移，它们也逐步占领了企业软件市场。有些软件，比如 Dropbox，早期是面向零售消费者的，但随着该软件在办公领域广受欢迎，Dropbox 也转变了发展战略，重点开发企业客户。有些软件，比如 Slack，是由具备开发零售消费软件背景的企业家创办的企业产品。安德森-霍洛维茨公司最近开展了一项研究，发现在最热门的"自下而上"发展起来的初创企业中，大多数创始人都来自爱彼迎、优步和雅虎等成功的零售消费类企业。在零售消费领域成功开发出产品的经验，同样可以用来开发企业软件。

这种技能组合的交叉融合有助于产品开发理念和产品特性从一个领域跳跃到另一个领域。有人曾观察到，市场上已经出现了一条"互联网软件供应链"，把不同客户群体和不同地域联系在了一起。其中一个案例就是表情符号的发展史。表情包最早出现在 1997 年日本的移动电话上，被青少年广泛用作即时通信和短信中的表情符号，之后伴随智能手机的流行而成为主流，现在又已经渗透到 Slack 这样的"消费者化"的企业软件中。直播、视频格式的软件，比如 Snapchat 和照片墙故事，以及一些按需提供的交易市场类软件都是一条伟大的软件供应链上的节点，这一供应链把小众消费趋势与企业和市场主流的广泛应用连接在一起。

从一开始，Zoom 就具有很多零售消费类软件的特性。尽管开发团队的大多数成员拥有企业软件开发背景，但在公司初创期，在 Zoom 还被称为 Saasbee 的时候，这个开发团队就希望也能够在零售消费者群聊功能上取得成功。这个产品的用户体验是极简的。虽然它背后有强大的技术支持（毕竟袁征亲手打造并管理了WebEx 的大部分工程团队），但是真正吸引用户的还是丝滑的使用体验。很多早期投资者在 Zoom 这个项目上转身离去，因为在他们看来，Zoom 解决的问题是一个市场上早有同类解决方案的问题。所有网络产品的一个共性就是它们为用户提供了一种全新的互动方式，随着时间的推移，网络就变成了它们最强的护城河。

换句话说，能够促进网络效应的理想化产品应该包含两个因素：第一，产品的理念要尽可能简单，简单到任何人都能看懂；第二，它还需要形成一个内容丰富、结构复杂、体量可以无限大的用户网络，从而使其竞争对手无法复制。

当然，我们本章分析的 Zoom 就是这种理想化产品的杰出代表。

为何网络产品热衷于免费

世界上价值最高的一些产品的商业模式都在强调"免费"，这不禁让人感觉是一种悖论。社交网络和通信软件都是免费的，软件即服务型产品似乎都会提供免费增值。虽然购买服务或商品一定要付费，但是运营交易市场类软件的公司都会免费提供浏览和交易功能。这是网络产品共有的"DNA"（脱氧核糖核酸），它直接影响着一个现象级产品的传播速度。袁征认为，Zoom 提供的顺畅体验直接影响了定价。他这样解释：

> 我希望 Zoom 对用户是免费的，至少要对只使用基础功能的用户免费，这样一来大家才能看到为什么这款产品这么好。我刚开始的时候曾经想要限定一个免费使用的人数上限，比如说 3 个人一起开会是免费的，第 4 个人加入的时候就要付费。但是，我总感觉这种做法有点儿不对。我研究了一下 Dropbox 的定价策略，却看不懂为什么它从用户的存储量超过 2GB① 以后开始收费，而不是从超过 1GB 就开始收费。我想了很久之后突然意识到，这个设置令用户可以更长久地使用 Dropbox，用的时间越长，用完免费存储容量的概率就越高，也就更有可能成为付费用户。我希望 Zoom 也采用类似的定价策略，所以我把免费使用的门槛定在 40 分钟以内，而且 40 分钟以内的会议也可以享有完整的会议功能。这样一来，如果会议质量高，并且你喜欢我们的产品，那你最终就会成为付费用户。

即便在公司起步的早期，这些关键的产品决策也对 Zoom 的

---

① 1GB=1 024MB。

发展轨迹产生了重要影响。这个产品将一个能够快速组织起会议的简洁易用的软件，一个便于向他人推荐的价值理念和一个至少在初期可以免费使用的方案整合在一起。袁征提到，很多自己找上门来的客户从一开始就愿意付费：

> 在测试版阶段，这个产品只有一个网页和一个下载按钮。但是，斯坦福大学持续研究项目的研究员试用了这个产品，他们立刻就想成为付费用户！那个时候我还不知道如何定价，所以最终他们给我们开了一张 2 000 美元的支票。这是在那一年圣诞节前后发生的事情，直到现在我还保留着当年那张支票的复印件。

在成功获得第一位客户之后，病毒式增长就开始了：

> 附近的几所学院成了我们的下一批客户。这个产品对客户很有吸引力，他们都主动联系我们付费。从那时开始，我们获取客户的渠道就越来越多。在公司成立的前 4 年，我一直都没有一个专业的营销团队！

Zoom 提供免费增值服务的策略让其网络得以迅速扩张。很多网络产品在招揽用户的策略中都会设定一个免费可用的范围，这些产品有的是靠广告收入支撑的（比如视频和社交媒体平台），有的是靠订阅解锁高级功能支撑的（比如协同办公或 B2B 软件），还有的是靠微交易支撑的（比如交易市场、游戏和直播平台等）。

正是由于冷启动问题的存在，各种商业模式的软件平台才会采用相似的策略。直接向用户收费是一种比较直截了当的创生手段，但是在这种模式下，每增加一个收费用户，就等于在网络中添加了一点不和谐因素。建造原子级网络本来就很难，为什么还要通过制造壁垒而使其变得难上加难呢？如果没有快速建立网络的能力，那么病毒式增长等手段极有可能无法发挥作用。如果 Zoom 不提供免费使用的时长，而是从一开始就对每一位用户收费，那么它短期内可能会创造较大的收入，但也可能要在市场营销和销售上支出更多经费，才能弥补获客的短缺。

提供免费增值服务是 Zoom 保持吸引力并实现增长的重要推动力。一旦 Zoom 聚齐了恰当的原材料，也就是一个简单的、现象级的产品，它的商业模式就会持续产生收入，从而实现病毒式增长。

用户行为变迁和计算机平台

Zoom 只是在世界发生变化的过程中，在恰到好处的时机下出现的一款现象级产品。视频会议类软件成为主流的办公工具要归功于好几种因素的组合，包括宽带、远程办公和职业化办公都成为普遍现象，这一切都因新冠肺炎疫情而加速。在人类历史的其他节点，当一种新的计算机平台出现，重置消费者的行为习惯时，世界也会随之发生改变。在过去的数十年里，这种变化是随着基于文本命令行界面的个人电脑问世而开始的。不久之后，出现了图形用户界面的苹果电脑，将这种技术推向了全世界。再之后，就是互联网和网络浏览器的时代，随之也产生了我们正在使用的智能手机。在未来，改变世界的或许是声控装置、增强现实或虚拟现实装置、元宇宙以及很多我们还无法预见的技术。

新技术给新的用户行为打开了方便之门。用户交互界面出现了新的模式，比如左右滑动或者用手指点击，这也激发了企业开发新产品的想法。这使大型企业和初创企业之间开始疯狂争夺，在新科技重置用户行为之后，它们希望搞懂用户诉求，并且以最快的速度开发出下一个现象级产品。有时候，这种开发就像微软的 Office 桌面软件演变为谷歌套件、Notion（全能知识管理软件）和 Airtable（在线表格应用）等网络产品。与此相似的是，约会类网站 Match 被 Tinder 这种易于使用、可轻扫切换界面的软件取代。再比如照片墙替代了 Flickr，因为照片墙把手机上的照片和社交网络紧密结合在了一起。

算力提升带来的行为变化给这个世界带来了最耀眼的现象级产品。当带有高像素摄像头、内置定位芯片和软件商店等特性的智能手机问世时，Snapchat、优步和 TikTok 等现象级产品也应运而生。互联网刚刚诞生时，我们获得了搜索引擎、电子商务、交易市场和其他很多网络应用。在 Windows 系统和苹果电脑主导的时代，我们用上了 Office，可以实现桌面排版，并且可以用个人电脑做很多工作。换句话说，当科技行业出现新平台迁移时，能够打造出现象级产品的公司往往就会成为行业里最有价值的公司。

重要的是，新的平台迁移也给初创企业提供了巨大的机会。在平台重塑阶段，不管是在孵化期还是在创业期，每个企业都需要从头再来，都需要面对冷启动问题。举例来讲，当我们从网站向移动端迁移时，产品要压缩到一个比电脑小得多的用户界面上，而且要保证用户用粗笨的手指也能进行操作，而不是用灵巧的鼠标箭头那样。开发软件的新想法还可以充分利用手机本身的独特技术：摄像头、定位芯片和通知推送等。你不可能把整个网站翻译成移动端软件，你必须从一开始就按照移动优先的原则来设计软件。

Zoom 充分利用了这些技术趋势。由于互联网大提速，视频会议的广泛使用成为可能，Zoom 在这个过程中获益良多。Zoom 也是在全社会出现"自下而上"的由终端用户挑选软件的过程中被大众选出来的，职员可以挑选自己希望使用何种软件或何种服务，而不是被迫接受公司信息技术部门强制安装的软件。Zoom 公司选择了一种简洁的、有免费增值服务的商业模式，使其成为病毒式增长的最佳选择。尽管 2020 年新冠肺炎疫情全面暴发的时候，Zoom 已经是一家成熟、有价值的企业了，但是由于上述各种因素，它在疫情来临的时候得以实现爆发式增长。原本 Zoom 业务还面临冷启动问题的办公场所或者环境（Zoom 还没有穿透的市场）也在这个时期立刻使用这项服务。

当然，打造一个现象级产品只是解决冷启动问题的一个因素。对 Zoom 而言，迅速识别自己的原子级网络，找到斯坦福持续教育项目以及旧金山湾区内能够独立自主地采购软件的小型学校，都是非常重要的因素。只要有一位用户接受了这款产品，其他用户很快就会跟进，因为人们会自然地把好用的产品推荐给其他人。当一家公司做好现象级产品，并且建好第一个原子级网络时，它就会开始创造"奇迹时刻"。

第十章

解决冷启动问题后的奇迹时刻

一旦产品的冷启动问题得到顺利解决，其效果会很明显，用户体验会变得越来越好。比如，当你在会议期间打开一个协同办公软件时，你会发现与自己相关的工作任务都呈现在软件界面上，你的同事也在平台上讨论着下一步的工作方案。再比如，当你打开一个社交软件的时候，引人入胜的娱乐内容就会出现在你的推送中。朋友评论了你新发的照片，你会收到通知。交易市场类软件会让人觉得其容纳的商品或服务越来越丰富，几乎能达到你想要什么就能找到什么的程度。你搜索任何产品，至少都能搜到十多个相关的链接，这些产品物美价廉，而且通常都能当天发货。

当一个网络拥有了足够多的用户，用户的活跃度足够高，并且用户以正确的方式建立了联系时，这个产品的使用体验才能真正大放异彩。这就是"奇迹时刻"，也就是产品变得能够实现其核心价值的时刻，这种价值就是形成人际网络，靠网络的力量帮助人们提升工作、娱乐、约会、游戏及其他行动的效率。一个未能成功解决冷启动问题的产品是不可能在早期就产生奇迹时刻的。常见的情况是，新生的网络看上去都很空，像无人居住的"鬼城"一样。但是一旦网络初具规模，奇迹时刻就一定会出现，这也标志着网络开始走向扩张。这也是冷启动问题已经得到解决的标志性时刻。

作为 Clubhouse（音频社交平台）最早的一批用户，我亲身体验了这个主打音频社交的软件的奇迹时刻。这款产品是保罗·戴维森和罗汉·塞斯在 2020 年发布的。当我注册成为其测试用户时（我的官方编号是 104 号），它的用户数还非常少。Clubhouse 是一款简洁的软件，用户注册成功之后就可以与其他用户对话，而参与对话交流的用户都要加入同一个"房间"。很多时候，只有戴维森在"房间"里，我有空的时候就加入进去和他聊天，有时也会遇到其他一些朋友，仅此而已。

在诞生之初，Clubhouse 还没有解决冷启动问题（当你打开软件时，"房间"里通常都是空荡荡的。软件上没有活跃的对话，也找不到聊天的对象），戴维森也不可能全天候在线。当时，这款产品也缺乏关键的功能。它甚至不要求用户创建个人主页，也没有赋予用户关注其他人的功能，也就没有形成任何用户之间的网络。社交功能以及在不同的房间同时开始多个对话，这些都是后来才加上的功能。

但是，一些灵光闪现的时刻已经出现了：有时候，我会在这个软件上遇到几个月没见的朋友，然后我们就有了特别愉快的一次聊天，这些都发生在新冠肺炎疫情暴发时期。有的时候，我会听到其他人正在谈论机器人、比特币、科技史以及其他各种技术宅最喜欢的话题，他们的对话内容其实都非常有意思。当这款软件的用户数还只有几千人时，我就带着安德森-霍洛维茨的 A 系列投资计划进驻了 Clubhouse，我自己也加入了这家公司的董事会。这是我从事创投行业的第二年，当时，我给出了一个高得很离谱的估值——将近一亿美元，而当时这家公司一共就有两名员工。

发布不到一年，Clubhouse 每月新增用户量都会达到数百万。世界上的不同区域都出现了使用这个软件的大型、多样化的网络社区。当我每天晚上习惯性地打开这个软件时，我会看到很多自己想加入的聊天室——有的房间里有社会名人在发言，有的房间里有政治专家在讲话。这实际上就是音频版的电视真人秀。而且总会有一两个房间是由安德森-霍洛维茨公司主持的，谈论的内容是创业和科技。这个平台上随时都会出现奇迹时刻，所以无论用户何时打开这款软件，他们都能找到值得去听的内容。在我们进行了第一轮领投之后的一年之内，Clubhouse 迅速成了 20 多个国家的十大应用软件之一，公司估值迅速超过了 10 亿美元，后来更是跨过了 40 亿美元大关。

这是一个令人称奇的成长故事，Clubhouse 做对了什么？更重要的是，它怎么知道这些行动能创造成功？

Clubhouse 成长记

看上去 Clubhouse 于 2020 年发布是歪打正着，因为在新冠肺炎疫情的大背景下，人际沟通的需求已经成为人类日常生活的重要诉求。但该团队并不是纯粹地撞运气，戴维森和塞斯早就对播客和音频设备的发展趋势有深度的热情，他们在研究开发一款新的音频类软件这条道路上已经反复迭代了很多版本，Clubhouse 只是其中一个。

在 Clubhouse 问世之前，他们已经尝试过开发其他专注于通过音频凝聚用户的软件。多年以前，塞斯就曾经尝试开发一款名为"打电话给朋友"（Phone-a-friend）的软件，这也是一款希望通过音频让朋友聚在一起的软件。随后，他们又一起开发了"非日历"（Uncalendar）软件，也就是让用户在出现空余时段的时候，能够快速地聚在一起聊天。再之后，更重要的是，出现了"脱口秀"（Talkshow）软件，从而让用户更加容易地创建播客内容。用户可以用这款软件启动播客，录制与主持人的对话，并编辑、发布录制的内容，这些全都在一个软件内完成。脱口秀软件将所有工具都汇集到一个平台上。但由于播客本身的性质所限，这款软件用起来还是略显尴尬，而且也比较难用。当我询问戴维森和塞斯为什么脱口秀软件没能取得成功时，他们认为主要的障碍在于：

> 脱口秀软件对创作者而言太繁重了。你或许会对朋友说："来听我的脱口秀。"但是人们会把它当作普通的播客。为了满足这些听众的心态，最后形成的脱口秀内容能够明显听出来是写了脚本的，而最后得到的音频听上去就像质量低劣的播客。这个平台上产生的内容一直没有形成自己的特色，也就没能吸引到特定的内容消费者。这个软件过于强调主播所用的功能，从来没有用户会觉得能在这个平台上成为纯粹

的听众。[24]

换句话说，这款软件还没做到位，还没能给播客主持人这一困难侧用户带来完美的体验。团队需要做很多软件设置和事前准备，才能看到某些类似奇迹时刻的闪光点。

戴维森和塞斯从过去的经验中汲取了教训，并问了自己一个关键问题："要怎么做才能更快地制造出奇迹时刻？"

在脱口秀软件上工作了几个月之后，两人终于意识到，应该对软件进行彻底简化。要保障内容创作者用起来比较轻松，最理想的做法就是让创作者能够用简便的方法，与本来就已经在同一个软件平台上的其他用户一起创作内容，这样一来，创作者就避免了让朋友同时进入平台的协调问题。Clubhouse 的音频内容不是录制的，所以用户会把它当作在电话中的交谈，而不是像在听播客，这也让主持对话的人压力骤减。对不想说话的用户而言，他们从加入平台的第一天起就可以轻松地选择"靠在椅背上聆听"。即便在软件发布之后，他们俩也花了将近一年的时间来继续为平台增加用户，为软件添加关注某人的功能，还有通过推送来发现房间的功能等。

伟大的产品需要经过时间的历练，Clubhouse 也遵循着这条规律。虽然产品一夜爆红，但其实它早就经过了多年的打磨。

早期，这款产品的原子级网络是由比较喜欢接受初期科技产品的人士组成的，也就是戴维森和塞斯的朋友，这个群体大概有几千人。我也是第一拨用户中的一员。这个小群体的人数已经足够了，他们随时都在为这个平台创造奇迹时刻，因为在新冠肺炎疫情防控期间，科技行业的人总是在寻找相互联系的新方法。但是，后来加入平台的 5 万多名用户才是真正把 Clubhouse 推向主流文化圈的重要用户群。黑人创意圈（一个集中在亚特兰大、芝加哥、纽约和洛杉矶等娱乐和媒体热点城市的群体）开始在 2020 年中大规模加入这个平台。很多音乐家、喜剧演员、有影响力的人和创作者开始定期在这个平台上发布内容，这更加助推了奇迹时刻的出现。有些用户群体的行动是在安德森-霍洛维茨的支持下开展的，但更多的内容是自发出现的。这为平台解锁了下一阶段的客户增长通道，到 2020 年底，这个软件在全球范围内的用户数已经达到了数百万人。

到这个阶段时，每次打开 Clubhouse 软件的体验就变得很神奇。不仅对我而言是这样，对全球数百万用户而言也是如此。这款产品的用户留存率和交互率与我见过的任何产品不相上下，可以和照片墙或 WhatsApp 相提并论。

不可否认，Clubhouse 的发布时机很巧妙，其充分利用了科技和用户行为转变带来的机遇。当然，用户行为的改变很大程度上都是受新冠肺炎疫情的影响而产生的。布巴·穆拉尔卡是脸书早期的一名雇员，也是我的一位好朋友。他在很早的时候就投资了 Clubhouse，并且担任了该公司的顾问。他亲眼见证了公司的早期发展史，并与创业团队一起努力，亲眼看着团队不断迭代这款产品的早期版本，直到产品的爆炸性发布。

多年前，就是布巴引荐我认识了戴维森，他当时对 Club-house 早期发展的看法是这样的：

消费音频内容早就成了每个人的日常习惯，但是这个市场还在不断扩大。AirPods（苹果耳机）、Alexa（亚马逊智能语音设备）、CarPlay（苹果车载软件）等创造了数千万小时的用户收听音频时长。播客逐渐成为主流，而且逐渐和 Spotify（流媒体音乐平台）、Audible（有声书平台）这类产品绑定。当 Clubhouse 启动的时候，在早期用户社区中，不论朝左走还是朝右走，都还有产生奇迹时刻的可能。这个软件汲取了音频内容的所有优势，正如"靠在椅背上聆听"一样轻松，让你在煮饭、做家务和开车的时候参与其中，并且创作内容也比之前简单 100 倍。你要做的事情就是与人谈话，就像平时打电话一样。讲话谁不会！Clubhouse 出现的时候，正是新冠肺炎疫情流行之际，我们在封闭管控的情况下正在寻找新的人际交流方式。音频内容，尤其是来自真人的声音，填补了最重要的一块空白。Clubhouse 让我们联系在了一起。[25]

一个现象级产品，外加绝妙的发布时机，冷启动问题很快就被解决了。

奇迹时刻的对立面

奇迹时刻是个不错的概念。如果能够计量这种时刻，这个概念就能更有用。计量奇迹时刻的手段或许会出人意料，你需要从奇迹发生的对立面开始计算，也就是网络崩溃的时刻，你需要从这里开始着手解决问题。

在优步，我们把这种时刻称为"归零"。在优步看来，归零是用户最糟糕的体验，比如一位乘客打开软件，输入了地址，想要约车，但在当前区域没有司机应答。这就是归零。当产品的目标是推动网络中的用户产生交互时，归零的情景就意味着产品价值没有实现，同时也意味着用户可能离开，并且永远不再回来。如果一个产品缺少足够的用户、列表或视频来吸引用户，产品的价值就会大打折扣。

这不是优步或者交易市场类软件独有的问题，每一类产品都会出现归零的情况。对协同办公工具而言，比如维基百科上的一篇文章，有可能是工作所需的文件陈旧或缺失，而一直没人去填写。再比如 Slack，或许你想通过这个软件给某个人发信息，却发现对方还没有注册为该软件的用户，这会让你失去继续用这个软件的动力，导致你重新回到用邮件联系的工作方式。对社交网络而言，归零的情况指的是一位用户在加入软件之后，发现找不到自己的朋友或者自己喜欢的内容，那么他肯定会把自己宝贵的精力放到别的事情上去。对需求驱动型软件如爱彼迎、Yelp和 eBay 而言，归零的情况就是在潜在客户搜索某个关键词之后，返回给他们的是显示没有搜索结果的页面。

归零是一种糟糕的客户体验，但更可怕的是，这种问题解决起来很麻烦。在优步的网络中多加一位司机是不可能保证避免归零的，在 Slack 的网络中多加一位用户也解决不了他们的归零。要想保证用户不会遭遇归零的情况，网络中的用户数必须足够多，而且用户交互也必须足够活跃。网络中的司机必须在收到约车订单之后及时响应，他们如果不积极地使用软件，就会导致请求无法实现，这是归零的另一种表现形式。再比如，当你用 Slack 给同事发送信息时，那个同事必须回复，如果他只是注册了用户，但是没有安装软件，那同样也是归零。

归零的真实代价并不只反映在用户体验到归零效果的那一刻，之后它还会持续产生破坏性效果。遭遇归零的用户会离开网络，更可怕的是，他们会坚定地认为这个网络提供的服务不可靠。如果网络中大部分用户开始离场，那么运营方是无法维系住一个强大的网络的。不幸的是，新生网络注定要遭遇很多归零的场景。只有清除了这种破坏性的力量，整个网络才能启动。

在优步，针对归零和未被满足的请求的思考给我们提供了很多有用的见解，所以我们在很多常见的数据表中一定会加入对这些因素的分析，并按照城市和地区进行划分，这样我们就能清晰地了解这种现象到底发生了多少次。我鼓励产品开发团队去打造适合自己的计量表，并用网络数据的形式呈现出来，无论是以区域、产品类别还是其他任何项目为标准，只要合理就行。通过每个数据表，我们可以看到并跟踪到底有多大比例的用户遭遇了归零。如果这个比例太高，说明这个类别的用户群正在经历反网络效应，而且公司永远不可能在这个类别上实现突破。

解决冷启动问题之后

在一个网络产品成功发布之后，其用户总是会在使用该软件的时候获得良好的体验。他们总是会遇到奇迹时刻，几乎不太会遇到归零的情况。这是由恰当的软件功能与恰当的网络共同形成的局面，离开哪一个都不会成功。我介绍了在 Clubhouse 发布的前几个月里，这些因素迅速集结，但是它们仍然需要一个由数千人组成的原子级网络以及适当的软件功能，才能取得最终的成功。所有这些成功因素的背后是开发者多年来对社交网络和音频产品的深入思考和积累。如果缺少某项关键功能，比如说主动邀请听众作为发言人，那这款软件的发布可能就会遭遇失败。公司当初如果选择了错误的网络，比如说从地理位置相距很远的不适合的用户群入手，也会遭遇同样的问题。恰当的产品和恰当的网络必须兼备。

当一个网络产品终于开始产生奇迹时刻的时候，用户的感觉会非常好。通常，商业界将这种时刻称为"产品／市场配对"。以下是马克·安德森对产品进入配对阶段的描述：

> 你总是能感觉到产品与市场没有配对成功。客户没有从产品中获得价值，口碑没有传播开来，软件使用率没有快速增长，媒体评论显得乏善可陈，销售周期太长，很多交易不能圆满完成。
>
> 你也总是能感觉到产品与市场配对成功了。客户购买产品的速度已经赶上了你生产的速度，或者软件使用率的增速已经赶上了你增加服务器的速度。客户付的钱已经在你公司的账上堆起来了。你开始以最快的速度雇用销售人员和客户支持团队。记者会一直给你打电话，因为他们听说了你开发的这个热门新产品，争先恐后地想发新闻报道。你也开始获得哈佛商学院年度企业家之类的奖项。[26]

当然，他是从更广义的角度分析产品与市场的匹配问题，但是对网络产品而言，我认为可以借用这种描述，而且可以添加来自网络的优势——用户会吸引更多的用户，并且会在整个互联网上分享你的产品内容。如果你在推特、Reddit 或者其他社交平台上搜索的话，你会发现忠实的用户总是在宣传你的产品有多好。当用户发现软件有更多的实用性时，现有用户之间的交互会加强，而且会有更多用户加入进来。

这一过程听上去很简单而且能够自动实现，但在现实当中完全不是这样的。一个产品在创造出第一个原子级网络之后并不是就能一劳永逸地解决冷启动问题，开发者需要随着网络规模的增长，不断解决同类问题。即使一个原子级网络已经蓬勃生长起来，与其紧密相连的其他网络（不论是按行业、地域、人口还是其他标准划分）仍然需要解决冷启动问题。即便一家公司里有足够多的 IT 员工在使用 Slack，也不能保证有足够多的销售团队用户加入进来。只有当整个组织内的每一个网络的密度都足够大的时候，用户才不会轻易离开这个产品。一旦你有了特定的办公地点，这家公司在其他城市的同事也会逐步加入进来。冷启动问题不是一次性就可以解决的问题，它会反复出现，也需要你反复解决。

当开发团队能够打造出一个独立的网络时，它们也就会开发出更多的网络，以此来占领整个市场。

第三部分

临界点阶段

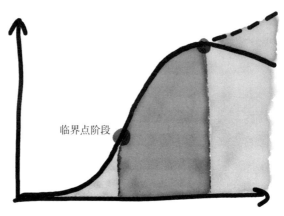

临界点阶段

图 III-1 临界点阶段

第十一章
可复制的发展战略

想征服世界，光有一个原子级网络是不够的，你需要将其从一个发展到两个，从两个发展到很多个。只有当你的网络达到一定的规模时，我们期待的更广泛的网络效应，即病毒式增长、强化的用户黏性和更好的变现能力，才能逐一实现。有些时候，这种变化是一个城市接一个城市地发生，有的时候则是一个团队接一个团队地发生。当这种变化成为可复制的模式时，网络就会达到"临界点"，此时产品就能够迅速成长，并最终占领整个市场。

在全世界的公交、地铁和火车上，有一种熟悉的场景总会出现在上下班高峰期：很多二十几岁的年轻人静静地坐着，戴着耳机，视线仿佛黏在手机屏幕上一样。你或许坐在他们正对面，或许坐在离他们10个座位开外，但你总能通过观察他们拇指的运动轨迹——滑动、滑动、滑动，知道他们在用哪款软件。朝这边滑了一下，然后又滑了一下，只不过这次朝向相反的方向。他们都在用Tinder。在他们的这段路途中，这些年轻的上班族或许已经滑动浏览了好几十个潜在的约会对象，一直看到他们到站下车为止。在全球范围内，这种场景随处可见。如果你把这些活动次数都加起来，那会是一个天文数字：当我写这本书的时候，Tinder 的用户已经达到数千万人，他们每天做出 20 亿次滑动动作，每周有 100 万次约会被促成。这就是爱被量化之后的景象。

行业里的人通常会认为在线约会领域并不适合新产品研发，但是 Tinder 是一个极端例外。约会类软件非常难启动，更难实现规模化增长。这个类别的软件存在大量的冷启动问题。约会是一种地域属性非常明显的行为，即便两个人居住在同一个城市，他们也有可能进一步希望双方在城市的同一个地方见面。虽然说旧金山和奥克兰两个城市只隔着一座桥，但是你也别想撮合分居两个城市的两个单身人士来见面。再极端一点，即便都在洛杉矶，你也很难让住在圣莫尼卡的人去和住在东边银湖的人约会。一个约会软件的网络需要很大的密度才能获得成功，即便一个市场成功了，你还需要在多个不同的城市进行推广，这样才能实现规模效应。即便你在一个群体（比如说 40 岁以上的单身基督教徒）里取得了成功，你还需要在其他群体里重新启动网络。约会网络的流失率天生就高。在两个人配对成功之后，他们就会离开这个平台，所以约会越成功，平台的流失率越高。

当我还在优步工作的时候，经人介绍我认识了 Tinder 公司的联合创始人兼首席执行官肖恩·拉德。当时，他正在探索如何让 Tinder 的网络触达世界每一个角落，因为他们的网络在美国人口密集的城市已经广受欢迎。拉德和我聊得非常投机，后来我答应在 Tinder 公司担任顾问。在他们发展进入关键期的几年里，我会坐飞机前往他们位于洛杉矶的办公室，参与他们对商业指标、产品策略和用户增长计划的热烈讨论。在办公室开完讨论会之后，我们会在私人会所苏荷馆会面，或者在马尔蒙庄园酒店一起喝一杯，地点都在离他们办公室不远的西好莱坞区。在这些聚会上，我听到了更多关于公司发展背后的故事。在这个阶段，Tinder 已经达到了百万用户量级，但是公司团队的总人数与其影响力相比可谓小得可怜，因为公司大约只有 80 人。

Tinder 在当时那个阶段所面临的问题已经不是如何在其他大学校园里发布自己的产品了，他们对运营大学市场的套路已经非常熟悉。他们需要思考的是，如何在所有被他们视为核心的区域占领全市场并达到亿级用户体量。这家公司已经到达临界点阶段，整个约会市场都迅速朝着 Tinder 开拓的模式转型：先是实现移动端软件开发，其次是实现左右滑动的功能，最后是提供软件内的通信功能。很快，Tinder 的总收入就超过了 10 亿美元，并且重塑了整个约会类软件市场的格局。

这一切是如何实现的？根据我和拉德的多次聊天，我梳理出了过去 10 年来整个科技行业最成功的企业之一背后令人难以置信的故事。

2012 年发生在南加利福尼亚大学校园的故事

当回顾 2012 年 Tinder 刚刚问世时的情形时，拉德说："一切都起源于南加利福尼亚大学的一次派对。"

在那时候，这个软件还很简单。用户会看到一系列约会对象的资料，但在我们刚刚发布这个软件的时候，左右滑动的功能还没有加进去。[27]

当时，软件的用户数量可谓少之又少，软件的开发团队也是由 6 个人搭起来的草台班子。创始团队成员包括肖恩·拉德、贾斯汀·马丁和乔纳森·巴丁。他们一起写了个程序，叫作 Matchbox，而不是 Tinder。当时这个软件并没有左右滑动的功能，而是可以给喜欢的人点一下绿色的心形按钮表示"喜欢"，给不喜欢的人点一下 X 形按钮表示"跳过"。你只有点了一个人的按钮之后才能看到下一个人的介绍。左右滑动的功能是后来才加进去的，当时还在开发 iOS 版本软件的巴丁后知后觉地就加上了这个功能。拉德给我讲了他当时是怎么想到这个功能的：

我的办公桌上总是放着一叠扑克，我写代码的时候喜欢顺手拿来玩一玩。在思考代码的空当，我会把扑克拿在手里翻来翻去。有一天，我突然想把翻牌做成一个有趣的功能写进软件里。在软件界面上左右滑动很好玩，但在刚开始的时候，我并没有想让它成为用户使用软件的主要方式。[28]

加入这个标志性功能之后，就再也改不回去了。

但当时还存在一个问题，这款产品初期的用户增长速度很慢。拉德和马丁开足了马力进行推销，他们给自己通讯录里的所有朋友都发了信息。大概有 400 人陆续登录这个软件来进行尝试，但可以想见，这些用户能起到的作用非常有限，他们还是没能获得足够多的用户。由于冷启动问题的存在，这款产品的试用过程非常艰难。

发布一款 Tinder 这样的产品非常不容易。开发者需要同时以两侧用户适当的比例来吸引来自多个维度的用户群体。至少在服务异性恋用户的版本中，这是一个由男女双方组成的网络，而且男女两侧的用户规模还需要保持恰当比例的同步增长。女士不能太多，男士也不能太多。两侧的用户需要拥有相似的兴趣爱好、人口结构和魅力值，这样才能保证每个人都能找到足够多的匹配对象。

除此之外，在线约会软件并不是一种能够充分利用病毒式增长的产品。虽然社会文化已经发生了转变，但是很多人还是觉得告诉别人自己在用约会软件是一件难以启齿的事。并且，如果你的软件真的让两个人成功配对，那么具有讽刺意味的是，你会看到两个幸福的人手牵手离开你的软件平台，尽管他们有可能告诉他们的朋友他们当初相互认识的方式。所有这些动态因素使得这一类软件非常难以启动，而且更加难以实现规模化增长。

这些问题的答案似乎都在南加利福尼亚大学的校园里，从很多方面来讲，这里是 Tinder 起步的理想场所。南加利福尼亚大学坐落在洛杉矶南部的中心地带，占地面积超过 121 公顷，同时有超过 19 000 名本科生在校。学生活动非常丰富，而且这些活动以希腊传统的兄弟会或姐妹会为核心。从这个特定的小范围起步，Tinder 可以同时面向希望约会的男女双方，这群人的年龄都为 18~21 岁。在地理位置上，他们都处在同一个校园里，而且他们的兴趣爱好都相似，包括参加派对。

拉德和马丁都曾在南加利福尼亚大学读书，更重要的是，在开发软件的时候，马丁有个弟弟还在南加利福尼亚大学读书。他们一起酝酿了一个方案：Tinder 的团队与马丁的弟弟合作，给他的一位特别受欢迎且人际关系特别好的朋友筹划一次生日派对，然后利用这次校园派对来推广 Tinder。Tinder 的团队负责全力打造一场无与伦比的派对。在派对当天，南加利福尼亚的学生们乘车从校园前往洛杉矶的一所豪宅，这里的一切都已准备就绪，只等大家到来。

拉德介绍了当时这场活动：

> 参加这个派对有个小门槛：必须在自己的手机上下载 Tinder 并注册为用户才能参加派对。我们专门雇了人在门口检查参加者是否做到了这一点。那场派对非常精彩，我们的战术也成功了，最重要的是，所有参加派对的人第二天醒来时都会记得自己手机上装了一个新的软件。派对上有一些很有魅力的人，他们昨晚还没来得及与其交谈，现在他们有了再次沟通的机会。

在大学派对上发布软件的战术奏效了。对 Tinder 的开发团队而言，这次派对创造了有史以来单日下载量的最高值，或许现在回头去看没什么了不起。在这个战术中，重要的不是获客的总数，而是获得了"500 个合适的用户"，这是拉德对我说的原话。这是南加利福尼亚大学校园里最会社交、人脉最广的一群人，他们都在同一时间加入了 Tinder。Tinder 软件开始步入正轨。前一天晚上曾经见面的学生开始在软件上左滑、右滑，然后就开始了配对，再然后就进行聊天。令人惊讶的是，最早的这群用户中，95% 的人每天至少要用这个软件 3 个小时。

Tinder 开发团队成功建起了第一个原子级网络，而且很快就找到了建设下一个的方法——他们只需要再办一场派对。然后，他们开始到其他学校去拓展网络，举办了更多的派对。此后的每一个网络都变得比前一个更容易启动。Tinder 下载量很快就达到了 4 000 次，一个月内就达到了 15 000 次，此后再过一个月达到了 500 000 次。刚开始的时候 Tinder 是通过复制校园发布的方式进行推广的，随后病毒式增长逐步成为其主要动力。在高速发展的节奏中，拉德、马丁和整个团队依靠这种在兄弟会或姐妹会开派对的战术，迅速征服了全美国其他大学校园。

2013 年 4 月，马丁在接受赫芬顿邮报的一次采访时说过，他们当时已经在 10 所大学发起了派对，他说："我们相信自上而下的营销策略是正确的，所以我们先找到了社交能力强的用户，然后通过他们向其朋友推广，由此就实现了增长。"[29] 这款软件借助其定位功能（用户只能看到自己周边特定范围内的其他用户），帮助开发团队将第一批用户定位为受欢迎、有影响力的大学生。此后，开发团队逐步达成共识，即在一个单一市场内的用户达到 20 000 人之后，这个软件就会达到"逃逸速度"，并且会完全占领该市场。

如果你把 Tinder 的发展轨迹和冷启动研究框架叠加在一起，那么在南加利福尼亚大学举办派对来发布软件就对应着解决第一阶段的问题，而第二个阶段对应着的就是将成功经验从一个校园扩展到另一个校园（见图 11-1）。

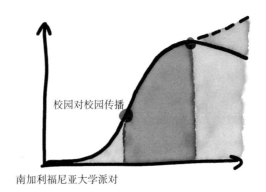

校园对校园传播

南加利福尼亚大学派对

图 11-1　Tinder 发展轨迹

第二个阶段就是临界点阶段。Tinder 找到了一个可复制的成长模式，当开发团队知道如何创建第一个原子级网络以及第二个原子级网络时，它就可以重复这一步骤。这些增长战术行之有效，并且开发团队通过不断迭代让它们变得更加有效。他们后来还办了情人节 Tinder 派对、鸡尾酒 Tinder 派对、姐妹会 Tinder 派对以及其他各种主题派对，而且每次派对都能产生预期的效果。以塔夫茨大学的统计数据为例，在软件发布后不到一年的时间里，80% 以上的希腊传统式联谊会开始使用 Tinder 的服务，本科生中有 40% 的人使用 Tinder 服务。

开发团队采用的实现规模化增长的战术就是拉拢一大群在校园里交友范围极广的形象大使。他们在不同的校园里重复同样的战术，随后升级到在不同的城市做同样的事情，最后升级到在全球不同地区进行重复。在印度，他们主攻的市场是呼叫中心，这种地方的用户密度与校园里的希腊式联谊会有异曲同工之妙。在欧洲，他们主要通过美国用户邀约他们的海外友人来形成网络，人与人之间的关联性推动了产品的成功发布。

Tinder 的网络增长很快。在两年的时间里，它迅速成长为苹果应用商店里排名前 25 位的社交类应用软件之一。5 年之后，它找到了自己的商业模式，成为收入最高的非游戏类软件，超过了网飞和 Spotify。它已经传遍了世界的每一个角落，目前一共发布了 40 多种语言版本，几乎可以说在每个国家都能看见它的身影。

Tinder 从一个历来对初创企业非常不友好的市场中脱颖而出。每一个 Tinder 这样的成功案例背后，一定存在 HowAboutWe、Tagged、Speeddate 等数十个约会类软件，它们取得了一些成功，但从没能实现规模化增长。肖恩·拉德、乔纳森·巴丁和 Tinder 的早期创业团队（一群第一次创业的二十几岁的小伙子）在 2012 年找到了成功的秘诀。他们把一场大学生的生日派对变成了一种可复制、可规模化的范式，从校园到城市，进而覆盖全球。伴随着他们的努力，一个全新的现象级产品诞生了，同时他们也创造出了一种举世公认的现代浪漫手势。

引入临界点概念

Tinder 起步的关键一点是发现了一种可复制的发展策略，令其得以从南加利福尼亚大学的校园拓展到其他大学，进而吸收大都市地区，最后逐个实现对各国市场的征服。这时产品的市场规模达到冷启动理论的第二个阶段——临界点阶段。在这个阶段，网络的势头开始向你的方向发展，公司的策略应该围绕整个市场的转折点，而不再只着眼于发展单个原子级网络。后面几章我会用领英、照片墙、Reddit 和优惠券等案例来进一步阐释这个阶段。

当针对临界点阶段展开讨论时，我首先会介绍一种"仅限邀请"的知名策略，这种发展方式能够通过病毒式增长吸引到大规模的用户。另一种有效占领市场的策略是"为工具而来，因网络驻足"，比如说，一开始的时候很多用户都拿 Dropbox 当备份文件的工具，来保证家用电脑和工作电脑中的文件能够一致，这就是工具。但最终，越来越多的高级用户、更有黏性的客户开始与同事共享文件夹，这就是网络。如果上述策略都不能起效，那有些产品总能拿出足够的钱来打造网络，也就是所谓的"为发布付费"。对很多触及交易的网络产品而言，例如交易市场类软件，其开发团队可以给需求侧提供补助，可以花费数百万美元来刺激网络活跃度，有可能是为了激活社交网络而向内容创作者付费，也有可能是为共享出行的订单司机提供补助。如果一个网络的困难侧用户一直没有被激活，开发团队是可以靠自己的能力来弥补空缺的，他们可以采用"手动干预"策略，就如 Reddit 所做的那样，不断向网络中提交链接和内容，直到最终为了规模化发展而加入自动化和社区化功能。

归根结底，实施这些策略需要开发团队有极强的创新能力。作为对本书第三部分的总结，在讨论临界点阶段的最后一章，我会介绍优步的核心精神"创新永不停歇"——优步团队的创造力和分散性,每个团队都有自己的战略,并根据每个地区的情况进行本地化。有些时候,向产品中加入第 5 个或第 100 个子网络需要你以创新思维去做,还需要有足够的产品使用度,并且需要做一些战术上的改变。在朝着临界点前进的过程中,开发团队必须以灵活的手段打造一个由诸多小网络构成的大网络。

第十二章
邀请合适的用户群体进入网络

　　"抱歉，仅受邀用户可注册为本软件用户。"任何人看到这种提示都会不高兴。看上去，这似乎是一种与发布产品背道而驰的做法，尤其是在急需新用户的冷启动阶段。为什么有人主动想要试用你的产品，你却把他拒之门外呢？

　　这种人为的约束实际上是"仅限邀请"产品发布策略的核心所在。谷歌邮件、领英、脸书以及很多其他网络产品都曾采用过这个策略，并获得了成功。这又是为什么？

　　有的人认为，"仅限邀请"策略是一种炒作方法，因为一个火热的新产品可能会让人们去社交媒体上向朋友发送邀请。有的人则认为，"仅限邀请"策略的本意是限制用户的增长速度，这样才能让开发团队有时间修补系统错误，扩大产品基础架构，从而让产品在真正问世的时候以全功能面貌出现。上面这两种看法都有各自的道理，但是它们忽略了网络产品实行邀请制的最重要的原因。邀请制本身就具有复制粘贴的属性——你从一个精心挑选的网络起步，向第一批网络用户发出邀请，这个网络就会开始不断地自动复制。

这是在领英这款软件上真实发生过的。这款软件诞生于 2002 年，它当时需要解决的问题是如何在职场用户中进行广泛传播。当时，将社交网络和职场情景相融合的想法是存在争议且不清晰的，因为社交网络的特性或许与年轻的大学生是非常契合的，但是未必适用于职场。用户是否会愿意与自己的同事或同行分享照片、更新状态，甚至主动邀约他们加入这个网络？除此以外，用户是否想在一个被部分用户用来求职的网站上创建个人主页？在领英创立之初，很多人都对这些问题持否定态度。但现在来看，领英拥有 7 亿用户，并且创业团队以 260 亿美元将其股权卖给微软公司，我想我们对上面的问题可以给出肯定的答案。在领英创立之初，没人能预见这种结局。

我采访了里德·霍夫曼，他是领英的联合创始人，也是领英最早的一位首席执行官，我询问了他当时是如何看待这一市场挑战的。很明显，霍夫曼就是他打造的拳头产品的化身。他善于社交，富有人格魅力，他向我讲述了创业早期的故事，以及他是如何把自己的好朋友和大学导师带入领英网络的。

我们很快就建立了个人感情纽带。在视频通话中，我一眼就认出了他身后墙上挂着的虎鲸雕塑。原来，在新冠肺炎流行期间，霍夫曼临时迁居到圣胡安群岛——离我的家乡西雅图不远的一个美丽岛链。那是我童年时最喜欢去玩的地方之一，而刚好霍夫曼也非常喜欢那里。在闲聊了一些关于太平洋西北地区的共同话题之后，我们进入了正题：领英的早期故事。

刚开始构思这个网络的时候，霍夫曼就形成了对职场网络的独特见解。他认为，虽然职场网络本身已经具备某种程度的蛛网结构，但其中同时也存在等级之分。霍夫曼对领英的早期网络结构有如下介绍：

> 像比尔·盖茨这种层次的人肯定处于职场等级的顶端，肯定会有大量的人想通过引荐来结识他，这种请托邀约的数量是他处理不过来的，任何一个认识比尔·盖茨的人都会遇到引荐的请托。在领英发布之初，对比尔·盖茨这样的人来说，这个软件肯定是毫无意义的。但是，社会上还存在处于中间层的成功人士，他们还在不断打造人设，不断推销自己的品牌。他们如果听说有人想要主动认识自己，通常都会答应这种引荐。这个中间层就是领英真正发挥作用的用户群。[30]

为了在这个职场等级序列的中间层的初始网络进行播种，领英从一开始就设置了仅通过邀请加入的机制。

> 在领英发布的第一周，这家公司的雇员和投资者可以随意邀请尽可能多的朋友加入网络，但是用户不能只从网站上注册。我们可以将中间层的成功人士作为网络的种子，因为他们会愿意花时间来做社交的工作。

他们的邀请都比较有针对性地发给了特定职业等级内的人，但仅凭这一点还不够，产品的定位也要准确。按照霍夫曼的说法，领英成功的一个重要因素就是领英从来没有明确表示过自己是一个"求职"软件。这确实打消了用户的一个顾虑，因为在这个网络上，你发布的信息可能被同事和老板看到，用起来一定会有所顾忌。所以对领英而言，更安全的做法就是避免被贴上"求职软件"这样的标签。因此，领英采用了一种更灵活的定位，也就是成为职场人士的网络服务软件。你可以创建自己的主页，并和其他人建立联系，当然，你也可以在网络上搜索新的工作机会，但这只是这个产品的诸多功能之一。这也意味着，当一个人收到领英的邀请时，他们注册成用户的概率更高，他们去邀请其他人加入网络的可能性也更高。

领英在发布后的一周内就出现了爆发式增长，这完全得益于邀请制。最初创业团队邀请自己通讯录中的联系人，然后这批受邀的用户又拉来了他们自己的朋友。这就是复制粘贴式增长机制在发挥效用。领英在一开始精选了一个初始网络中的用户，邀请他们加入一款现象级产品，然后让更多志同道合的用户不断加入网络，走上规模化发展的道路。这比靠广告宣传推动的集中式发布方式要有效，因为集中式发布的市场声浪可能会逐渐递减，效果也会因为地域、行业和人口结构的差异而受影响。邀请制使得一个对最初几十位用户已经非常有效的网络产品的规模进一步扩大。在突破初始网络的用户数之后，邀请制就会吸引越来越多的用户，形成一个密度很大的网络，并且持续发展壮大。领英创始团队的成员之一李·豪尔介绍了邀请制在产品初期带来的爆发式增长：

软件发布的第一天，霍夫曼和创始团队里的所有人都给自己的职场熟人发了邀请。我们请这群初始用户试用第一版软件，并且邀请他们的职场熟人加入进来。第一天一共新增了几千名用户……在第一周注册的用户几乎都是创业圈的专业人士（所以他们倾向于尝试新的产品），而且这些人和领英的创始团队有直接或间接的私下联系（所以他们更愿意去查看同事或朋友的新项目）。[31]

领英并没有坚持邀请制太久。在发布后的第二周，核心网络用户群已经足够强大，运营团队做出了开放注册的决定，也就是说，通过新闻获知领英的用户可以通过网站自行注册。用户注册时不再需要现有用户的邀请。最初由人脉宽广、有抱负的硅谷创业家和投资者组成的核心网络起到了很大的作用。他们在市场上造势，吸引来一群甚至更重要的用户，这个覆盖面更广泛的用户群体被霍夫曼称为领英的"忠实信众"。旧金山湾区科技行业的从业者还在陆续加入这个网络，与此同时，真正的信众已经开始在平台上进行活跃的交互，他们分布在全球各个角落，人数呈几何级增长。

发布几周之后，领英已经到达了临界点阶段——这款产品促进了用户交互，给科技行业用户以外的群体也带来了价值。全球各地的很多其他网络也开始逐步加入这个平台，很快，领英就定义了职场网络类软件。尽管 MySpace、脸书、Hi5、Tagged 和 Bebo 等软件都在竞争全球社交网络的头把交椅，但是职场社交这一类别的竞争基本没有悬念。领英占领市场的速度非常快，竞争者都还来不及起步，所以它最终成为这一类软件的大赢家。

　　当然，领英只是邀请制策略成功的一个案例，它不是个例。邀请制已经成为一种成熟的向市场推广产品的标准玩法。最出名的案例还包括脸书，其最初的用户需要用后缀为 harvard.edu（哈佛大学校内邮箱地址后缀）的邮箱来注册。这一方面定义了一个人与人之间相互信任的原子级网络，另一方面启发了开发团队逐校复刻这种网络扩张模式。多年以后，Slack 采用了相似的战术，其团队通过企业邮箱域名来识别哪些用户应该加入哪个网络。这些都是非常聪明的手段，很多人都认为，邀请制是在利用人们害怕错过（FOMO）的心理，不过这种心理战术不是核心的驱动力。当一个新产品认真发起了一个网络，然后通过邀请制来打造可供复制粘贴的网络扩张模板时，这个产品一定能成长为占领全市场的产品。

入场体验

　　邀请制也能为新用户带来更好的"入场体验"。要想理解我这样说的原因，请试想一下你去参加一场大型晚宴，有一位好朋友到门口来迎接你，你走入宴会厅之后，能看到几张熟悉的脸，或许还有几位特别要好的朋友，然后还有几位被精心筛选出的、即将被引荐给你的新朋友。如果这样的场景是为参加晚宴的客人准备的理想化的入场体验，那么对即将使用一款新产品的用户的入场体验而言，这也是一种可以借鉴的最佳方式。邀请制可以帮助开发团队实现这种体验，因为每一位新注册用户都至少认识一位现有用户，也就是他们的邀请者。对 Slack 或者 Zoom 这类只需要很少的用户就能发挥效用的网络而言，保证至少有一组人际关系是解决冷启动问题的关键一步。

从数字上看，邀请制的效果远比理论上的还要好，因为开发团队往往会先邀请人脉极广的用户作为早期用户，然后这群人又会邀请其他人脉广的朋友加入。人脉广的人邀请人脉更广的人，这样就会形成一个由社交达人组成的盛宴，这对新网络的发布有百利而无一害。我在为一些社交软件和优步开发邀请机制的时候亲身体验过这种情况。这些产品通常会请用户导入个人邮件联系人或手机通讯录，作为邀请制的必要流程，通常是在用户登录的时候提示用户"查找好友"。

如果你去分析初始网络，你会发现很有意思的现象。早期的用户通常都会有很长的联系人列表，经常会达到数千人，而且他们邀请的对象同样也会拥有无数联系人。经过数月甚至数年的发展，后期加入产品网络的用户或许只有几百位联系人。这种数量上的区别意味着，早期加入产品网络的人每次使用软件时都能立刻与他的十多位朋友或同事取得联系。所以说，这还是一个由社交达人组成的盛宴。

领英开发团队也随着时间的推移完善了他们的邀请机制。刚开始的时候，这款产品只有最基础的功能——让用户点击一个巨大的"添加好友"的蓝色按钮，从而和其他用户成为朋友。但是，他们从数据上能够清晰地看到，将"添加好友"作为主要用户行为可以刺激整个软件平台上的交互活跃度，所以这个功能就变成了一项核心操作。新用户需要导入他们的邮件联系人，从而邀请更多用户加入网络。每添加一位新朋友之后，用户都会看到更多可能是朋友或可能成为朋友的人选建议。曾经出现在其他用户联系人列表里的新用户，即便他们自己跳过导入联系人的步骤，也会在注册后获得一些添加好友的人选建议。这张由人际关系织起的大网总是在推荐"你或许认识的人"。这个功能直到今天也还在被使用，它可以帮助这款产品增加网络密度，从而产生强大的网络效应。以上提到的这些策略都有助于这款产品增强其增长的动能。领英的网络密度越大，新用户就越有可能获得良好的入场体验。

炒作与封闭性

邀请制也与在社交媒体上制造话题密切相关。手里握有邀请权的人，一定会对这种封闭性的产品给出表扬、批评或者其他类型的评价。没有受到邀请的人一定会到处去找邀请人，在稀缺性和封闭性的推动下引发讨论，甚至有时会出现争议。这会带来更多的关注度和交互度。所以这种模式是行之有效的。

谷歌电子邮箱是在 2004 年愚人节的时候以邀请制的方式发布的。在其他免费邮箱只提供兆字节存储空间的时候，谷歌电子邮箱就为用户提供了千兆字节的免费空间。其团队当初这么做并不是为了炒作，而是出于比较实际的考虑——当时运作谷歌电子邮箱的基础架构无法支持用户数的爆发式增长，所以他们只能靠邀请制来限制用户数：

谷歌电子邮箱的底层设备是谷歌公司内部300台无人问津的奔腾III系电脑。这对公司计划的限量测试版推广而言足够用了。他们只给1 000名非谷歌员工发放了账户，允许他们各自邀请几位朋友，然后从这一小群人开始逐渐增长。[32]

但是，谷歌公司很快就意识到这款产品会成为热门应用。谷歌公司最早的10名员工之一乔治·哈里克曾这样说：

　　当谷歌电子邮箱被证明是一款货真价实的产品时，邀请权变成了一种抢手货。限量供应的发布方式是因硬件限制而不得不采用的，但是"它造成了副作用。每个人都更加迫切地希望得到邀请。这个做法被看作科技史上最成功的营销策略之一，但事实上它只是一个巧合"。

有的人开始把谷歌电子邮箱的邀请权拿来进行买卖：

　　eBay上的邀请权竞价超过150美元甚至更高。还出现了"谷歌电子邮箱互换"之类的网站，专门匹配有邀请权的人和迫切希望得到邀请权的人。如果你使用Hotmail或者雅虎邮箱，这看上去会有点儿尴尬，如果你使用谷歌电子邮箱，那就代表着你加入了一个大多数人都进不去的俱乐部。

争夺早期入场券看上去是种很傻的行为，但是在产品发布的前几个月加入总会有一些永久的好处。早期用户能够获得自己想要的用户名。比如 frank@gmail.com 这样的用户名很容易在软件发布当天就被抢注了，后来加入网络的人如果能注册到 frankthetank2000@gmail.com 这样的用户名都应该感到高兴。社交网络也有一种相似的刺激机制。早期用户能注册到简短精练的用户名，而这些用户名日后都有可能成为身份的象征。在数十年前，在互联网刚刚出现的年代，如果一位早期互联网用户抢注了 Insurance.com 或 VacationRentals.com 这样的域名，或许能够改变他一生的命运，因为这样的域名可以被出售或转售，而且价格可能高达数千万美元。

你或许会问，如果邀请制那么优秀，为什么并没有那么多公司经常使用它呢？当然有比较充分的理由。因为这种方式是有风险的，它可能会迅速扼杀你的顶线增长率。它需要你在软件中开发很多额外的功能，这样才能让新注册的用户与身边的朋友产生恰当的互联。很多用户可能会不请自来，然后被拒之门外。如果从公司进行大爆炸式发布的角度来看，你为什么要去限制用户的数量呢？如果没有足够多的用户加入网络，如果没有足够多的用户来产生交互，那么网络的规模很有可能会太小，也就容易遭遇冷启动问题。

无论如何，邀请制发布方式已经成为很多产品的一个关键特征，因为对网络产品来说，邀请制有着巨大的优势。它能够让早期的网络凝聚成社区，能够开发出高密度的人际关系网，并且能够通过病毒式传播实现有机增长。

策划一个高质量网络

软件会弹出"请给我们 5 星好评！"这样的提示。时至今日，我们每个人应该都在自己最喜欢的软件上看到过这样的提示界面。

交易市场、约会、应用软件商店和外卖类的软件都会要求用户写评价和打分（通常都是 5 分制），因为这些类型的软件必须可信、安全、质量高才能带来良好的用户体验。为了实现这些目标，软件一方面要对加入网络的用户有所甄别，另一方面要引导用户的交互行为，强制他们遵守产品平台内的"规则"。好的平台会变得越来越好。这些类别的网络产品可以通过质量因素来加强对用户的吸引力，这也是为什么企业要手动精选用户（这是邀请制的另一种展现方式），公司需要策划初始网络。

优步出租车是优步最早的名字。刚刚起步的时候，它是一个只提供高档轿车约车服务的软件，通过这款软件，你可以一键约到豪华轿车。平台的联合创始人和资深高管会亲自约见每一位司机，教会他们平台规则，然后才让他们加入网络。当时，年轻的创始团队面对的是一群有执照、职业化程度很高的豪华车司机，但是他们仍然觉得应该向司机解释清楚在这个新的平台上提供何种服务，如何与乘客沟通，以及如何处理问题等。他们的这种沟通方式带来了附加的效益，司机从注册到激活的增速提高了，更多的豪华车司机开始上路接单。尽管这种经过高端培训才能上岗的方式并不总能适应规模化增长，但是它塑造了一种文化规范，为新加入的用户搭起了一个高质量的网络，所以有时这种权衡是有意义的。为了使这种添加新司机的方式能够得到强化和规模化，开发团队可以在软件中加入更多的功能，比如评论、客户服务和评分等，这可以进一步深入挖掘服务潜力，比如说，1 颗星的评价在司机不良驾驶、糟糕的路线等情况下可能会触发标记。

当然，一对一的面试辅导是不可能实现规模化增长的。把这些工作全都转到软件平台上去做则更有可能实现规模化增长，最终优步也确实采用了这样的做法。在软件内部执行排队入场的策略有很大的优势。举例来讲，Robinhood（罗宾汉）是一家以零佣金出名的在线经纪公司，它推出了一款广受期待的热门产品，不过 Robinhood 采用了排队入场的方式，用户注册之后会被列入排队顺序表。在公司后台，开发团队会缓慢地让等候中的用户进入，控制用户增速，确保服务器不会过载。Robinhood 要求在等候列表中的用户发推文，或者在其他社交平台上发帖子，这样他们就可以抢占先机。通过这种方式，软件在正式发布之前就吸引到了 100 万用户。排队入场方式的另一种变体是要求排队中的用户尽可能详细地填写个人信息，包括他们可能利用这款产品来做的事情，开发团队就可以让经过筛选的少量用户加入，从而形成初始网络。

邀请制产品如何策划自己的网络

邀请制是一种强大的策略，如果执行得好，那么原子级网络中的用户就会吸引更多的用户。它令一个网络产生可复制粘贴的属性，随着时间的推移，会吸收容纳越来越多的临近网络。

正如创造新产品的人通常都会花费无数精力来设计用户体验，

网络产品的创造者还有一个额外的任务：策划合适的用户群体，让新用户加入社区、市场或其他类型的网络时能够获得舒适的体验。一个优秀的产品设计师不会允许在新软件的最终版本中随机添加一些功能，同样，一个用心的网络设计师也不会允许用户随意加入初始网络。

如果领英刚起步的时候加入了一群不合适的用户，那么它很有可能不会吸引到真正信任这款产品的新用户，而且也没有能力持续向网络中添加用户。如果 Tinder 最早不是在南加利福尼亚大学起步，而是起步于一个小乡村，那么它也无法实现从一个校园到另一个校园的扩张，也更不用说向大城市以及更广阔的市场扩张。这会导致它采用完全不同的发展策略。

对网络产品而言，策划网络的工作（哪些人可以加入，他们加入的原因以及加入后用户之间的交互）与产品设计同等重要。从一开始就仔细挑选谁最适合加入你的网络，这将为网络的吸引力、文化和最终的发展轨迹奠定基调。

第十三章

为工具而来，因网络驻足

"为工具而来，因网络驻足"是发布网络产品以及推动网络规模化增长的多种知名策略中的一种。首先，从一种优秀的"工具"出发，即便只有一位用户，这款产品的使用体验也足以让他感到特别实用。然后，随着时间的推移，引导用户扩展自己应用这款工具的场景，并将其接入"网络"。这些场景可能是与他人协作、分享、沟通以及其他各种与用户互动的场景。

为了概述这一策略的最佳应用案例，我们需要回到苹果应用商店刚刚出现的时候。

当 iPhone 问世时，可供下载的软件并不多。在开始的前两年，大约只有 50 000 个软件，这与目前存在的数百万个软件相比算是少得可怜。在为数不多的软件中，也有个别软件开始崭露头角。其中有一个特别的软件（它的名字留给大家去猜）是由两位年轻的摄影爱好者共同设计和编写的，这款软件诞生于 2009 年 9 月。

这款软件能做什么？它让一种特定风格的手机照片成为流行

趋势。这款软件向用户承诺，可以在任何照片上添加流行、复古的滤镜，让照片变得非常漂亮，并且能够在任何社交媒体上分享。这款软件很快就获得了数百万次安装，《纽约时报》专门对它进行了报道，它还收获了许多好评。下面是早期网络社区管理员马里奥·埃斯特拉达在 Pocket-Lint 博客上发表的评论：

> 在这款软件发布的第一个月内，它就开始受到热捧，而且它在几个国家成为排行榜前十的软件。此后，我们开始在脸书上看到由这款软件编辑过的照片，我们意识到需要主动拥抱这个社区，所以我们开始组织竞赛，邀请用户发布他们的照片。我们收到的反馈可谓令人惊讶，我想也正是在那个时候，我们开始意识到这款产品已经超越了我们早期的设想。[33]

一款现象级产品发布于新平台诞生之初。它拥有数百万注册用户，比同类软件都具有先发优势，听起来它肯定会获得成功，你觉得对吗？

这款软件（此处应有掌声）叫作 Hipstamatic。

对，我说的不是照片墙。Hipstamatic 由来自威斯康星州的两位朋友瑞安·多尔斯霍斯特和卢卡斯·别克一起开发，它展示了在未来一段时间人们对移动拍摄的巨大需求。2010 年，在首届"年度软件"评选中，苹果公司选出了 4 款软件，其中就有 Hipstamatic，其他几个分别是 Flipboard（照片分享软件）、植物大战僵尸和 Osmos（在线多人游戏软件）。[34] 消费者也喜欢这款软件，大家都喜欢这款软件营造的做旧风格。作为 iPhone 最早的一批软件之一，这种用户认可度使其获得了百万级的下载量。

但是 Hipstamatic 上的一些功能设计令人感到别扭，这增加了用户的使用障碍。这款软件需要用户与一个虚拟镜头互动，通过滑动来尝试不同虚拟镜头的效果，而且要在多次点击之后才能看到一张照片添加滤镜后的最终效果。《纽约时报》对这款软件的报道中提到："Hipstamatic 软件强制用户在编辑每张照片时要间隔 10 秒，所以你选择的每一张照片最好都是最后一定要用的。"[35] 这款软件定价为 1.99 美元，所以用户是需要付费才能使用的。最重要的一点是，Hipstamatic 只是一个工具。在为照片添加滤镜之后，修过的照片会保存到手机本地的照片簿里。你需要自己将这张照片发布在其他社交平台上。所有这些问题都为新竞争者的出现打开了方便之门。

在 Hipstamatic 收获成功的同时，凯文·西斯特罗姆和迈克·克里格正在旧金山的 38 号码头埋头工作，他们正在孵化Burbn 软件。安德森-霍洛维茨公司在 2010 年（比我加入公司的时间还早）就开始投资这家初创企业，当时在种子轮就投入了50 万美元。他们正在努力开发一款基于浏览器的软件。用户用这款软件可以查看朋友的位置，和朋友一起制订行动计划，最重要的是和朋友分享照片。该软件的功能很丰富，但也存在一个明显的问题。

在 Burbn 推出好几个月之后，凯文和迈克意识到，这款产品的功能过于复杂了，已经快要变成另一个 Foursquare（一款如日中天的定位分享软件）了。他们需要调整自己的关注重心。他们仔细分析了产品的最佳功能，以照片为中心，去除了其他所有非必要的功能。凯文·西斯特罗姆后来回想起重新开发软件的历程：

> 我们想专注于做好一件事。我们认为可以借助手机照片的潮流尝试一些新的理念。我们用了一周的时间开发出第一个专注于照片功能的原始版软件。它的使用体验非常糟糕。所以，我们重新开发了一个原生版本的 Burbn。我们实际上已经做好了一个在 iPhone 平台使用的完整版 Burbn，但是这个软件看上去很臃肿，功能模块太多。做出从头再来的决定真的很困难，但是我们还是孤注一掷。我们把 Burbn 里的功能模块进行大规模删减，只留下了分享照片、评论以及点赞的功能。留给大家的就是现在看到的照片墙软件。（我们重新给软件起了个名字，主要是想突出这款软件到底是干什么的。从英文名上讲，它就是"即时"和"电报"的组合，同时听上去也和照相机有关。）[36]

最重要的一点是，照片墙从诞生之日起就具备了网络属性。该软件上存在用户主页、推荐页面、好友请求、邀请他人以及其他很多当代社交软件共有的功能。软件中添加了一个当前热门推荐的主页，以帮助用户发现网络中的信息，而且规定上传的照片必须是 640×640 像素的正方形。它具备把照片分享到脸书的功能，但更重要的是，每一张分享出去的照片都会生成一条指向照片墙的链接。这种做法促进了病毒式增长。在这款软件上，用户可以用更直接的方式对照片添加滤镜效果，比 Hipstamatic 的方式要更加所见即所得。用户点击一个滤镜之后，能够马上看到成片的效果。还有一个重要因素，那就是照片墙是一款免费软件。

开发团队借鉴了 Hipstamatic 验证过的所有成功经验，并加入了网络效应。他们最终获得了令人惊叹的成就。照片墙软件于 2010 年 10 月 6 日在苹果软件商店上发布，此后一周之内，其下载量就超过了 10 万次。两个月之后，该软件下载量超过了 100 万次，从此之后它就走上了持续增长的道路。[37] 直到今天，这款软件仍然是历史上用户增长最快的软件之一。

最有趣的是，在刚发布的几个月内，这款软件的社交功能并不是用户最看重的。根据 RJ Metrics 分析公司发表在 TechCrunch（科技类博客）上的一篇文章，其对从照片墙软件应用程序编程接口获得的数据进行分析后发现，在这款软件发布 6 个月后，该软件网络上 65% 的用户没有关注任何其他用户。用户的活跃度主要体现在利用这款软件进行照片编辑。RJ Metrics 公司还强调，"照片墙的 220 万用户平均每周要上传 360 万张新照片（相当于每秒上传 6 张照片）"[38]。换句话说，照片墙在刚问世的时候，是被用户当作一个比 Hipstamatic 设计得更好而且免费的照片编辑工具来用的。照片墙的网络是在之后才积累起来的。

经历初始发布阶段之后，照片墙就开始加速发展。随着用户越来越多，很多名人也开始加入这个网络。举例来讲，2011 年，网球明星塞雷娜·威廉姆斯，歌手奥布瑞·德雷克·贾斯汀·比伯和布兰妮·斯皮尔斯都在照片墙上发布了第一张个人照片。受用户欢迎的可爱的狗狗、旅行胜地和职业模特等账号最后都演变成了定义该平台的"网红"。网红、明星、企业、迷因账号以及其他很多用户都开始加入这个网络并创造内容，从而让网络密度不断增加，用户互动不断加强。照片墙发布近 18 个月之后，脸书就以 10 亿美元股权加现金的方式收购了这家公司。

虽然照片滤镜拉开了照片墙崛起的序幕，但是这种动能是不可持续的。同理，随着时间的推移，这款产品的"工具"属性（用来给照片添加滤镜）的重要性会逐渐衰减，因为很多用户都开始在分享的照片上标记"# 无滤镜"。最近有一份研究报告指出，82% 的照片根本没有使用滤镜。[39] 在照片编辑功能发布 8 年之后，网络效应已经完全取代了照片编辑的地位，用户更看重这个网络，而不是这个工具。现在回头去看，大家都认为这是科技行业最成功的并购案例之一，因为如果照片墙独立发展，其现在的估值可能已经突破数千亿美元了。这款软件目前有 10 亿活跃用户，每年为脸书创造 200 亿美元的收入。这非常不错。

优秀的工具如何推动整个市场的发展

虽然 Hipstamatic 开发出了一款优秀的工具，但照片墙后来居上，依靠网络效应占据了整个市场。克里斯·迪克森在 2015 年时发表了一篇名为《为工具而来，因网络驻足》的文章，让与文章同名的发展策略成了行业中的一种知名策略。照片墙与 Hipstamatic 的对比最能印证这种策略的有效性。克里斯写道：

> 引用一种比较受欢迎的网络策略，我将其称为"为工具而来，因网络驻足"。

这种策略的概念是，首先通过单用户可操作的工具来实现早期的用户积累，然后随着时间的推移，引导他们参与网络中的活动。工具能够帮助创业者获得达到初始临界点所需的用户规模。网络则能够为用户创造长期价值，并且可以成为公司的护城河。[40]

在照片分享类软件以外，还有很多不同行业的不同类型的软件也采用过类似的策略：谷歌办公套件可以作为独立运行的软件，帮助工作者创建文稿、数据表和演示文稿，还提供了围绕协同编辑和评论的网络功能。再比如《我的世界》和《街头霸王》等经典游戏都有单机版本，也就是玩家可以和计算机对战，当然也有联机版本，也就是可以与朋友相约在网上一起玩游戏。Yelp 诞生之初只是一个让用户能够查阅本地商户名录的软件，提供的只是商户的地址和联系电话。随着网络功能的加入，Yelp 建起了由实景照片和用户评论组成的数据库。领英最初只是一个帮你把简历放到网上的工具，但是随着时间的推移，网络功能的存在会引导你建立属于自己的职场网络。

"为工具而来，因网络驻足"的策略能够规避冷启动问题，从而让一款产品更容易覆盖整个网络。当然还需要公关、推广、网红、付费销售以及一系列经过实践验证的渠道的助推。采用这种策略，原子级网络所需的用户数会降到最低，而且也相对更容易占领整个网络。无论是照片分享软件还是餐馆指南类软件，如果用冷启动理论框架来分析，我们都可以为这个策略画出一个可视图表。从实际效果上看，当网络中用户数量还比较少的时候，我们可以借用工具来"撑起"网络效应的曲线（见图 13-1）。

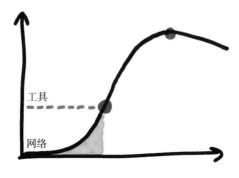

图 13-1　为工具而来

　　理论上讲，读者应该能够画出网络效应的 S 型曲线。当网络用户数处于临界点以下时，网络效应值较低，超过临界点之后，网络效应值就会很高。从实际效果上看，开发一款软件就相当于在 S 型曲线的上方叠加一条虚线。工具就相当于这款产品总体价值的支撑，即使没有人使用网络功能，这款工具也存在必然的价值。

　　在工具和网络的交叉点，必然会出现发展策略的转换。从执行机制上讲，可能存在多种方式，最简单的就是照片墙采用的方式，开发团队可能会在软件首页添加推荐页面，以展示来自其他用户的照片。作为一款工具，最有效的安排肯定是让用户打开软件之后第一时间看到编辑照片的界面，但是照片墙偏要强调网络属性，要让用户先看到默认推荐，看到热门照片以及推荐他们关注的用户。一个显眼的通知图标和红色数字会提示你获得了多少点赞和关注者，这再次强调了这款产品的网络属性。用办公软件来举例，假设一个职员用谷歌文档创建了一份备忘录，他可以简单地用链接形式来分享这份文件，而他的同事可以添加评论、提出修改建议或者自己动手修改，这些都是网络才有的特性。

从工具向网络转型是一种特殊的策略，但并非所有网络都是这样构建的。Tinder 就不可能出现单用户模式，WhatsApp 和 Slack 这样的沟通软件也不会有单机模式。这些产品都需要快速形成原子级网络，所以说关键用户数的门槛越低越好。交易市场类软件可能从诞生之初就是纯粹的网络，不可能成为工具。但是，对很多以内容创作、内容组织、内容引用为核心功能的产品而言，这种策略很有可能会帮助它们获得成功。当策略奏效时，工具能够赢得完整的网络，而原子级网络一旦成型，整个市场也将随之而来。

工具和网络组合的基本模式

工具和网络的组合有一种更广泛的模式。通过分析照片墙、YouTube、谷歌套件和领英等软件的发展策略，你会逐渐看清其背后的模式。每一款产品都围绕着内容编辑和托管这两个主题，给用户提供了一套工具，不管内容是视频、照片、简历还是工作文件。这套工具和一个网络相结合，让用户可以和内容产生交互，进而衍生为用户和用户之间的交互。

如果把其他几种有工具或网络组合性质的产品放在一起来分析，你就会发现一些相似的模式：

工具，网络

创造＋分享（照片墙、YouTube、谷歌套件、领英）

组织＋协作［Pinterest、Asana（项目管理软件）、Dropbox］

记录＋跟进（OpenTable、GitHub）

查找＋贡献［Zillow（房地产信息查询网站）、Glassdoor、Yelp］

上面列举的这些组合，每一种都和其他几种有细微的区别：组织型工具用新颖巧妙的方式收集链接、文件、工作任务和填好内容的表格等，让这些办公内容变成易于搜索和浏览的文件。项目管理类工具，比如 Trello 和 Asana，则可以让用户通过实用的交互界面追踪待办事项，其中就包含受丰田的精准生产体系启发而流行的"看板"界面。Dropbox 也是一样，这款工具可以使不同设备上的文件夹和文件都高度同步。Pinterest 最早只是用来整理食谱、家居创意以及其他可以钉在软木告示板上的小物件的工具，它的用户界面非常独特，方便用户从搜集的一大堆信息中快速找到自己需要的东西。这些工具对单个用户来说都是非常实用的，但是如果一个人要负责整理一堆物品或工作，他会很自然地把一些任务分给其他人来做，或者至少要让别人知道物品的分类方式，又或者需要邀请其他人来贡献新的内容。

"记录"型工具来源于打造生产工具，比如 GitHub 的源代码版本控制服务。这种最基础的生产工具会深深植入未来的商业模式或工作流程，未来无论你持续跟进哪些内容的更新，都会以这种基础生产工具作为权威且全面的核心参照物。举例来讲，GitHub 赋予独立开发者管理自己源代码的能力，让源代码成为他们开发环境的核心部件，这就是 GitHub 的工具属性。然后，开发者会邀请其他的软件工程师在自己的源代码基础上进行深度开发，这就会逐步形成网络。OpenTable 最早是一套供餐厅使用的管理预订信息的系统。在当时，餐厅还在靠纸和笔来管理客户预约记录。当有足够多的顶尖餐厅使用这套系统来管理业务时，开发团队就开放了消费者端的功能，让食客可以直接在 OpenTable 上预订，从而实现工具向网络的转型。一个零售消费端的案例是，比如说原本用安卓手机的用户开始用谷歌照片来管理、存储和备份所有的照片（不仅仅是分享到社交媒体上的最好的那几张照片，而是手机里的所有照片），然后他们还会创建共享相册，这些照片就会转到一个网络中。

你或许曾经把 Yelp 和 Glassdoor 当作查找信息的工具，比如说查找一家餐厅的地址或电话，或者找一家公司的总部或分支机构的信息。几乎在所有情况下，这些数据都是从其他地方获得授权后拿来用的。以 Zillow 为例，其数据都是"Zestimate（Zillow 社区居民）"授权的，而这些得到授权的数据经过算法整理之后，形成了即时有用的基础内容。不过，这些工具随时都可以转型为网络，因为它们的用户可以向工具平台添加自己的照片、笔记或者其他形式的用户生成内容，从而丰富了工具平台上可供展示的内容。如果用户感到一个工具型网站越来越实用，这个网站就有可能转型为一个交易市场类网络，餐厅经营者可以认领网站上的主页，并且赋予用户网上订餐或订外卖的权限。Glassdoor 和 Zillow 也为网络中另一侧的用户添加了工具，例如招聘工具和房地产代理线索生成功能。当然，最知名的还是谷歌，他们的"工具＋网络"策略就是搜索服务加上广告市场。

此项策略为何能生效，以及它在何种情况下无法生效

创建"工具＋网络"的组合拳肯定会非常有力量，但是这种策略不一定总是行得通。推动用户从工具向网络转型非常难。由于用户需要转变自己的使用习惯，因此只会有一小部分用户愿意转型（可能需要点击提示信息，熟悉新的用户界面和网络内容），而且转型之后开发团队还得考虑如何让用户留下来。很多用户都会停留在使用工具的阶段。并不是任何一种工具都能兼具社交网络属性。

就是这种两步走的操作，使得"为工具而来，因网络驻足"的策略变成了一个棘手的问题。工具和网络之间的紧密联系非常重要。在一种极端情况下，工具与网络是剥离的，开发者只不过是强行将一种热门工具和一个完全不相干的网络产品捆绑在一起。这就很难实现"工具＋网络"的策略，因为从工具向网络转型的用户数肯定很少。市面上有几千个摄影类软件，都曾经试图在原有的工具基础上加入主题推送、用户主页和社交功能，都曾经想照搬照片墙的经验，但谁都没有取得成功。而在另一个极端，工具与网络是不可剥离的，比如说 Dropbox 的文件分享功能，这就是它网络的核心要义。这种程度的工具与网络的结合会让用户感到如果二者分离反而是不合理的。这种产品的用户更有可能推动产品向网络转型，而不是背道而驰。这种从工具到网络的转化率往往很高。

如果这种策略得以成功实施，其效果一定非常显著。它会帮助一款产品超越市场的临界点，因为推广一款工具比推广一个网络要简单得多，毕竟网络受制于冷启动问题。将一款工具推广到其能够覆盖的所有角落，然后适当地扩展它，或许就会有很多围绕这款工具的网络逐步诞生。持续推动这种策略，整个市场很有可能就被拿下了。

　　打造一款工具来进行推广只是诸多手段中的一种，并非所有推动市场迈向临界点的策略都需要"工具＋网络"两个步骤。接下来，我会给读者分析，对某些产品而言，可以单刀直入去做：付钱就行。先是覆盖初始发布所需的成本，然后再给网络用户提供补贴，直到网络可以开始运作。这样做虽然成本很高，但是有效。

第十四章
为产品发布付费

最常见的一种质疑快速成长的初创企业的声音就是："这家企业到底能不能赚钱？"这是优步一直在承受的质疑。在上市之前，尽管公司成长很快，但优步每年还是要烧掉数十亿美元。亚马逊成立之后，也曾出现连续 17 个季度的亏损。让一个网络站稳脚跟是非常昂贵的，可谓花钱如流水。

但不管怎样发展，企业还是希望最终能实现盈利。对网络产品而言，尤其在诞生之初，多花些钱（而且是疯狂地花钱）来换取增长还是有道理的。花钱的目的是让产品的市场尽快达到临界点，让网络效应产生正向推动力，随后再收紧补贴政策。如果这种策略执行得当，最后得到的必然是增速快、赚钱多的一款产品。

财务刺激的手段有很多，但是我会从不起眼的优惠券入手，就是超市通过平信或者报纸分发的优惠券，你购买牙膏或者麦片时可以减掉一两美元。

优惠券最早出现在 1888 年，是由可口可乐公司的联合创始人约翰·彭伯顿和阿萨·坎德勒发明的。早期的可口可乐优惠券会在正中间印着其标志性的曲线商标，上面写着"此券可兑换一瓶可口可乐"，在两旁会写着鼓励消费者到任何一个销售点兑换优惠券的话语。在此之前，可口可乐的推销都是存在地域差别的，这算是美国历史上第一次全国性的可口可乐品牌推广活动。这场推广活动取得了巨大成功。在活动开展的前20年里，可口可乐一共兑换出850万杯免费饮料，平均每9个美国人就至少喝过1杯可乐。可口可乐很快就成了全美国范围内的畅销品。优惠券被证实是一种强大的工具，很多企业，尤其是零售包装食品类企业，都纷纷开始使用这种策略。

优惠券与网络效应产生交汇的点就在于帮助一家企业的新产品突破商超市场。商超市场是多侧网络的实体表现形式，一侧是购物者，另一侧是食品制造商，只不过商超会受到零售场地空间的限制。在实体空间限制下，如果消费者没有提出对特定商品的需求，商家就不会出售该商品，如果商家不出售商品，消费者也就没地方去买。所以这也是一个"先有鸡还是先有蛋"的问题。

优惠券的出现给这个难题提供了一个解决方案。营销界的传奇人物克劳德·霍普金斯就把优惠券的优势发挥到了极致，他在1927年出版的回忆录《我的广告生涯》中进行了详细介绍。以下是他回顾如何为制造奶粉的客户范坎普解决这个问题：

> 我制订了一份让范坎普品牌家喻户晓的计划。在一个页面广告中，我插入了一张优惠券，消费者凭券可以在任何商户兑换一罐价值10美分的奶粉。我们向商户支付的是零售成

本价。我们对公众宣称这则广告将投放三周。同时，我们开始在市场中散播关于范坎普无糖炼乳的正面故事。我们把这些页面广告的复印件寄给所有商户，告诉他们商店的每位客户都可以领取一张这样的优惠券。当然，这些商户必然是范坎普奶业公司的经销商。每张优惠券都代表着商户可以获得10美分的折扣，如果他们错过这个机会，优惠券就会转给竞争对手……结果，几乎所有的人都在第一时间买到了范坎普牛奶。[41]

这种策略最巧妙的地方在于，在当时大家已经习惯于在报纸上刊登广告的情况下，通过发放优惠券，制造商解决了网络困难侧用户的问题，也就是商户的问题，从而成功启动了整个网络。优惠券实际上是范坎普公司给经销商提供的补贴，在有补贴的情况下，商户肯定愿意购入库存商品，时间长了，商户自然就愿意长期卖这种商品了。所以，这种策略也就成功了。

当霍普金斯证实这种策略能够成功建成原子级网络时，他就可以重复同样的步骤，建设出第二个、第三个以及更多的原子级网络：

我们在多个中等人口规模的城市反复验证了这种策略。然后，我们开始在纽约做试验。纽约当时的奶粉市场已经被对手品牌占领。范坎普奶粉的销量非常小。但在三周之内，我们基本上靠着给商户写信的方式，获得了97%的销售渠道。每家商户都意识到，要为客户对优惠券的需求做好准备。

随后，我们选择在一个周末的版面广告中投放优惠券。当时投放的区域只是纽约市及邻近的市郊。在此次投放中，我们一共发出了 1 460 000 张优惠券。我们为了兑换这些优惠券，共向商户支付了 146 000 美元。但是，有 1 460 000 个家庭在看到了范坎普的发展故事之后试喝了我们的产品，这些家庭都是在一天之内成为我们的客户的。这次行动，包括投放广告在内，一共花费了 175 000 美元，其中大部分用于兑换优惠券。在不到 9 个月的时间内，我们不仅收回了所有成本，而且还获得了盈利。我们占领了纽约的市场。

当然，奶粉和软件、操作系统、文档编辑器不是同一类产品。但是，我们能从范坎普成功启动多侧网络的案例中汲取经验，一个世纪前被验证成功的理念在其他情况下还同样有效。

在共享出行领域，同样存在两侧对立问题。在一个新的城市中启动一个需要有司机和乘客两个群体的新市场，你会先启动哪一侧？困难侧是默认的优先入手侧。优步从一开始就给司机群体提供补贴，这和范坎普奶业的做法相似。优步一开始的做法是在 Craigslist 的求职板块发布招聘信息，承诺给司机每小时 30 美元的保底收入，无论他们接没接到单。司机需要做的就是保证一直开着软件。人们普遍认为："如果遇到先有鸡还是先有蛋的问题，那就先买只鸡。"

用每小时最低工资来解决冷启动问题，虽然昂贵，但是有效。这种做法烧钱太快，而且不幸的是，随着市场规模的增长以及需要的司机越来越多，付费招人的方法最终不可持续。为了应对这个问题，优步的运营必须转换为"佣金"模式，也就是停止保底收入补贴，回到常规的商业模式，即司机收取车费并获得一定比例的佣金。为了鼓励这种转型，公司高管设立了一个内部排行榜，从上面可以直观地看出各地运营团队推动这种转型的速度。每个城市都要迅速启动一个新的市场，先支付司机保底小时工资，汇集足够数量的司机和乘客，然后转型为可持续的付费模式。各地团队之间展开了良性竞争，让这种商业模式运转得越来越快。这就是临界点的作用。

要把最初汇聚起来的用户群扩大，下一步要做的事情就是吸引更多的司机。这时候，通过用户引荐计划，借助用户网络的力量就是最有效的。优步司机端软件会提示司机加入用户引荐计划（"朋友注册为司机后回馈你本人 200 美元"），进一步利用他们在 Craigslist 上的消费创造杠杆效应。当然，优步平台的便利性和收入水平纯粹是通过口碑传播的，因为司机会告诉他们的朋友。用户引荐计划和口碑传播的方式（都需要人际网络的方式）为优步带来了将近 2/3 的司机。当有足够的司机上路时，开发团队就会开始着手解决需求侧的问题，也就是思考如何在一个城市中推广产品。

经过一段时间以后，运营团队开发出了很多不同形态的财务刺激策略，都是用来实现困难侧用户不同的管理目标。除了每小时保底工资、司机引荐计划和优步臭名昭著的高峰溢价规则，还出现了"完成 10 单之后，以后每单可额外获得 1 美元"（在公司内部简称为 DxGy）等计划。市场团队增加到了数百人，其中有数据科学家、经济学家、工程师以及其他相关人员，他们利用这些财务刺激工具，在全球数百个市场中灵活调节供需双方的平衡。

助推增长的财务工具

补贴困难侧用户是交易市场类网络和其他多种类型产品通用的方法。例如，网飞、Twitch 以及其他一些媒体公司都承诺给内容创作者付费，它们的动机都是一样的。在 B2B 领域，你可以把免费商业模式视为一种降低内容创作者与组织者在工作场所中的摩擦的方法，因为组织者会把这种模式介绍给更多同事。给免费用户提供服务肯定也是存在成本的，但是高端客户的付费完全可以覆盖掉这部分成本。有的时候，交易市场类软件会为免费入场的卖家提供保底收入，或者提供一定的收入分成补贴，而在另外一些商业模式中，平台可能在免费用户入场时就提供一定预付款，或者对定价进行打折。无论采取何种方式，都是殊途同归。

用直接付钱的手段来推动增长，看上去是一种很危险的举动，只能在适当的情况下才能使用。在搭建初始网络的阶段，一家资源不足的创业公司通常不会为了起步而投入大量资金。相反，创业团队应该集中精力搞定最底层的基础工作，比如找准目标市场，创建最初的产品功能。你需要先创造出一个现象级产品，证明你能够聚集起一个原子级网络，此后才能开始动花钱的主意。

一旦一个团队能够用可靠的方法创建出产品的初始原子级网络之后，财务工具就能帮助团队以更快的速度实现市场向临界点的增长。财务工具的形态各有不同，有的看起来像是引荐计划，有的像是预付款或保底收入，有的则是差异化定价。所有财务工具的共性就是让网络背后的团队能够用资金激发增长，而不用打造更多的产品功能。

对本身就与金钱关系密切的网络产品来说，这些财务工具会更加有效，正如支付网络 Venmo、加密货币、交易市场以及像 Twitch 这样的赋予内容创作者收费权力的平台都会获益更多。因为这些产品通常已经处于金融交易之中，所以它们更能直截了当地要求活跃用户为平台多做贡献，无论是要求用户引荐更多用户，还是要求用户延长使用产品的时间。财务工具在推动产品市场迈向临界点的过程中可以发挥强大的力量。

加密货币及其利用经济刺激手段的方法

类似比特币这样的加密货币创造了一种很神奇的"为发布付费"的模式，它们通过创造并分享网络中的经济收入来补贴用户，而不需要动用公司的现金。比特币发明于 2008 年，发明者使用了中本聪这个化名（至今没人知道其真实身份），他用一份简明扼要的 9 页纸篇幅的论文《比特币：一种点对点的电子现金系统》介绍了比特币。这篇论文发给了一个加密邮件列表上的用户，几个月之后，网络上出现了一个开源的比特币实例。时至今日，比特币的市值已经超过了 1 000 亿美元，这是用现存的比特币数量乘以其当前市场价得出的数据，这是几十年来最成功的一次网络产品发布。这款产品的网络效应如此显著，以至于数百万比特币买家共同组成了一个生态圈，依照着一位仍然不知身份的开发者设计的架构运转。

比特币协议的设计可谓是天才之作，参与比特币的各方都会受到经济激励。对持有比特币的人而言，在任何给定的时间范围内，从数理上推算，比特币的总数都是有限的，这种状态在未来 100 年甚至更长的时间内都是一样的。支持加密货币的人认为，与政府发行的传统货币相比，加密货币不会遭遇通货膨胀，即便经济形势很糟糕，也没有哪一个人或哪一股力量能够单枪匹马地印出更多加密货币。在其运行机制的后端，比特币的架构是由去中心化的"矿工"网络支撑起来的，这些矿工通过处理交易来维护比特币的协议。他们每次都会收获比特币奖励，这会激励他们继续为这个网络做出贡献。

刚开始的时候，比特币的创造者让其他人觉得加入这个网络非常有吸引力。在比特币诞生之初，矿工收到了巨额的回报，只不过随着时间的推移，这些回报不断贬值缩水。矿工和持币者都知道按照原始协议，目前比特币的稀缺程度如何，都把它当作一种对冲通货膨胀的工具。你也可以把比特币看作一种赌注，赌的是世界经济政治格局会变得不稳定，会出现民粹主义思潮，会出现"闭关锁国"的经济体。而不幸的是，这些现象真的在世界各个角落都有发生。网络创建者给出的承诺是，早一点儿加入比特币交易就能获得巨额的收益。这一点已经被证实了，世界上已经出现了好几名亿万富翁，他们变富的方法就是稳定持有手中的比特币，随着币值增加，他们的身家也随之增加。

比特币和其他的加密货币只不过是在网络中共享经济上升空间这一理念的一种实现方式。我还见过有些初创企业给加入其网络的用户发放多种形态的激励，有的发股票期权，有的发顾问费，有的赋予投资权，目的都是启动初创网络。对网红、创作者和开发者等群体，付钱的手段是特别有效的，容易吸引这些困难侧用户加入网络。这样一来，公司与其网络就保持一致——当网络发展壮大并获得成功时，网络中的用户也同样受益。

与大型企业合作

有的时候，"花费"这个概念并不一定指花钱，花出去的可能是时间和精力。当小企业和大企业合作的时候，小企业就会有这种感觉。这种合作关系是不对等的，因为小企业需要根据大企业的要求定制和生产产品，以此换取分销或收入。这种合作通常都不会成功，但也有几个重要的成功案例，首先要提到的就是微软。我重点研究的不是 10 年前的微软，而是 20 世纪 70 年代刚刚创业时的微软。

微软也曾经历过创业的阶段。它起源于新墨西哥州阿尔伯克基市的一个不起眼的小地方，其最初的办公室所在地位于一个如今被 T 恤店和珠宝店占据的商品市场内。微软是由两位童年好友比尔·盖茨和保罗·艾伦联合创立的，他们早期做的业务是为 20 世纪 70 年代入门级的编程语言 BASIC（初学者通用符号指令代码）开发一些辅助工具，直到后来他们进入操作系统领域，才造就了微软的霸主地位。当时，科技行业刚刚崭露头角。科技行业的公司认为大部分利润可能来自出售个人计算机硬件。当 IBM 于 1981 年开始进入个人电脑业务时，它就与微软达成了磁盘操作系统的授权协议。与如今大家使用的 iOS 和安卓系统一样，磁盘操作系统是一个关键的软件，它把 IBM 的硬件与程序员开发的文字处理、表单处理和游戏等应用程序联系了起来。这个操作系统实际上汇聚了用户、开发者和硬件生产商的网络效应，但是 IBM 当时并没有认识到这个道理。

这也是 IBM 和微软合作能够成功的原因，它成功解决了微软的冷启动问题。由于二者的合作协议，想使用 IBM 个人电脑的程序员和用户就必须接受微软磁盘操作系统。确实，微软需要为 IBM 的计算机打造定制的操作系统。但是，微软在这场合作交易中保留了将磁盘操作系统卖给 IBM 以外的硬件生产商的权利，所以后来当多个厂商通过逆向工程拆解学会了 IBM 的计算机架构并开始生产所谓的与 IBM 兼容的个人电脑时，他们也开始采购微软的操作系统。

随后，数十家乃至上百家个人电脑厂商开始在市场上角逐，同时还出现了很多大大小小的软件开发商。所有人都以微软磁盘操作系统为首选平台。软件开发者和用户无论在哪家厂商买了个人电脑，最后都得在微软磁盘操作系统上与程序交互，最终导致个人电脑硬件制造商商品化，并转移了权力。大部分主导力量实际上都转移到了操作系统上。

在个人电脑行业刚诞生的一团乱麻的格局中，微软的网络效应逐步成型。尽管 20 世纪 80 年代还存在 Amiga、OS/2 和苹果麦金塔系统等替代系统，但是从操作系统的本质来讲，只有微软形成了强大的网络效应，并且其助推微软的生态系统飞速向前发展。微软生态系统的网络可以粗略分为三个部分，即用户、开发者和个人电脑制造商，每个部分都会天然地吸引其他两个部分。用户（和他们任职的单位）会优先购买运行微软磁盘操作系统（后来升级为 Windows 系统）的个人电脑，主要原因就是微软的操作系统可以运行的程序最多，而且可兼容的硬件最多，其中包括价格最低廉的电脑。软件开发者也优先选择为微软平台编写程序，因为这个平台的用户最多，可用的工具最好，销售渠道十分完善。个人电脑制造商则主动从微软购买授权，因为用户需要他们这么做。所有这些因素通过不同的形式促进了网络中的不同群体的并购、交互和经济网络效应。

我们已经知道这个故事的结局：微软的生态体系越大，其价值也就越高。最终，微软占领了操作系统市场 80% 的份额，这种垄断地位使其有能力去占领其他与主营业务相关的市场。多年以来，批评之声一直存在。很多人认为微软利用其网络效应对其他竞争对手展开了不公平的竞争，很多员工数量达上千人的知名公司最终都被其打败，包括 WordPerfect（Corel 公司开发的办公套件）、Lotus（协同办公软件）、Ashton-Tate（数据库软件）、Staco、Novell（一种局域网）、网景、美国在线（即时通信软件）和 Sun（世界上最大的 UNIX 系统供应商）。微软根本没有开发浏览器、数据表和文本处理工具，但是多年以后，它控制了这些市场。

回头去看，在微软起步时，它通过和 IBM 的合作才得以达到临界点，并最终控制了计算机行业最有价值的网络。在网络效应还不为人知并且未得到充分重视的时候，他们被迫打造出一款定制化产品来启动公司，但是也凭借这份成绩在数十亿台个人电脑上赢得了一席之地。

为什么不盈利也许是明智之举

本章中列举的所有案例，包括优惠券、优步、加密货币和微软都是通过采取前置措施来启动网络的。如果一定要批评用补贴刺激网络的做法，那可以说他们"用0.9美元的价格卖出去1美元"。当然，最理想的状态是从第一天开始就能以最低单位成本来扩展网络，但在某些情况下，这是不可能实现的，或者扩展的速度会非常慢。一个新生的网络产品最好是从一开始就冒着风险用补贴的方式刺激网络扩张，以后再逐步提高经济效益。

因此有时候，即使存在一定争议，选择性地不盈利也是一种助推网络超越临界点的明智之举。当你能够创建几个原子级网络时，你或许会想用钱铺路，尽快占领整个市场。对交易市场类网络而言，买家需要低价，卖家需要高利润，二者都有自己的价值诉求。对社交类产品而言也是一样，无论是通信类还是内容分享类的软件，内容创造者都既需要积累足够数量的读者（或观众），又要能够赚钱。在这些网络当中，启动期的策略发布或许都应该多花一些钱做前置补贴，无论是用这些钱去购买早期的内容，还是用这些钱去给交易市场中的卖家支付保底收入。

实现规模化发展之后，网络运营者总要减少财务激励工具的使用，因为他们已经赢得了市场。如果整个可触达的市场都已经成为你平台上的活跃用户，那你就没有必要再在兼并收购上多花任何一分钱。如果你已经是市场中的绝对优势玩家，你或许就可以不用采取降价策略来挤压竞争对手。或者说你管控成本的能力非常好，那么你的竞争对手可能会被迫退出市场。短期内看上去不盈利的局面或许能换来长期的市场垄断地位，前提是你的市场朝着有利于你的方向达到临界点。

第十五章
手动干预策略

在 20 世纪 60 年代经典的动画情景喜剧《摩登原始人》中，主角是居住在石床镇的原始人一家人。这部喜剧的主角弗雷德和威尔玛·弗林特斯通与可爱的家人住在一起，他们养了一只宠物恐龙，有自己的洞穴，而且弗雷德上班时还需要打领带。令人印象最深的就是这家人有一辆由石头、皮毛和木材造的车，它要靠弗雷德的双脚奔跑来行进，也是一家人出行的常用工具。爸爸赶紧跑!

"手动干预策略"实际上就是从这辆车中衍生来的，只是我们目前谈论的是软件行业。有的时候，产品缺失的功能需要靠开发人员手动补足。企业早期发布软件的时候通常会发一个测试版本，其可能会缺少删除账户、内容编辑工具和用户引荐等功能。在预见到缺少这些功能的情况下，产品可能会直接给用户提供与开发者联系的渠道，开发者可以用后台工具帮用户手动解决问题。等到开发者收到足够数量的同类反馈之后，他们就会去开发这个功能，随后用户就可以自己使用该功能。与此同时，在手动干预策略下发布产品，可以让开发者尽快把软件投放到市场上，也可以早一些收到用户的反馈。

手动干预模式有助于从零开始创造内容，也容易抓住初期的用户。举例来讲，在用户生成的视频平台上，最初的视频素材库和可供观看的内容或许都是创业团队自己上传的，YouTube 早期就是这样做的。对协同办公类工具软件而言，开发团队或许会提供员工入职培训，实际上这就把软件运营团队植入了客户的工作环境，为客户开发定制软件并进行进一步的功能开发，甚至帮助客户把项目做成。当初始网络成型时，手动干预的策略就会顺着发展的势头向自动化方向转型。手动干预的目的只是向网络中添加关键要素，一旦网络可以独立运转，企业就会停止使用这种方式。

Reddit 就是一个极好的案例，其团队早期就采用了手动干预的策略，后期又从手动干预转变为大规模自动化。10 多年前，两位联合创始人史蒂夫·赫夫曼和亚历克西斯·奥哈尼安刚发布 Reddit 的时候就采用了这种策略。发展到今天，Reddit 自称已经成为"全球互联网的首页"，并且确实是全球规模最大的网站之一。该平台上有数亿用户，分布在 10 万多个活跃的子板块社区，分享着数百万个链接的内容。但在 2005 年这家公司刚刚发布的时候，它的网络规模很小，网站只有一个主页，每天展示为数不多的链接，而且都是用户发布的。这里我所指的用户实际上只有两个人，也就是赫夫曼和他的联合创始人亚历克西斯·奥哈尼安，后来才逐渐有其他用户加入这个社区。

安德森-霍洛维茨公司是 Reddit 的投资方之一。经过了几年的时间，我深入了解了赫夫曼和他的团队。每个季度我都会和他面谈一两次，大多数情况下马克·安德森也会在场，我们面谈时主要关注他们公司的最新动态。Reddit 的办公室位于旧金山市区，办公区的装饰非常活泼。公司的吉祥物是一个名叫 Snoo 的外星人，办公区里到处都有不同版本的 Snoo 作为点缀。我最近一次去拜访的时候，赫夫曼和我坐在他办公室的沙发上闲聊，他回忆了早期解决冷启动问题时的经历：

> 没有人愿意住在一个人迹罕至的鬼城里。没有人愿意加入一个空荡荡的社区。在早期，我们每天必做的事情就是保证首页上有优质的内容。我们需要登录十几个虚拟账号亲自发布内容。不这么做，社区很快就没人了。[42]

所有这些虚拟账号看上去都和真实用户的账号一样，但背后真正的操控者只有赫夫曼和奥哈尼安。尽管早期一定会需要大量的手工搜索和发帖，但是他们两个也变得越来越聪明。他们开发了专门的软件来帮他们扩展这种做法。赫夫曼这样说：

> 我写了一段代码，可以从新闻网站上抓取内容，然后用虚拟的用户名发布这些内容。这样一来，Reddit 看上去就像是一个活跃的社区。但是，这样做存在一个问题，那就是这段代码仍然需要我来运行。网站发布后的一个月，大概就是那一年的 7 月，我和家人去野营，没有发布任何链接。等我

回来打开网站的时候，主页上一片空白！有点儿尴尬。

从一个角度看，他们利用自动化使原本手动的工作规模化发展发挥了作用，赫夫曼写的代码帮助他们从很多不同的网站搜集并发布了有意思的内容。但从另一个角度看，这种程度的自动化仍然需要依靠人，需要开发者反复检查。无论如何，这段代码帮助 Reddit 的网络度过了最艰难的阶段，直到网络上出现足够数量的内容创作者之后，赫夫曼才彻底放弃这段机器人代码。

通过手动干预来填充网络的困难侧

Reddit 团队采取的手动干预策略与 Yelp 和 Quora（在线问答社交平台）采取的策略几乎一致。他们通过手动干预填充了网络困难侧的内容，相当于开发团队充当了内容创造者。如果你仔细分析科技行业的手动干预策略，你就会发现，其实各家公司采用这种策略的主要目的都是创造一个仿效困难侧用户行为模式的群体，这背后真实的用户可能是自己公司的员工、承包商或者其他人。

对外卖类软件而言，与餐厅签约很困难，因为大多数餐厅都是小商户，它们的数量可能有上百万，而且小商户的老板通常对使用新科技产品都持怀疑态度。而且，你自己的平台上都还没有流量，他们凭什么要和你合作？DoorDash 和 Postmates 这样的服务平台就是通过显示大量可供选择的餐厅来实现手动干预。不管这些餐厅是否真正签约，用户都能看到。当客户下单时，软件平台会让派送员去现场购买食品，小餐馆是不知道这一系列后台操作的。派送员会作为普通消费者到店消费，买到对应的食品，然后送给下单的客户。随后，当一家餐馆的用户需求被证实相当稳定时，软件平台就会与餐馆达成直接合作协议。

在 B2B 领域也有同样的案例。B2B 市场存在于房地产、货运、人力资源以及其他高交易额的大型行业中，催生出了市值数十亿美元以上的创业公司，如 Flexport 和 Convoy。这个领域的企业通常都是运营集中型中介机构。它们的员工人数很多，大部分员工都靠纸、笔和传真进行记录，来给客户找到他们想要的卡车运输公司、商业地产或者任何其他类型的服务。为这个行业开发软件的目的就是取代传统的依靠纸和笔的工作流程，但在刚开始的时候，肯定还是传统做法的效率更高。高科技初创企业通常靠人海战术来手动干预软件的初期发展（它们就和传统的中介机构一样），日后才会慢慢把重复性的任务交给自动化流程。最终，自动化的工作流程会让交易市场看起来更像是科技企业，但是在刚开始的几年，人还是最重要的生产力。

有些时候，我们把这种类型的企业称作"半人半机器的创业公司"，因为它们需要人力（手动干活的人）和软件工程师一起发挥力量，并且随着时间的推移尽可能地实现自动化。在这种案例中，客户最初只在浅表层面与软件打交道，在软件的后台，还是一群人靠着原始的手动作业在完成任务。

自动化可以引导手动干预走向规模化发展

手动干预的缺点就是需要的人手太多。开发团队如果一味地通过增加人手来解决问题，还能取得规模化发展吗？我认为，这种策略发展的广度和深度远比我们想象的要大很多。我们可以把手动干预策略看作一种光谱：

- 全手动，人力驱动
- 半手动，软件提出下一步需执行的任务，但仍然需要人工来执行任务
- 全自动，算法驱动

如果史蒂夫·赫夫曼发布的 Reddit 是全手动的状态，那么任何一条链接都得手动发送，还得雇用一个外包团队来创造内容。赫夫曼本人在最初的阶段就是这样做的。这样看上去效率很低，但是像 Yelp 和 Quora 这样的企业一定需要员工和其他人员来帮助它们建起最初的评论库和问答库，所以靠人力驱动是能满足这种诉求的。我前面也提到过，类似优步货运这样的 B2B 平台也可以用这种策略，由人力作为主要驱动，靠软件自动化补足效率较低的环节。

如果人工驱动能够见效，那么企业就可以在人工的基础上叠加科技手段，实现进一步的借力发展。在赫夫曼发布 Reddit 的案例中，如果采用半人半机器模式，其实也是合理的——他打造了爬虫和机器人程序，能够自动识别高潜力文章，但是这个工作模式中还是需要一个自然人来判断哪些内容值得发布。对交易市场类产品而言，你或许还是需要用人力来匹配供需双方的诉求，但是可以通过增加工具来提升效率。这代表了光谱中段的情况。

如果采用全自动化的手段，那么从一开始的时候或许就该开

发出机器人程序，由机器人来全权负责采集高关联度的文章，并且用算法指导到底哪些内容值得发布。最接近这种做法的或许是 TikTok，其团队完全使用算法来决定向用户展示的内容，而不是根据用户的点赞或点踩来决定。最知名的案例是 PayPal，它在早期就开发了机器人程序，可以自动在 eBay 上买卖商品，而且坚持只通过 PayPal 交易。这也是一种说服 eBay 卖家注册为 PayPal 会员的方法。

极端案例——平台及其应用程序

最厉害的手动干预策略能做到什么程度？如果把这项策略用到极致，网络的运营者或许会雇用专门的团队，乃至成立专门的子公司来为网络的困难侧填充内容。试想，Reddit 的创始人可以不用亲自去发布内容，他们其实可以雇用一定的人手组成工作室，每天专门负责创建内容。这看上去似乎是一种不切实际的空想，但在现实中这是游戏产业的核心策略之一。任天堂发布的 Switch 游戏机就是一个案例。

2016 年，任天堂着力研发一款新的游戏终端，既可以作为手持设备，又可以连接电视投屏。但是，消费者购买游戏终端并不是为了硬件本身，他们更想买的是和游戏终端同步发售的最新款的、玩家必备的游戏。理论上讲，外部游戏开发者应该成为新平台上游戏开发的主力，但是他们往往不知道如何充分利用新主机的功能特性，也完全没有动力去给一个用户基数更大的现有平台开发游戏。

为了解决冷启动问题，任天堂不惜一切代价为 Switch 的发布助力。他们同步发布了《超级马里奥》和《塞尔达传说》两个经典游戏的最新版本，而且每款游戏都卖出了数千万份。在最极端的手动干预场景里，任天堂为 Switch 打造了专属的游戏版本。这种做法也是任天堂从以往的经验中学来的，是必不可少的手段。30 多年前，最初的任天堂推出了 17 款游戏，其中有些是公司自己开发的，有些是外部开发者做的。任天堂这次发布的 Switch 主机也不例外。

《马里奥：奥德赛》和《塞尔达传说：旷野之息》是公司内部的工作室开发的，每个游戏都有属于自己的创意总监和游戏设计师。试想，由数百人来手动发起一个新的网络，这就是游戏终端领域一直采取的策略。这种策略非常有效，在发布后没几年，Switch 的销量就超过了 7 000 万台，成了任天堂历史上最受欢迎的产品之一。

游戏行业把这种策略称为"甲方内容"，并且把它看作一种重要的投资。在过去的这些年里，微软的 Xbox 游戏主机是在这方面做得最极端的。其收购了很多游戏工作室，让它们成为公司内部的一分子。这样做要花不少钱。微软现在拥有十几家游戏工作室，其中就包括《我的世界》的开发者 Mojang 公司。微软 2014 年收购这家公司时共花了 25 亿美元。看上去这是一笔很大的支出，但是要想赢得游戏主机市场就不得不这么做。有的时候，你必须亲自操刀。

Reddit 并没有长期坚持用这种策略，如果想用的话，它是可以这样做的。这个世界上可能出现一个内部包含很多工作室的 Reddit 公司，其中有的工作室负责"可爱"型社区用户想看的内容，有的负责体育内容，有的负责音乐内容。它可以雇用员工来担任全职的社区协调者，作为工作室的员工创建必要的内容。尽管这并不是社交网络常用的策略，但它的存在有它的道理。最近几年，我们看到视频领域的 YouTube 和播客领域的 Spotify 已经开始通过授权来创建甲方内容，以此加快其服务业务的发展速度。

退出策略

手动干预可以随着时间的推移而逐步退出。从这个角度看，它可以被视为"为工具而来，因网络驻足"策略的近亲。手动干预的方法主要关注如何通过大量的人工操作来撑起网络的困难侧，而"为工具而来"的策略关注如何通过打造一款工具来实现同一个目的。与"为工具而来"的策略相似，手动干预的策略也必须想好如何退出。对前者来说，一款网络产品必须从设计上做好用户从单人向多人转化的准备。对后者而言，产品必须做好从人工（包括公司资源的支持）向自动化转变的准备。

对交易市场类网络而言，在起步阶段以手动干预形式加入网络的卖家最终必然要为自主加入的卖家让位，这样才能带来我们寻求的网络效应。PlayStation（索尼发售的电子游戏机）每次发布新版本主机都必须让第三方游戏开发者获得成功，这样才能形成一个生态圈。如果 Reddit 从一开始就是大量的账号都掌控在赫夫曼和他的机器人程序手中，那么他们一定会把自主加入的内容创作者挤跑。对社交内容创作者而言，他们获得的最大价值来源于社区内的身份、地位和其他用户的反馈，包括点赞、评论等，而平台运营者最重要的工作就是保证机器人程序不会抢走这些用户反馈。

换句话说，在冷启动问题得到解决之后，运营者就应该让网络自由成长，并且形成其独有的生存能力，运营者需要彻底停止手动干预。

这也是 Reddit 取得突破之后所做的事。赫夫曼曾对我说：

> 在我坚持每天发布链接一段时间之后，有一天我在波士顿闲逛，没有时间发布任何 Reddit 内容。我本来还担心当天的首页会不会空空如也，但是我登录网站之后，看到了整页的链接。我点击查看了当天发帖人的信息，让我欣慰的是，这些都是真人用户。

在那时，Reddit 已经积累了几千名用户，网络已经可以自发生长，而不再需要赫夫曼去手动干预了。此后，随着网络流量的增长，Reddit 的主页不得不划分出三个子板块：政治、编程和成人内容，后来又陆续添加了体育和其他几个板块。但是 Reddit 的发展模式还在不断重复上演，每个子板块（可以把它们看作 Reddit 这张大网络里的子网络）都至少需要 1 000 名用户的关注才能自发生长。手动干预的策略使网络得以存活足够长的时间，直到征服一个又一个新的领域，最终使 Reddit 成为互联网用户最爱用的几个网站之一。

第十六章

创新永不停歇

 2015 年，优步公司决定搞一次团队休整。如果光从放假的人数来看，这绝对是一次不同寻常的活动。优步全球各地办公室的 4 000 多名员工都陆续飞往拉斯维加斯，考虑到人数众多，很多人都是悄悄出行的。优步这次给员工放假，实际上是为了庆祝一个重大的里程碑事件：在成立后仅仅 6 年，公司总收入就突破了 100 亿美元大关。公司之前也庆祝过其他一些里程碑节点，总收入先是突破 1 亿美元，再是突破 10 亿美元，这次是突破 100 亿美元，这简直就是几何级的增长。

 因为 100 亿是 10 的 10 次方，所以这次团队休整的主题就是"X 的 X 次方"（X 是希腊数字 10 的写法），并且设计了一个由居于对角线的两个白色的 X 共同组成的活动标志。这个"X 的 X 次方"标志被印在了 T 恤、水杯和指示牌等物品上，在会场内随处可见。这样一来，其他来拉斯维加斯休假的客人不会意识到有数千名优步员工正在这里聚会。在整个疗养休假的过程中，大家都非常注意保密，很少有人拍照片发到社交媒体上，唯一一家捕捉到风声的媒体是英国的八卦杂志《每日邮报》。

这次团队休整既有娱乐也夹杂着工作，这是优步公司的文化。休整大会持续一周，每天的日程都不太一样，白天有正式的活动，涵盖公司各类型业务的讨论会，从国际化，到产品策略，再到定价，晚上则在拉斯维加斯的夜店安排各种社交活动。疗养大会第二天的晚上，公司还邀请了流行音乐巨星大卫·库塔和凯戈来现场表演。第三天晚上的神秘嘉宾竟然是碧昂丝，她唱跳了好几个小时，纯粹就是为优步的员工表演。直到今天，我仍然保留着当时那场活动的水杯、T恤以及在现场拍的数百张照片。这是非常令人难忘的活动，或许可以算得上是鼓舞士气的方式中水平最高、效果最好的一场活动。

"X的X次方"活动成功庆祝了公司取得的成就，但就参加这场疗养大会的数千名员工而言，有一个团队最值得称赞。这是公司内员工人数最多的部门，也是历年来对业务发展影响最大的部门：运营，一个由数千名"基层员工"组成的团队，是他们启动了一个又一个新的城市。他们通过最艰难的方式来扩充司机和乘客的数量，他们会指挥不同的小组到火车站附近去分发优惠卡，并且要随着监管和竞争对手的动向对业务做出调整。特拉维斯·卡兰尼克（优步前首席执行官、创始人）经常对产品团队说："产品团队可以解决问题，但是见效很慢。运营做起来效率高很多。"所以，优步把自己看作一家"运营主导型"公司，这个团队代表了创业者的奋斗精神和创新文化。运营团队的勤奋度在公司内是广受认可的，它也是优步能够取得成功的根本原因之一。

创造力的重要性

通过我在前面几个章节介绍的策略，我们可以快速逼近市场份额临界点（可以给用户提供补贴，可以设置邀请制，可以打造优秀的工具，也可以手动干预），但是所有的策略都是以创意和创业精神为基础的。创意非常重要，因为总会出现一些特定的机会。如果机会来临时，你能够执行恰当的创意，那么你就有可能迅速抢占市场份额。正如推特抓住 SXSW（西南偏南）大会的机会发布其软件，因为这个场合汇聚了很多社交媒体的用户。爱彼迎也采用了类似的策略，其总是在某个地方的节庆日发布软件。爱彼迎早期的产品团队负责人乔纳森·戈登曾写下这样的故事：

> 只要有可能，我们一定会抓紧当地规模更大的活动带来的机遇。如果在线上推广时写的是"给参加啤酒节的客人提供住房租赁服务，一个周末可以赚 1 000 美元"，肯定比写"把你的房子租给陌生人"更能改善供给侧的数据指标。考虑到推动供给增量的主要方法就是提供足够的需求，我们鼓励自己的员工到那些未经审核的出租屋去试住。[43]

通常情况下，这种投机取巧的做法既不可能呈规模化，也基本不具备复制的可能。一个有趣的具备感染力的视频或许能够发挥一次助推作用，也可能发挥几次作用，但是它不可能成为帮助网络长久发展的唯一工具。最终，类似搜索引擎优化、付费营销、病毒式传播和建立合作伙伴关系等更能产生规模化效应的手段一定要用起来。但是，在早期专注于逐个击破新生网络的阶段，任何手段都是有用的。

优步的运营团队持续为公司贡献这种有创意的措施。早期在任何一个新城市中启动一个网络都会遇到冷启动问题，每个城市团队的架构都是自主化、去中心化的，这样团队成员就可以根据当地的具体情况想出新的点子，并且迅速执行。他们的目标就是逐个占领城市网络，然后占领整个市场。举例来讲，发布团队通常都会有个剧本，邀请一位本地名人来扮演"零号乘客"（市场上的第一位优步乘客），同时邀请本地媒体进行报道。运营团队还会经常想出一些特定的推广计划，比如优步小狗或者优步小猫——用户可以根据喜好约一整车的猫或者狗来陪自己玩，会有人送小猫小狗到你的办公室陪你玩一个小时。还有优步冰激凌，用户可以约流动餐车来给自己提供蛋卷冰激凌。为了增加供给，运营团队会给当地的豪华轿车服务商逐一打电话，会在当地大型活动的入口分发传单，还会给本地司机发信息提示他们加入优步的网络，总之他们有几十种高度人工化的策略。

从单一网络迈向网络的网络需要勤奋和创意。优步从旧金山、纽约和洛杉矶等大城市入手，发现每个城市都需要一种不同的策略。纽约是一个牌照市场，由专职司机驾驶的获得政府牌照的豪华车是绝对的市场霸主，而优步抢的是地铁的生意。洛杉矶是一个占地面积很广的城市，与旧金山和纽约不同，这里的人几乎都有自驾车。优步能否在每个城市都获得成功并不是十分明确。直到在几十个城市实现了成功发布之后，优步的启动剧本才算相对定型。每个新的市场都会比之前的要更容易启动，因为公司已经超越了临界点。

创新成为一种体系化的工作机制

优步冰激凌是很好玩，但真正发挥魔法的是具有创新能力的自下而上的工作团队，它们才是创造无穷无尽的商业想法的主体。运营团队的文化是奖励有尝试精神的人，在冰激凌之后还出现了优步小狗、优步墨西哥流动乐队、优步健康（预约接种流感疫苗）和优步舞狮（庆祝中国春节），还有来自世界各个角落的数十种不同的推广策略。运营团队会把他们的工作"假日化"，也就是把特定的节假日和产品功能结合起来，以此拉动增长。原本的司机引荐计划是"送给新司机200美元，推荐者获得200美元"，而在新年的时候，优步就可以结合假期，举办"过好年，送300得300"的特殊推广活动。在软件内发出的提示消息可以和庆祝美国独立日、感恩节、圣诞节以及其他节假日结合在一起，这样就可以保持信息的新鲜度，客户的反馈率也会更高。

和其他公司不同，在早些年，在旧金山办公的工程和产品团队实际上在扮演给运营团队提供支持的角色。它们创造出软件内可用的定制化工具，让每个城市的本地团队可以利用这些工具和管理权限去调节本地市场。每个城市的本地团队会在软件内创造出新的"工具类别"，这样优步摩托、优步直升机、优步推销（专门帮创业者向投资者推销自己的产品）等新想法才能最终实现。在旧金山举办骄傲月大游行的时候，软件内的汽车图标后面都会拖着一条小彩虹，来凸显这段时间的主题。

最终，你或许会质疑优步冰激凌真的为业务提供帮助了吗？作为一个孤立的措施，它或许没能对整个公司产生太多影响。但是我要指出，在推动一个公司的市场份额从零到临界点的过程中，这种迅捷、聪明的小把戏对于启动一个市场能起到非常关键的作用。最重要的是，优步公司内部产生了一种机制，使其能够快速识别、执行和迭代这些创新性的想法，这得益于公司的创业团队文化、强大的软件工具以及对每个城市都存在自己的冷启动问题的洞察力。

全公司共同创新

这些有创意的推广策略对零售消费类网络产品有效，对以公司级客户为目标的新产品也同样有效，只不过需要略做些改变。创业"老兵"莱尼·拉奇茨基开展了一项名为"当前发展最快的B2B网络产品公司如何找到它们最早的10位客户"的研究，他采访了Slack、Stripe、Figma（向量图形编辑软件）、Asana这几家公司早期创业团队的成员。经过研究这些起步较早的公司如何找到第一批客户，拉奇茨基发现其中绝大多数客户都是公司创始人通过个人关系找到的：

> 对每家B2B企业而言，早期客户拓展只有三种有效策略，包括：靠个人关系、主动去客户办公地推荐和找媒体作报道。所以，你面临的选择很简单，也很有限。几乎每家

B2B 企业都一定会先充分利用创始人的个人关系，也会到潜在客户经常出入的地方伺机而动。你面临的问题不是在两种方法中选一种，而是创始人的个人关系能支撑企业走多远。个人关系用尽之后，企业必然要采取进一步的措施。

在 B2B 领域，有强大的人际关系网就具备了巨大的优势。当然，你也可以通过有人脉的投资者或者加入 YC 孵化器（美国创业孵化器）来打造人脉关系。找媒体做宣传对创业起步基本没什么作用。[44]

前面介绍过，优步运营团队运用创意在一个又一个城市中解决了市场冷启动的问题。B2B 企业也有功能相当的手段：它们可以主动上门邀请，拉拢朋友的初创企业的团队来试用自己的产品，这样很快就能建立原子级网络，这也是 Slack 在早期发布时采用的策略。另外一种方式，也是很多提高生产效率型的产品选择的方式，就是在线上社区中发布，比如在推特、黑客新闻和产品猎人等成熟社区，因为这些社区里有很多喜欢尝试新产品、容易接受新科技的人。近些年，B2B 产品开始强调病毒式传播、搞笑视频、邀请制以及其他传统上与消费类企业相关的策略。我认为这种趋势会持续下去，因为企业类产品正在出现零售消费化的趋向，它们将会完全接受以病毒式传播的方式走向市场，而不是以直接销售为先导。

但我们也不能彻底放弃销售这种传统方式，因为它还是一种重要的工具。YC 孵化器的发起人保罗·格雷厄姆曾提出一个著名的观点："创业者应该做不具规模的事情。"在这句格言中，他传递出一个创业者需要在线下逐一手动寻找并说服用户的想法，这是企业起步的正确方式：

> 我们在 YC 孵化器上最常给创业者提的一个最常见的观点就是做不具规模的事情……企业创始人需要做的最常见的、别人无法规模化复制的事情就是，通过自己的人际关系手动招揽客户。几乎所有初创企业都需要做这件事。你不能等着用户上门来找你。你需要主动出击去搞定他们。
>
> 企业创始人不愿意自己出去招揽客户可能有两种原因。一种是他本人容易害羞，另一种是他很懒。面对在家里写代码和出去与陌生人交谈并有可能被他们中的大多数人回绝，他们宁愿选择前者。但是初创企业想要获得成功，创始团队当中至少要有一位创始人（通常是首席执行官）必须在销售和营销上投入大量时间。[45]

格雷厄姆接着引用了 Stripe 和 Meraki（思科的云网络管理平台）的案例，以及脸书和爱彼迎等消费类初创公司的案例，这些企业其实都采用了他的这种理念。

重要的是，他还提倡 B2B 初创企业可以从提供咨询服务入手，把最初的一批客户当作咨询业务的客户。企业可以根据咨询中获得的信息，为客户开发具有针对性的功能，之后再慢慢从个性中提炼出共性，这样做有助于企业找到产品与市场的契合点。这种做法肯定就是其他人无法实现规模化复制的。你可能通过为数千个客户提供咨询服务来创建一家高利润率、可规模化发展的公司。

创新总是能见效的，无论是消费类产品还是 B2B 产品。学会如何利用运营和销售助推等手段来实现规模化增长，可以帮助企业达成占领整个市场的目标。

灰色地带

共享出行行业的核心理念是"用户对用户"，就是普通人注册为司机，给其他普通人提供交通服务。这种做法刚出现的时候是不合法的。实际上，当我写这本书的时候，世界上还有很多地方是不允许这种做法的。这种新业务模式曾经在城市中引发轩然大波，也曾经有政府明令禁止这种业务，还发生过警察查抄优步本地办公室的事件。在优步的发展史上可以说发生过无数次这种令人寒毛直竖的事件。是不是优步的创新搞过头了呢？

在整个冷启动问题分析理论框架里，最让人深思的一个矛盾就是你建立的初始网络可能把你带入一个灰色地带。如果你打造的是 YouTube 这样的承载和播放视频的网络产品，总是免不了会有人把《周六夜现场》的"慵懒星期六"片段传上去。在早期，这种视频为 YouTube 吸引了数百万用户来访问该网站。如果你打造的是 PayPal 一类的，以方便普通人进行支付为目的的网络产品，那也免不了有人会用这种产品做些见不得人的交易。Dropbox 的共享文件夹功能的本意是让用户能够同步文件，提高办公效率，但是出现了意想不到的情况，有人用共享文件夹分享盗版电影和音乐。

发生这种情况的时候，你是否愿意冒着影响用户使用体验的风险去修补漏洞，或者增加管理权限？如果你想通过扫描用户文件夹的内容来避免盗版，这种做法是否就真的一定能行得通？或者，你是否考虑先接受这种现实，然后逐步引导用户向正确的方向纠正其行为？这些都是难题。YouTube 刚开始的时候就充斥着大量盗版音乐视频和电视节目，但其最终还是采用了音视频指纹识别技术、节制工具，并且与内容提供商达成了合作协议。而且社会上对这些行为的看法也有改变，如果现在还有用户往 YouTube 平台上或其他社交媒体平台上上传视频，大家会认为他们意在与其他用户社交，而不是贩卖盗版内容。PayPal 也采取了类似的措施，其保留了简单易用的功能，用创新的方式来应对欺诈，它开发出了第一个 CAPTCHAs（全自动区分人类与计算机的图灵测试）系统，也就是我们现在常见的图片或文字验证码系统，并且建立了数据科学团队来专门打击欺诈者。

优步选择了接受灰色地带存在的现实，逐步把最初持牌经营豪华轿车约车的服务（完全在透明环境下的业务）转型为用户对用户的业务，这也是目前共享出行领域收入贡献最大的业务。这种转型发生得很快、很彻底，当时我已经加入了优步，在一个有数千名员工的企业里，竟然再也找不到任何一个与之前的牌照轿车业务相关的产品或工程师。所有人都被重新分配了工作任务，都开始专注于爆发式增长的共享出行市场。这种策略当然免不了存在一些负面因素——优步 X 的推出引发了关于劳动法、安全诉求方面的争议，引来了监管者的侧目。

和很多经历了冷启动阶段的公司一样，接受灰色地带的存在总是给公司的早期发展带来或多或少的影响。但是，顺应网络的增长趋势，满足市场的需求，正是这两点使得优步迈入了加速发展阶段，它在全球每个城市的网络都出现了飞速增长。和很多解决冷启动问题的策略一样，一旦初始的原子级网络建成后，后续的发展策略也会随时间的推移而不断变化。在优步超越临界点后的多年中，公司一直与政府协作，共同建立这个行业的监管体系，把灰色地带变成清晰地带。时至今日，在任何大型机场，共享出行都是旅客可选的交通方式之一。有的城市在新冠肺炎疫情防控期间关闭了公共交通系统，它们甚至推荐大家去使用优步的服务。优步软件的功能也随着时间的推移不断增强，以帮助司乘减轻安全顾虑，更好地遵守监管要求，而原本靠交通出行业务积累的客户资源也被用来开发新的业务模式，比如优步送餐、优步单车和优步滑板车。

优步文化价值观 1.0

小聪明和大创意能够帮助企业占领市场，因为每个原子级网络都各有特点。第一、第二、第三个原子级网络都需要各自有别的策略才能成功建立。共享出行领域尤其如此。优步的运营团队就是这家企业的秘密武器，这个团队一次又一次地帮公司解决了冷启动问题，使得公司业务能够成功覆盖 800 多个城市。优步的运营团队内部有一套所有人遵守的道德原则，这有的时候会帮助他们，有的时候会给他们带来麻烦，但是他们共同的原则就是优先考虑行动和创意，不要把问题想得太复杂。

2015 年，在拉斯维加斯举办的"X 的 X 次方"员工集体休养活动上，有一天晚上优步专门组织了传递企业文化价值观的活动。当晚，所有优步员工聚集在一个体育馆，特拉维斯·卡兰尼克详细介绍了公司的 14 条核心价值观，这是他与杰夫·霍顿（时任公司的首席产品官）经过长时间思考总结出来的：

优步文化价值观 1.0

- 创造奇迹
- 充满活力
- 开诚布公
- 做企业的主人
- 保持乐观的领导力
- 做你自己
- 做大胆的尝试
- 顾客至上
- 创新永不停止
- 让开发者专注开发
- 敢于胜利：拥抱冠军心态
- 争吵也要有原则
- 任人唯贤，不要担心冒犯他人
- 响应每个城市的独特性

这些价值观当中，很多条目都直接反映出运营团队的努力，特别是创新永不停止、响应每个城市的独特性、做企业的主人和任人唯贤等，这些都充分描述了这个分布在全球各个城市、去中心化的团队的特质。

这张价值观清单道出了优步的文化：城市团队的原始创新精神，以及区域总经理将自己视为当地市场首席执行官的企业主人翁精神。大多数区域总经理和城市团队员工都还很年轻，都是随公司成长而获得内部晋升的，因此在所有关键指标上，他们总会与其他相似的城市团队（以及优步的实际竞争对手）展开直接或间接的竞争。这就是帮助优步在共享出行市场占据一席之地的法宝。

第 四 部 分

加速发展阶段

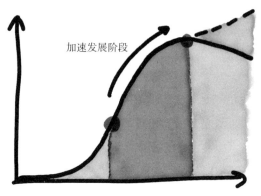

加速发展阶段

图 IV-1　加速发展阶段

第十七章

Dropbox 的加速发展阶段

　　网络产品一旦投入使用，真的能创造不错的业绩。Dropbox 是两位联合创始人德鲁·休斯敦和阿拉什·费尔多斯共同创立的一家软件即服务型创业企业。2018 年上市时，它成为行业里经常性收入最快达到 10 亿美元的企业，比 Salesforce、Workday 和 Service Now 等企业上市时的速度都快。从多个不同的经营指标来看，Dropbox 的增长曲线就像经典的曲棍球棒曲线，从行业普遍水准起步，在 8 年的时间里，用户总数复合增长超过了 5 亿人。

　　我一直在关注 Dropbox 的成长，和德鲁·休斯敦也成了哥们儿。我曾担任这家公司的顾问，和他们一起研讨产品策略，加速病毒式传播。我们平常见面都是在他们公司的办公室，但是我和休斯敦也会在当地热门的茶餐厅羊城茶室边吃边聊，地点就在旧金山渡轮码头市场的旁边。我们周日会一起吃早茶，边吃烧卖和小笼包，边聊生意和生活，度过悠闲惬意的周末。在某次吃早茶的时候，我和休斯敦聊了聊创业企业冷启动阶段的问题，我们聊到了 Dropbox 发展史上最有趣的一个阶段——"青春期"。

Dropbox 最早诞生在麻省理工学院的校园里,问世 5 年之后,这家创业企业已经解决了最困难的问题——冷启动问题。公司靠经典的"为工具而来"的策略,给用户提供能够在多台电脑上同步文件的工具,吸引了最初的一批用户,然后,通过用户与同事、朋友、家人分享文件夹,形成了用户网络。公司还推出了用户引荐计划,用户成功介绍新用户加入之后,两人都可以获得额外的存储空间。Dropbox 获得了爆发式的用户增量。

截至 2012 年,公司已经维持了多年连续快速发展的势头,但是它有更大的雄心壮志。就在这一年,Dropbox 发现其注册用户数将达到 1 亿人。[46] 在风险投资人的助推下,对公司的高期望变成了高估值,当时公司的估值达到了 40 亿美元,公司需要向投资者有所交代了。当时公司员工总数约为 200 人(大部分是工程技术人员),公司像是一个懵懂的少年,既算不得一个孩童,也算不上一个成年人。其产品使用量巨大,但还没有像成熟企业那样建立庞大的销售、营销和财务团队。

对 Dropbox 而言,需要把注意力放到如何赚钱上来了。休斯敦对我讲:

> 我们在早期就获得了很多用户的认可,但我们不知道如何面向企业做对公销售。公司内部有天然的文化抵触,不愿意做对公业务,毕竟,我们当时都只是 20 岁出头的小伙子。我们希望把重心放在开发零售消费者想要的产品,以及以照片存储为核心的产品上。但过了几年之后,我们开始聘用专

职人员搞市场营销和销售，让自助服务型的用户自然增长。[47]

这种自助服务型业务模式确实见效了。用户深入使用产品之后，会下决心付费升级，会提交信用卡信息以供扣费。光是因为开发了这个付费升级页面，公司就获得了数千万美元的经常性收入，而且也没有刻意去强调变现的重要性。Dropbox 的月活跃用户数和注册用户数与当时顶级的零售消费类软件持平，每月新增用户数也达到了百万量级。这种自下而上的方法确实取得了成功。

或许是因为自助服务型业务模式过于成功，公司的销售团队人数一直非常少。如果想进一步体会这种公司文化，有个更具体的事例，那就是在公司早期，如果销售团队真的忙不过来了，他们的标准动作就是把销售团队的邮件地址从官方网站上删掉，这样用户就没法继续给他们增加工作任务了。最终，创始团队意识到，多雇用一点儿销售人手还是有用的。不过，在这家由"技术宅"组成、有着麻省理工学院"基因"的公司里，还是一直存在"赚钱与我何干？"的文化。谈论收入会被视为违背 Dropbox 文化。

但是，公司最终还是走到了一个十字路口，越来越沉重的云基础设施账单让它不得不考虑下一步如何走。

Dropbox 最早是架设在亚马逊的云平台上的，随着产品发展速度加快，云平台的收费也越来越昂贵。公司业务总量呈现曲棍球棒式增长，为存储文件而租用的服务器成本也呈现曲棍球棒式增长。如果公司自主开发存储平台[48]，头两年就能节省 7 500 万美元的费用，日后还会节省数亿美元。

很明显，这一步不得不走。但是公司需要投入巨额资金来租用场地，建设自有数据中心，而这些措施显然会让公司自创建以来首次无法盈利。

为了创造更多收入，公司启动了专项行动，建立了一支由跨职能部门组成的"增长变现攻坚队"。队伍汇集了公司里比较懂量化手段和有商业头脑的团队带头人，当然也少不了工程师和软件设计师。队伍由王晨利（音译）和让-丹尼斯·格雷兹牵头。公司赋予这个队伍足够的权力，并且给他们配置足够的资源。他们的任务就是推动公司业务增长，并利用好每一个变现的机会。这个队伍需要挖掘 Dropbox 潜在的业务能力，发现并优先抓住新生的业务机会，通过增加软件功能或升级现有功能，把潜在的机会变成现实的收入。

建立增长团队的做法目前在科技行业已经很普遍，但在当时，Dropbox 内部对这个做法存在很大争议。在 Dropbox 这种产品驱动型的企业文化下，大家都认为吸引用户的唯一因素就是优秀的产品——工程师的精力应该用于开发下一代优秀产品，而不是用来开发用户首页，也不是用来优化邮件推送功能。提出反对意见的还有营销团队，在科技企业里，传统营销团队才是占据获客主动权的团队。为什么要建立一个工作属性重复的团队呢？但事实胜于雄辩，建立增长团队的做法在科技行业遍地开花，已经成为各家公司走向加速发展阶段的必要措施。

在饱受质疑的情况下，这支新建的队伍迅速投入了战斗。他们用一连串的小措施迅速打赢了几次闪电战，为公司增加了收入，有的是通过优化定价页面实现的，也有的是通过提醒存量用户他们的存储空间即将饱和来实现的。在队伍建立的早期，他们进行的任何一次小改动都可能给公司创造数百万美元的收入。与此同时，这个团队还会深入分析数据，找出其中的规律，识别哪些用户比其他用户更有价值。每位用户都不一样，每个网络也都不一样。

Dropbox 在这个过程中获得的经验是非常宝贵的：有的用户加入 Dropbox 纯粹就是"为工具而来"。加入平台之后，他们只停留在使用工具的层面，并没有与其他用户分享文件夹或文件，也就是没有变得更加活跃。相比之下，有些用户一直把 Dropbox 用作协同和分享的工具（这就是在拓展网络功能），所以时间越久，这些用户的价值也就越高。Dropbox 把用户分为高价值活跃用户（HVAs）和低价值活跃用户（LVAs），这是一种衡量用户质量的有效方法。这种对用户群的划分方式可以与营销策略、合作伙伴方案等叠加使用，以确保吸纳的都是高价值活跃用户，而不是低价值活跃用户。休斯敦曾带着他的思考这样和我说：

> 最初，我们以为自己的远大理想是给"互联网上的每一个人"都提供服务，但是我们意识到，我们不应该到处拉开战线。最有价值的用户使用我们的产品来推动业务协同、存储文件，这款产品不应该成为某些人传播盗版电影的工具。

对用户价值的理解给 Dropbox 的增长策略带来了实质性影响。Dropbox 曾与世界上最大的一家智能手机厂商进行合作，成为该厂商手机默认的照片备份服务的供应商，但是 Dropbox 的团队发现，这次合作带来的都是低价值活跃用户。这会让公司增加巨额成本，因为这些用户的存储势必会产生成本，但是这些用户几乎不可能为这种服务付费升级存储空间，所以也就不会给公司带来收入。高价值活跃用户和低价值活跃用户的区分，让 Dropbox 充分了解了自己的精力到底应该花在哪儿，以及到底哪些措施是值得优先去做的。

如果说能区分出高价值用户和低价值用户，那一定也能区分出高价值网络和低价值网络。2012 年，Dropbox 的注册用户数近 1 亿。这个巨大的网络内部有无数个原子级网络，每个原子级网络代表一家企业，也就是说其内部存在数十万家不同规模的企业。Dropbox 的销售团队能够"从自己的鱼塘里捞鱼"，他们会优先接触已经有很多员工注册账号的企业——主要通过用户的邮箱后缀来识别。正如多年以前，脸书通过校内邮箱后缀来划定更小范围的活跃网络，并且从哈佛大学成功向其他大学传播，Dropbox 也可以通过 .com 结尾的企业邮箱后缀来达到同样的目的。更重要的一个识别因子是一家企业的用户在网络上创建了多少个共享文件夹。员工通过 Dropbox 开展的业务协同越多，他们对产品的依赖程度就越高，这家企业也就更容易成为 Dropbox 的付费用户。

有些时候，数据也会造成误导。在发展的早期，Dropbox 成长的速度过快，导致其无法准确分析用户到底在文件夹里储存了哪些类型的文件。一种最粗糙的分析方法就是截取文件夹的瞬时图片，统计里面的文件拓展名。或许大多数读者都不会感到诧异，他们分析之后得出的结论是，用户最爱存的就是照片——多如牛毛的照片，尤其是来自手机端的。结合照片这种媒介天然具有的传播力，Dropbox 着手开发了一系列与照片相关的功能，最后推出了一个名为 Carousel 的独立软件，专门供用户管理和浏览存储在 Dropbox 空间里的照片。这个软件表现不错，但是其市场反响远远低于开发者的预期，所以最终它还是被下架处理，这样公司就可以专心做最核心的事情：对公业务。

Dropbox 把重心放在对公业务上其实也是基于多角度分析得出的结论。首先，他们分析了用户行为，发现高价值活跃用户付费升级 Dropbox 账号通常是为了在工作中使用。对公销售其实更容易（因为就是在自家鱼塘里捞鱼），Dropbox 专门为企业用户打造管理工具之后就更是如此：采取了额外的安全保护措施，添加了行政管理工具，与常见的办公软件如微软 Office 套件完美嵌套，等等。此后，公司再次分析了用户最喜欢上传的文件类型，但是这次的关注点已经变为产生用户交互量最多的文件类型，他们得到了完全不同的答案。

在这次分析中，应该提出的恰当问题是，哪些文件是用户最有可能反复修改或者来回移动的？哪些文件可能由多位用户共享、协同编辑、产生交互？答案显而易见——文本、数据表、演示文稿。

在上市前的几年中，Dropbox 重新确立了自身定位，把重点放在最高价值网络中与最高价值文件产生互动的最高价值活跃用户身上。在申报上市的文件中，公司是这样阐述其使命的："通过设计一个更加开放的办公平台，释放全球的创新能量。"它把自己定位为一家"全球化协同办公平台"。

这与公司创始时的定位已经相差十万八千里了，当初这个平台是为了满足消费者需求而诞生的，而不是为企业提供服务。他们的创业史现在已经变成了科技行业的传说：德鲁·休斯敦还是学生的时候，经常因为找不到优盘而烦躁，为了给自己提供方便，他编写了 Dropbox 的程序并进行了发布。他自己录制了一个时长为 4 分钟的视频[49]，向大家介绍一个"神奇的文件夹"，能够自动同步不同电脑上的文件，从而彻底免除了携带优盘的麻烦。第一个版本并没有共享文件夹，不过之后很快就有了。这个视频于 2007 年 4 月发布，吸引了 Reddit、Hacker News、Digg 等社交媒体网站的用户。

休斯敦曾回忆过这段经历：

> 视频发布之后，有数十万用户挤爆了我们的网站。排队等待测试资格的人，一夜之间从 5 000 人暴涨到 75 000 人。我们所有人都被吓到了。

介绍 Dropbox 创业历程的故事通常会在最后的部分讲到，休斯敦和同学阿拉什·费尔多斯把公司搬到旧金山，加入了硅谷网络创业孵化器，迅速获得了风险投资。创立十多年后，Dropbox 在 2018 年成功上市，股票代码是 NYSE：DBX，上市当日的市值就突破了 100 亿美元。大多数关于创业企业的故事都会省略掉中间的奋斗历程，直接从创业阶段跳到成功上市的那一天，往往几段话就讲完了。

2012 年前后的这几年，是 Dropbox 发展历程中的关键时期。在其从成立到上市的短短十多年中，这家公司充分了解了到底什么是网络，最有价值的用户到底有哪些特征，添加了对企业用户很有吸引力的软件功能，并且专门建立了新的营销渠道。所有这些经验的积累与实际行动，帮助 Dropbox 把网络效应推向加速发展阶段，最后成功上市。

加速发展阶段介绍

当一款新产品取得成功并开始走向规模化发展时，我们通常认为其进入了"加速发展"阶段。市场上把这个阶段神化了，认为这一阶段的发展会呈现出曲棍球棒一样的陡峭向上趋势，而且会一直向上向右发展。但事情远没有那么简单——现实中，企业的奋进之旅远没有结束，只是其重心会发生变化。在这个阶段，企业面临的挑战会立刻变成如何维持较高的增速，以及如何将产品现有的网络效应尽可能放大。

以 Dropbox 为例，这款产品经历了多个阶段：在冷启动阶段，它主要作为优盘的替代品（被当作一种工具），同时开始吸引用户使用共享文件夹的功能。随着零售端和对公端的使用场景不断丰富，这款产品走到了临界点阶段，它成功突破了临界点，吸引了数亿名活跃用户。在加速发展阶段，公司需要持续扩大用户总数，并打造真正可以盈利的商业模式。解锁这个阶段的关键在于，充分理解高价值用户和低价值用户的差异，并最终将注意力全部放到办公场景中来（见图 17-1）。

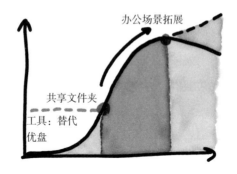

图 17-1 Dropbox 发展曲线——从替代优盘到共享文件夹，再到办公场景拓展

任何一款新产品都必须最终达到并维持加速发展状态。在接下来的几章中，我会进一步展开分析企业发展的这个中间阶段。在这个阶段里，企业所有的努力都是为了实现规模化增长。作为冷启动理论框架的中间阶段，加速发展阶段是与成熟品牌企业中的工作团队关系最紧密的阶段——这个阶段关注的就是如何让一款已经取得成功的产品获得进一步发展，这与我在本书前几部分中讨论的从 0 到 1 的创业工作是完全不同的。

我会重新赋予"网络效应"更为具体的内涵。

在"三效合一"一章中，我会介绍科技行业对"网络效应"这个词语的使用，以及它是如何被泛化从而失去效果的。为了让产品团队能够根据具体情况采取行动，我把网络效应分成三股力量来分析：交互效应、获客效应和经济效应。后续的章节将逐一围绕这些概念具体展开。

"交互效应"指的是，网络中用户越多，用户交互就越多，用户对产品的黏性会随之增强。这是与经典的网络效应最接近的一种效应，和美国电话电报公司的西奥多·韦尔当年给出的定义类似。但我会用现代化的术语来介绍，会用我们现在分析新软件运行效果时使用的用户留存曲线和交互指标等概念来分析。"获客效应"则是要分析网络效应如何加强你的产品的获客能力，换句话说，就是如何实现病毒式传播。如果一款产品天然能够让用户把朋友、同事带入同一个网络，比如 Dropbox、通信软件、社交软件等，那么这种产品就具备病毒式传播的潜质。我会分析获客效应是如何产生作用的，以及如何放大获客效应。最后，我会介绍网络效应三股力量中的最后一股——"经济效应"。网络效应能够随着企业的成长帮助其不断改善业务模式，比如改进推送算法，提高免费向付费的转化率，溢价定价策略，等等。

第十八章

三效合一

　　加速发展阶段往往被看作一款产品生命周期的最终阶段，也就是说这款产品已经成为市场霸主，此后任何发展问题都将迎刃而解。如果仅从它们具备的网络效应来说，这些产品背后的企业应该从此以后就走上康庄大道。但是如果你深入已经进入加速发展阶段的产品团队，你会看到截然不同的情况——在外人眼中很简单的事情，在内部实现起来非常不容易。数千名员工拼尽全力，为的就是不断扩大网络的规模。以 Dropbox 为例，其雇用了 2 000 多名全职的软件设计师、工程师、营销人员，在 2018 年上市以前，公司的员工规模每年都要扩大一倍，甚至三倍。

　　尽管有些公司只需要为数不多的员工就可以实现产品与市场的匹配（最著名的就是照片墙软件，它被脸书收购时有 3 000 万名用户，但只有 13 位员工），但是如果你想要让产品规模化增长，就必须投入更多的人力、物力。这与我们常规的认知是不一样的，很多人都会过度简单地认为，一家公司取得曲棍球棒式增长的原因是"它拥有一款奇迹产品！"。或者，对我在本书中逐个展开分析的产品而言，不论是多人游戏、聊天软件还是办公软件，它们获得的成功有时会被简单地解释为："它们当然会高速成长——它们具备网络效应！"这种想法还是太过肤浅。

实现网络的规模化增长需要投入大量精力——不仅要在市场饱和与竞争的环境下保护自己，而且要随时随地为扩大网络效应而努力。不仅仅 Dropbox 经历过这个阶段，Pinterest、Slack、Zoom、优步、爱彼迎以及其他科技公司也雇用了上千名（甚至上万名）全职员工，他们大多数人都必须在自家单个软件或一系列软件的限度内不断想办法扩大网络效应。你可以询问这些团队中的任何一个，他们都会告诉你他们觉得人手不足，还有很多可以拓展的工作。这就是进入加速发展阶段后公司的状态。这是一个新的发展时期，公司必须把重心放在建立起足够的网络效应上，壮大自己的实力。在这个阶段，创业团队不可能吃老本，因为任何一种在启动初期产生的发展动能都会随着市场饱和、欺诈、竞争以及其他市场力量的出现而逐渐减弱。

强化网络效应说起来容易做起来难。每个人都想强化自家产品的网络效应，但具体该怎么做？产品团队在运营过程中都在做具体的工作——设计和挑选产品功能、决定发布新产品的时间表、平衡工程复杂度和使用便利度等。如果你跑去跟产品团队说："你们去强化网络效应吧！"，所有人肯定都一脸茫然地盯着你。在后面几章，我将展开讲一讲如何从策略转向执行。要想制订一套强化产品网络效应的计划，我们需要把抽象的概念与具体的行动联系起来，这样一来，最后获得的工作成果才能反映出挑选任务、排列任务优先级的实际情况。

网络效应底层的三套体系

我先提出一个与科技行业共识相背离的观点：网络效应不是单一效应。相反，网络效应是一个笼统的说法，这个"大伞"底下汇聚了三种不同的效应：获客效应、交互效应和经济效应。这三种效应会对业务发展产生不同的助推作用，网络密度越大，效应发挥的作用就越大。

获客效应指的是一款产品通过网络获取新用户的能力。任何一款产品都可以在脸书或谷歌上投放广告，从而吸引新用户，但是只有真正具备网络属性的产品才可能实现病毒式增长——网络中的用户会向自己私人关系网里的联系人推荐这款产品。这种获客方式能够长期保持较低成本，从而防止获客成本随着市场饱和或竞争的出现而被拉高。能够放大获客效应的项目通常都比较注重病毒式传播的效果：推出引荐功能，让引入新用户的用户获得奖励；分析用户联系人列表，形成哪些人值得引入网络的建议；以及在用户邀约新用户的过程中不断提升免费用户转向付费用户的转化率等。所有这些手段和措施都会提高产品的病毒式传播能力，提升新用户注册数等指标，并降低获客成本。

交互效应指的是网络密度越大，用户黏性越高，使用量越大——这是描述网络效应的一种更加具体的方式，我在本书开头也描述过，"加入网络的用户越多，网络的实用性越强"。但是，这个经典的定义可以进一步提炼，融入提升网络价值的底层体系，比如说网络使用场景和"闭环"，也就是用户通过在产品网络内交互而获得价值的方式，而且还可以加入对一些关键指标的描述，这些指标会随着网络密度增大而增强。举例来讲，现在有很多媒体机构、社会名人、政治人物加入了推特的平台，所以推特变得更加有趣，而不像刚开始的时候，你在这个平台上只能看到自己的宅男好友。虽然早些年推特看上去像是一个与朋友保持联络的工具，但是随着网络上的内容创作者不断增多，你可以用它做更多事情，比如：追踪政治消息，保持对行业动向的敏感度，追踪你最喜欢的名人的动向，等等。反过来，这些更为丰富的使用场景会提升推特的关键经营指标，用户在网络上产生更多的交互，可以直接换算成人均活跃会话数，或者换算成用户在平台上的月均活跃天数。留存曲线是一种重要的用来分析用户在一个平台上停留时间的可视化工具，随着用户高黏性使用场景的出现，这种曲线的曲度也会朝着好的方向发展。

经济效应指的是网络产品在网络规模扩大的过程中加速变现、降低成本、改善商业模式的能力。以协同办公软件为例，随着一家公司内部使用同一款软件的用户人数增加，公司付费升级的可能性会增加。一款产品的用户越多，用户希望使用的高级功能就越多，当这款产品本身就是以协同办公为目的时更会出现这种情况。以 Slack 为例，如果用户想要使用搜索全公司聊天记录的功能，公司就得额外付费。与此类似的还有各家软件商店和交易市场软件，用户可以挑选的软件或服务越多，平台从用户身上获取的人均利润也会越高。因为用户获得的选择越多，他们找到自己心仪产品的概率也就越高，付费购买的可能性也就越高。因此，免费用户转向付费用户的转化率也就越高。

增长计算等式

我使用交互效应、获客效应、经济效应这种分类法，主要是由于这样直观对应了产品团队最关心的核心数据：活跃用户数、收入，以及指向这些数据的主要指标。活跃用户数是一个集合指标，它既包括新注册用户数，也包括留存在平台上并持续产生交互的用户。收入是活跃用户带来的副产品，有可能是用户购买商品或服务产生的，也可能是用户点击广告产生的。增长率也是一个重要的指标，它指的是产品团队让上述三种网络效应持续发挥作用的能力。

这些输入和输出的数据指标是可以计算的。下面是科技行业常见的"增长计算等式"，它描述了上述关键指标与活跃用户数之间的关系：

活跃用户变化量 = 新增量 + 重新激活量 - 离开量

然后根据每个统计时间跨度内的变化量，你可以算出目前到底在获得还是失去活跃用户：

本月活跃用户数 = 上月活跃用户数 + 活跃用户变化量

上面我使用了"活跃用户"这个概念（它与社交和通信类

软件比较契合），但是也可以换用"活跃订阅者"这个概念，对于 Dropbox 这种软件即服务型产品或者 YouTube 付费账号这种消费者订阅型服务，后一个概念会更恰当一些。对科技行业的公司而言，一项值得去做的工作就是把输入上述公式的数据做成仪表盘，这样一来，你就能实时看到本月公司业务的经营状况。假设你的发展目标是让软件用户数同比增长 3 倍，但是仪表盘上的新注册用户数一直下降，那你就应该花精力去挽留用户，以期能够实现用户总数增长的目标——这只是一些简单的加减法而已。套用这个公式也可以计算收入，其实也就是添加两个变量而已，用活跃用户总数乘以 ARPU（每用户平均收入）就可以了。

我们可以用同样的方法分析任何一种产品，而产品团队的目标就是着力改善每一项指标。网络产品的独特之处就在于，它们可以利用网络来改善这些变量——这是传统产品做不到的。当网络产品进入加速发展阶段时，网络密度会让交互效应、获客效应、经济效应都变得更强，会让上述等式的输入变量增加。基于病毒式增长的特点，更多的新用户加入网络，用户黏性将变得越来越强，离开的用户会减少。随着免费用户转向付费用户的转化率的提高，公司可以赚到更多的钱。一款网络产品的增长计算等式中的输入变量会不断自我改善，这是网络带来的好处，而不是产品功能带来的好处——随着产品运营时间增加，积累的优势也会增加。这就是网络效应的神奇之处。

虽然我把这三种效应拆开来讲，但在现实中，它们都是协同工作的。交互程度和留存程度越高的用户群体越有可能把产品分享给自己的朋友，实现病毒式传播。获客效应越强，加入现有网络的新用户就会越多，这让现有用户获得的交互变多。产品的变现能力越强，则意味着用户越有可能收到更多经济上的激励，从而产生更多互动。扩大其中任何一种效应的作用，都有可能同时促进其他两种效应发挥更大的作用。

第十九章
交互效应

我们如今用来研究科技产品用户黏性和交互程度的手段其实源于对疾病的研究。

1753年，苏格兰医生詹姆斯·林德发表了他最著名的论文《坏血病治疗综述》，这是人类医学史上最早报道的临床试验之一。在这篇论文中，他介绍了自己在英国皇家海军战舰"萨利斯伯里号"上担任船舶外科医生期间对坏血病进行的研究和临床试验。在那个年代，坏血病是导致水手死亡的疾病中最可怕的一种。传说死于坏血病的水手人数远多于死在敌人手中的人数，这也是远程作战或长途贸易中的最大障碍。

在这篇论文中，林德介绍了人类医学史上第一次随机对照试验。他把12名身患坏血病的船员分为6组，每组2人，每天给他们提供由苹果酒、稀硫酸、海水、醋混合而成的饮剂。他挑选了一个幸运组，也就是试验组，这一组的患者每天多吃2个橘子和1个柠檬。林德随时关注着患者的病情。两名从柑橘类水果中获得维生素 C 的患者病情明显改善，在试验临近结束时，船上的水果也差不多吃光了，他们也基本痊愈。

这种对照试验方法非常强大，以至于数百年之后，科技企业还在使用相同的方法来衡量自己产品的用户交互程度和用户留存率，并在此基础上探索提升这些指标的方法。

在当代试验过程中，用户通常被分为不同的小组（称为同期群），这样就可以分别对他们进行观测和计量。科技企业当然不会追踪坏血病的病情，它们追踪的是产品平台上用户的活跃程度——有多少新注册用户会在注册 1 天之后继续使用产品？ 7 天之后这一人数剩多少？ 30 天之后又剩多少？新用户在刚加入平台的头几个星期使用体验如何？与之前在产品功能还不健全的情况下就加入平台的用户体验有多大区别？

此类用户画像——通常称为"同期群留存曲线"——是识别产品能否产生预设效果的一种基本手段。我们应该感谢詹姆斯·林德和他的坏血病研究成果，他的这一成果为我们现在使用的方法提供了启发。

关于新产品用户黏性的悲剧性现实

用户留存率是了解一款产品的最核心指标，但在大多数情况下，这个指标的数据不容乐观。如果你从全行业的角度来看，用户交互程度的数据会反复告诉你同一个事实——用户不会长期依赖某一个软件。TechCrunch 网站上发表的一份研究报告用显眼的标题告诉了我们这个事实："近 25% 的用户在试用移动端软件

1次之后就不再使用它。"[50] 这份研究报告的作者查看了 37 000 名用户的数据，发现大量用户在试用过软件 1 次之后就会退出软件。不幸的是，我通过自己的研究也得到了同样的结论。安基特·哈因曾经担任谷歌 Play 平台（谷歌官方应用程序商店）的产品经理，我和他合写了一篇论文，题为《80% 的移动端用户流失率是常态》，这也折射出新用户注册之后可能会快速离开的情况。

在新安装软件的用户中，70% 的人第二天就不再登录，3 个月之后，96% 的用户都不再活跃。用户留存曲线的形态非常重要——在理想状态下，这条曲线应该逐渐拉平，表明有稳定的用户群体会经常再次使用这款产品。但是对只能达到行业平均水平的软件而言并非如此——它们的曲线会持续向下走，直到彻底归零。

由此得到的结论很残酷，即大部分软件最终都不会存活。当然，总会有些例外。这也解释了，为什么 iOS 和安卓平台上有 500 多万个软件，但是只有小几百个拥有大规模用户，而且只有数十个软件成为所有人都愿意花时间和精力使用的产品。comScore 是一家专门做数据分析的公司，其研究发现，软件用户 80% 的时间花在 3 个软件上[51]。我相信你能猜到是哪 3 个。

按照安德森-霍洛维茨公司评估创业企业的基准，我一般会看创业企业能否做到注册 1 天的用户留存 60%，注册 7 天的用户留存 30%，注册 30 天的用户留存 15%，这是我们要求的底线，在 30 天之后，用户留存曲线应该趋于平缓。通常情况下，只有网络产品能够取得超越这些指标的成绩，原因是网络产品运营得越久，吸引力越强，从而能够抵消不可避免的用户流失。

在极其罕见的情况下，我们会看到"微笑"曲线——产品的用户留存率和交互率会随着时间推移而增长，已经离开的用户会被重新激活。我已经深刻认识到，如果一家创业企业出现了微笑曲线，那就应该果断给它投资。但这种情况真的极其稀少。

因为它们掌握了用户交互效应，所以本书中列举的网络产品的用户留存率基本上是这个行业中最高的，这也是它们能够取得成功的秘诀。它们利用用户交互效应的能力帮助它们不断改善用户留存率。首先是随着网络扩大而创造出新的使用场景，其次是不断强化产品"闭环"，最后是重新激活已经离开的用户。我会给大家逐个展开介绍。

新使用场景如何激发更频繁的用户交互

用户交互效应能够帮助公司提升用户留存率，其第一个工具就是不断叠加使用场景。举例来讲，当一个人数不多的团队刚开始使用 Slack 这种产品来进行工作对话时（公司里其他团队都还没有加入网络），他们或许只会建立几个与本团队产品相关的对话频道。但随着公司里其他员工不断加入产品平台，新使用场景也会逐步解锁。比如我们当时在优步就建立了"泳池派对"频道，数千名员工会在平台上讨论很多不同的话题。公司也可以在不同的办公地点创建本地频道，比如旧金山、纽约以及其他城市的频道，在这些频道里发布与本地有关的信息。在安德森-霍洛维茨公司，我们建立了"#2030"频道，用来讨论不久的将来可能对我们的生活产生影响的很酷的科技趋势，我们还建立了图书和电影电视频道，讨论我们最喜欢读的书，以及网飞新出的剧集。每个新频道都是一个新的使用场景，可以是围绕公司业务通告的，可以是围绕社交的，也可以是围绕项目协同的。加入 Slack 网络的人越多，使用场景也会越多。

有些偶发的、非必要的使用行为也可能演变为日常行为。幸运的是，产品团队可以通过特殊的设计，不断引导用户提高使用频率。其中关键在于用推送消息或经济激励手段黏住用户，或者鼓励用户尝试新的使用场景。这会让低交互用户变成高交互用户。

想要实现这一点，创业团队需要采取 Dropbox 的策略，找到合适的标准来区分高价值用户和低价值用户。仅根据金钱价值来区分用户未必合适，不同的公司应该用适合自己的标准，比如可以通过使用频率、生命周期价值、使用场景，以及其他具有决定性意义的标准来区分。

举例来讲，领英就是按照使用频率来区分用户的，我的好朋友阿提夫·阿万（曾担任领英分管增长任务的副总裁）介绍了他们的分类方法。

> 在领英，用户分层是这样的：
> • 上周 7 天均保持活跃
> • 上周 6 天保持活跃
> • 上周 5 天保持活跃
> ⋯⋯⋯⋯⋯⋯

这种分层可以让我们更有针对性地分析每一层的用户，理解他们的诉求、动机，以及思考如何提高他们的交互率。[52]

基于这种用户分层，产品团队可以寻找有针对性的"扳手"，把某一个层级的用户撬动到下一个层级。但是，针对不同层级的用户，不能总是用同一个扳手——根据用户类型、动机、目标的不同，采取相应的策略才能取得成功。阿万以领英提升用户使用频率为背景，向我介绍了他们的具体措施：

　　　　用来撬动低交互率用户的扳手和撬动高活跃度用户的扳手绝对不一样。早期使用领英的人，只要能够在平台上和本公司的几位同事产生联系就足够了。但对于高活跃度用户，他们需要搜索、招聘、建组等功能，这样他们才能用创新且强大的方式与更多的人产生联系。对用户进行分层，能使我们的业务颗粒度更细，从而将恰当的功能和用户教育结合起来，影响用户的使用习惯。

　　这些深度见解往往是在分析高活跃度用户群（用 Dropbox 的说法来说就是高价值用户群）的过程中总结出来的，也是在尝试理解高活跃度用户群独特风格的过程中产生的。或许这些用户只使用产品的某个特定功能，或许他们使用产品的方式与众不同。强迫所有用户仿效高活跃度用户的使用方式去使用这款产品很诱人，但是关联关系并不等于因果关系。比如说，你研究了消防部门和火灾的关联之后，肯定不会得出消防部门的存在引发了火灾这种结论！

　　这就是 A/B 测试发挥重大作用的地方。正如詹姆斯·林德在坏血病试验中采用的方法一样，公司可以把用户随机分为不同的同期群，并赋予他们不同的使用体验。"领英的高价值用户与其他用户互加好友的速度比低价值用户快"这样的关联度论断就能够转化为一种工具。"用户加入领英之后，如果他们在加入的早期就能与很多用户互加好友，那他们日后成为高价值用户的概率也更大。"如果公司真的能发现这种规律，那其势必会成为业务发展的重要推手。

下一步该解决的问题就变成了如何带动用户，如何让他们通过不同的方式变成高价值用户。公司通常会通过用户教育（创建相应的教育内容等）或者直接向用户介绍和推荐产品的新功能来实现这个目标。从领英的案例来看，一个新的功能可能是用显眼的方式向早期加入平台的用户推荐能够成为其好友的公司同事，帮助他们形成初始网络。用户教育的内容或交流可能以系列产品使用教程的方式推出，告知用户如何有效使用领英的各种功能与他人产生联系。经济激励则可能是在用户完成指定操作之后给他们一定时长的免费订阅权限。在一款产品的研发路线上，可以增加大大小小几百个这类新想法、新措施，然后根据当前的需要选择恰当的措施优先进行开发。

以 Dropbox 的经验来看，用户分层的做法揭示了，在多个设备上——家用电脑、办公电脑或移动设备上——安装产品的用户是更有价值的用户，有的用户只在一个设备上安装了软件，仅用它来备份文件，后一类用户肯定不如前者有价值。高价值用户更好的一点是他们经常会为了工作而与其他人分享文件夹、协同工作。正如我前面介绍过的，Dropbox 通过用户价值对用户进行分层——高价值活跃用户和低价值活跃用户，领英则通过用户使用频率来进行分层。为了鼓励用户多进行一些产生高价值的操作，Dropbox 可以改进文件同步和分享的功能。它可以给用户推送或展示教育内容，告知用户最便捷的设置多设备同步的方法。它也可以利用经济激励手段，比如提供免费存储空间，强力推动用户正确设置账号。

交互闭环

我在前面曾提到，随着时间的推移，交互效应会使产品黏性增强，但是到底如何实现这个效果？我们可以把这个过程模型化，也就是描述用户如何一步一步从网络中的其他用户身上获得价值，我将其称为"交互闭环"。

对于社交产品或通信产品，闭环通常始于内容创作者，他们会公开发布自己创作的内容，或者定向发送给某些用户，这就是闭环的第一步。这些内容会被发送给所有与创作者有联系的人，由于网络用户规模不同，创作者也会收到或多或少的点赞和评论。这就是创作者收到的回报，也是他们继续创作的激励因素。交易市场类产品也存在类似的闭环，卖家先列出他们的待售商品，买家在网站上浏览的时候可能会看到这些商品。买家人数越多，某个买家看到这个商品并对其产生兴趣的可能性就越高，进而他们真的掏钱把商品买下来的可能性也就越高。协同办公软件也存在类似的闭环。网络中一位困难侧的用户发起一项任务或文档的分享，这就是闭环的起点，其他同事不断加入共享的任务或文档修订，共同补足闭环。如果把交互闭环画成图表，就会得到一张步步相连的环状图。闭环中任何一个步骤得到改善，都可以让下一步行动变得更容易。

通过这种方式概念化网络效果，有助于我们从用户的视角来理解为什么会存在冷启动问题。如果网络中的用户稀少，闭环就会被打破，也就是没有足够的用户来给内容创作者分享的照片点赞，也没有足够的买家来购买待售商品。如果闭环被打破，那用户势必离场，而这种离场会在网络中形成连锁反应。

只有当用户信任一个闭环的时候，他们才会对这个闭环产生依赖。如果网络用户太少或者用户活跃度不足，那么闭环就会断开，用户未来继续使用这个产品的可能性就会降低。毕竟，如果你在通信软件上给朋友发出了一条信息却得不到答复，或者你在办公软件上分享了一个文档却没有同事来共同编辑，你对这种产品的信任度肯定就越来越低。但反过来看正面的情况，如果一个网络的用户规模扩大，用户之间的联系变得更紧密，那么交互的闭环就会更紧密——内容创作者会得到更多社交反馈，交易市场中的卖家可以用更高的售价卖出更多的商品，协同办公软件的用户可以和同事开展高效协作。

加速发展阶段的重心就是加速用户交互的闭环，方法就是让闭环中的每个环节都更好地发挥效用。就交易市场而言，你如何让发布商品的工作变得更简单？如何确保有更多潜在买家可以看到待售商品列表？是否能实现一键购买，提高没有产生消费的用户变成消费者的转化率，让卖家卖出更多商品？如何保证协同办公软件中加入的是恰当的用户？如何让同一个频道里看到你发布的内容的人都是正好需要这些内容的人？如何创建易用、积极的反馈——比如合适的表情包、点赞或者其他工具，鼓励用户继续参与交互？你的用户是否已经加了足够多的好友来帮助他们补足交互闭环？如果他们还没有足够多的好友，你如何在他们周遭迅速创建足够紧密的人际网络？在回答这些问题的过程中，我们会想出一系列值得去尝试的新办法。对公司经营团队而言，可以把交互闭环形象化，做成图表投影出来，一起开会碰头，提出增强闭环中每一个环节的想法和点子，这就是我在建议创业企业提高用户黏性时用到的方法论的核心。

起死回生

交互效应拥有重新激活离场用户的超能力，而这些被重新激活的用户又可能变成未来的长期活跃用户。根据我从创业企业搜集的数据，通常情况下，一款产品在任何一个给定的月份，只有25%~50%的注册用户会处于活跃状态，计算方法就是用活跃用户数除以注册用户数。换句话说，在任何一个时间点，最高可能有75%的用户处于非活跃状态，而且他们中的大多数人有可能再也不会回到产品的平台上来。重新激活用户的能力能够抵消离场用户带来的负面效应，使活跃用户比例保持在一个相对合理的水平。

这也是网络产品特有的一种重要工具。不具备网络属性的传统产品在激活非活跃用户方面会感到非常棘手，它们需要发大量的推广邮件、折扣促销、推送提醒来引起用户的关注。而且这些手段基本没有什么效果，企业无差别推送的消息的用户点击率最低。从另一个角度来看，网络产品则可以利用网络中的活跃用户来重新激活非活跃用户，这是它们独有的能力。即便某一天你没有使用这款软件，平台上的其他用户仍可以继续与你互动——在你以前发的帖子下面写评论或点赞，或者给你发离线消息。如果你收到一条邮件通知，内容是提醒你，你的老板分享了一个文件夹，你肯定更有动力去点开这封邮件，如果是推销类的邮件，你可能看都不看。如果你收到推送信息，内容是你的一位好友刚刚加入了你一个月前用过的一个软件平台，你肯定会点开看一看，但如果是软件平台向你介绍新的功能，你可能顺手就删除了。假设已经产生离场念头的用户周围的人际网络密度很大，那么他们更有可能收获良性的互动。

有些时候，我们把已经离场的用户称为"暗黑节点"。如果说这些用户身边的同事和朋友是某个软件平台的深度用户，那么即便他们离场时间长达数月，他们也有可能重新加入这个软件的网络。在网络驱动的人际互动中，原本离场的用户可能愿意投入更多的精力来使用这款软件，最终从一名非活跃用户变成活跃度很高的用户。以 Dropbox 为例，如果一名用户只参与了一个共享文件夹，那么他与其他用户的互动是非常少的。但是，随着他的同事不断分享更多项目文件夹，使用 Dropbox 就会成为他日常办公中必不可少的一环。网络规模越大，低活跃度用户重新参与其中的可能性越大，长期来看，这将是改变他们活跃度的最重要因素。

要想在重新激活离场用户的过程中放大交互效应的作用，关键在于找准离场用户的使用体验到底出了什么问题。如果你自己是一名非活跃用户，你会从其他用户那里收到何种形式的通知消息？这些消息是否强大到足够吸引你重新开始使用这个产品？其实，几乎所有已离场的用户是不会收到任何形式的通知消息的。如果运营团队能给这些用户发送网络中最近一周的主要活动摘要，或者发去"你的好友 X 刚刚加入"之类的消息，就能够让相当数量的用户重新活跃起来。另一个需要探究的问题是，如果用户已经产生了重新活跃起来的念头，这实现起来是否很困难？以优步为例，我们统计发现每周都有数百万名用户无法成功重置密码。你如何让重置密码的过程变得更简单？如何以和对待新用户注册同等的严肃性来对待重新激活的过程？

对新产品而言，通常不用太在意重新激活非活跃用户的问题（毕竟它们还在着力吸引新用户，此阶段流失的用户不会太多），但是对已经进入加速发展阶段的产品而言，或许就有好几百万名用户值得去开发。让这些用户重新活跃起来与获取新用户同样都是实现规模化增长的重要工具。

交互效应的影响力

当开发团队被要求提升产品的用户留存率时，他们先入为主地认为应该给这款产品打造出某种神奇的新功能。其实，交互效应以及其底层的交互闭环，才是系统性实现这个目标的方法。

前人对坏血病的研究为我们提供了基础工具。科技企业不用给患者提供橘子，也不用观察患者的营养不良的程度，它们只需采用相似的试验方法：以交互频率为指标，将用户划分为多个同期群，分析到底是哪些因素让某些用户变成高价值用户，哪些因素导致他们变成低价值用户。刚开始的时候，我们可能只是发现用户行为与结果之间有一定的关联，但可以用 A/B 测试来证实它们之间的因果关系，前提是发现了一些能够改变用户行为的好方法，可以轮番测试不同方法发挥的作用。这种试验可以反复开展，从而为强化交互效应提供最好的路径建议。

如果有同事、网红以及其他相关者加入网络，那针对相关用户的交互效应就会自动发生，这算是好消息。而坏消息就是，想把这些人弄进网络本身就是不容易做到的。

第二十章

获客效应

接下来给各位读者介绍第二股力量——获客效应，也就是网络在成长过程中不断吸纳新用户的能力。这也是科技领域最神奇的、能够促成爆发式增长的力量之一：病毒式传播。

PayPal 小圈子

十多年前我搬到旧金山湾区居住，搬家的原因之一就是想来这里探究很多头部零售消费类企业获得成功的"秘诀"。有人告诉我，PayPal 小圈子或许掌握着我想要的答案。这是一个由一些曾在一个企业共事的人组成的小团体，人数不多，但是影响力极强。这个小团体创立了很多知名企业，其中比较著名的有领英、Eventbrite、YouTube、Yelp 和 Affirm。我在和 PayPal 早期的创业团队成员交谈的过程中学到一种独特的发布产品的方法。这个团队的人并没有直接采用传统的营销手段，如品牌推广和广告，而是开发出一种系统化、量化的方式，通过病毒式传播实现增长。

他们利用经典的病毒式营销方式（特别强调"造势"这种软性方法），把这种手段做成了一门科学。PayPal 小圈子里的很多创业企业都曾利用某种形式的病毒式传播手段获得数百万用户。以 YouTube 为例，其开发了可以嵌入任何一个博客或 MySpace 主页的播放器。以领英为例，其通过用户自己的邮件联系人来保证用户与自己的同事能够在平台上相互关注。再以 Eventbrite 为例，其通过邮件发出邀约，让所有可能参加相关活动的人都收到通知。从 PayPal 创业团队出来的企业家是把这些手段用得最纯熟的人，这一点丝毫不会让我们惊讶，因为支付平台天然就具有病毒式传播的能力——毕竟，没人能够拒绝别人给自己付钱的请求！

我搬到湾区居住的第一年就结识了 PayPal 的联合创始人马克斯·列夫钦。那个时候，他已经创立了 PayPal，并且已经把PayPal 卖给了 eBay，正在筹划下一次创业。后来，为了写这本书，我重新和他取得了联系，这个时候，列夫钦已经创建了金融科技公司 Affirm（也是一家得到安德森-霍洛维茨投资的公司），并且准备上市，估值已经达到百亿美元水平。

我在访谈中询问了他关于支付业务和病毒式传播方式诞生的历史。和我预料的一样，他们的创业故事并不简单。PayPal 起步于一款叫 FieldLink 的产品，该产品的用户可以通过 Palm Pilots或者其他掌上电子助理设备收付款。掌上电子助理是很有趣的电子产品。它们算得上当今智能手机的前身，已经具备了联系人、笔记、日历等功能，但缺少最重要的上网功能。拥有这种设备的人并不多，这就造成了产品推广的障碍——只有收付款双方都拥有掌上电子助理的情况下，支付软件才能发挥作用。FieldLink显然没法存活下去，在创业团队寻找新的业务点子的过程中，PayPal应运而生。

列夫钦是这样描述早期创业历程的：

> 我们最初的创意是让用户可以通过掌上电子助理设备发送付款指令，但这种想法最终还是进化了：我们应该让普通人可以通过互联网自由发送付款指令，而不需要依赖掌上设备。这就是PayPal的起源，而且这种产品可以通过病毒式传播实现自然增长，因为你只需要点击一个链接，注册为网站用户，就可以在互联网上收付款。事实上，如果你在互联网上收到了其他人的付款，你必须注册为用户才能收款，一旦你注册了，你也就有更大的可能会在互联网上给他人付款，这样就会带来更多的注册用户。[53]

提供点对点支付在理论上很容易实现，但在PayPal发布的早期，用户增长依旧非常缓慢。这款产品带给用户的价值并不明显，因为当时整个互联网都还处在发展的"婴儿期"。用户不太理解为什么要通过这个网站收付款——这款产品的核心应用场景还没有确立。戴维·萨克斯现在虽然从事风险投资，但当年就是他负责PayPal的产品开发，他描述了1999年11月初面临的困境："我们并不是很明确哪些人是最理想的用户，所以我们也不知道要针对哪个客群进行开发，用户接纳率表现平平。"[54]确实如他所言，在互联网发展的早期，需要有人特意去告知用户如何通过互联网给其他人付款——当时没有人意识到这是一种有用的服务。

萨克斯提到，一位 eBay 超级卖家给他们发来一封邮件，彻底改变了他们对用户和应用场景的认知。这位超级卖家自己设计了一个"本店接受 PayPal 付款"的按钮，他通过邮件咨询 PayPal 是否同意他把这个按钮放在他的待售商品页面上。对萨克斯和他的团队而言，这是一个令人惊讶的应用场景——他们当时并不懂拍卖网站的运行机制，以及用户使用拍卖网站的动机。当他们在 eBay 网站上搜索与"PayPal"相关的信息时，他们看到，有数百件待售商品都提到了接受 PayPal 付款。

病毒式传播效应已经开始自然产生，开发团队只需要给它添一把火。开发团队给来信的超级卖家回信，同意他使用 PayPal 的商标，并且，他们把这个想法与 PayPal 的产品开发进行了深度融合。萨克斯说：

> 为了进一步降低用户磨合的难度，我们进行了便利化设计，如果卖家在 PayPal 账号上填写了 eBay 的信用记录，我们会自动在他的待售商品或服务页面上添加接受 PayPal 付款的按钮。换句话说，我们把之前收到的建议做成了产品。

很快，"本店接受 PayPal 付款"的按钮在越来越多的 eBay 待售商品页面上出现。买家（以及卖家）看到待售商品页面之后，会先去 PayPal 网站注册成为用户，然后把这个按钮放到自己的页面上——这种现象开始反复出现。在这种现象兴起之后，开发团队用尽一切手段来放大其影响力，甚至用上了现金激励。

马克斯·列夫钦向我介绍了他们当时使用的方法：

> 我们开始执行一套新的获客策略，当一名 PayPal 用户拉来一名新用户时，他和新用户会各自获得 10 美元的奖励，新用户一注册成功就马上发放奖励，从这时开始，新注册用户数开始明显增长。新用户注册的意愿有很大提升，邀请朋友注册用户的意愿也有很大提升。当时已经出现了用户相互邀请的趋势，我们只不过是给这种势头添了一把火。尽管这种现金激励方案看上去很烧钱，但是它确实提高了用户交互的频率——我们观察到用户在网络上有来有回地用现金交易，每次交易都能让我们收回一点儿成本。这个策略花费的钱远比你想象中的少。

eBay 网络上的用户联系非常紧密，PayPal 很快就拓展了这个网络。PayPal 刚发布的时候，用户总数不足 1 万人。但是仅仅过了几个月，PayPal 用户就突破了 10 万人。此后又仅用了几个月的时间，用户人数就突破了 100 万。在其发布后的一年之内，其用户总数达到了 500 万。PayPal 充分利用病毒式传播方式，解决了任何一款新产品都会面临的问题并取得了成功，所以时至今日，其估值已经超过了 3 000 亿美元——相当于其前母公司 eBay 市值的 6 倍。PayPal 早期的发展历程向我们完美诠释了获客效应，也就是利用一个网络中已经存在的用户去吸引新用户——网络规模越大，效应发挥的作用也就越大。

科技圈里病毒式传播效果最好的几款产品，比如 WhatsApp，都曾创下过单日新增用户超百万的纪录，而且它们没有花一分钱在营销上。和传统软件相比，它们既不需要花钱做广告，也不需要找合伙企业，也不需要做任何开销巨大的营销活动，通过获客效应就实现了用户的规模化增长。如果公司必须为每一名新增用户花钱，那绝对实现不了每日新增数十万用户的目标。

　　新用户对助推产品整体增长非常重要。处在初始时期的企业仿佛在一台特殊的跑步机上奔跑，它们每周、每月都需要吸引到足够数量的新用户，这样才能抵消用户因厌倦而离场带来的损失。在此基础之上，它们还需要有足量的净增用户，这样才能取得比较突出的业绩。尽管企业很容易想到花钱去吸引用户，但是如果没有一个可规模化增长、可复制的用户来源，获客花销很容易超支，而且能够投放广告的渠道会逐渐枯竭。病毒式增长实际上完全来源于网络吸引新用户的能力，而且根本不用花钱。

产品驱动型病毒式增长

　　病毒式增长这个词很容易被误解——你读到这个词的时候可能会产生疑问：这与我们常说的一个趣味视频"爆火"是不是一回事？或者说，这是不是像广告公司组织的快闪活动，几百人突然开始一起跳舞，然后再把这个视频上传到社交媒体，制造噱头？

　　我在本书里用到"病毒式增长"时，意思和上面两种情况完全不相干。广告公司所谓的"病毒式营销"往往以某种零售消费品或服务——不具备网络效应的产品或服务——为基础，打造一次以它们为中心的广告宣传活动，制造出一点儿可以分享传播的内容。我所指的——网络驱动型病毒式增长——比这些手段要强力得多。

网络产品很独特，因为它们可以把病毒式增长嵌入用户的使用体验。类似 Dropbox 这样的软件，在其内置共享文件夹的功能以后，产品就可以自主传播。接受 PayPal 付款的标识，以及核心的用户对用户型支付架构，也能产生同样的效果。这是产品+网络"二重奏"实现的效果，通过产品的工具功能将用户吸引到网络上来，然后通过网络效应赋予产品更高的价值。类似 Slack 这样的协同办公软件会促使你邀请同事加入这个网络，类似照片墙这样的照片分享软件会促使你邀请脸书上的朋友关注你，并加入这个网络。这些软件可以获取你手机上的联系人信息，与你所在的公司内部的员工名录关联，甚至获取你手机上某些插件的数据包。这些都是软件才能实现的功能，不是一个热门视频可以做到的。

一步一个脚印放大病毒式效应

第十九章提到，我们可以把交互效应比作一个逐步实现的闭环，这种方法也可以套用到获客效应身上。举例来讲，我们可以假设有这样一个过程：一名新用户听说了一项新的服务，他注册成为用户，发现其中有对自己有价值的内容，然后把这种服务或产品分享给自己的朋友或同事，接收到分享信息的人也注册为新用户。这些新用户会重复上面的这一连串动作——由此就产生了病毒式闭环。这种闭环本质上是由软件工程师通过代码编写的产品功能来实现的，所以它与热门趣味视频不同。它本质上是一款软件，可以被测量、追踪、优化，从而变得更加有效。这也让获客效应成为一种非常强大的力量。

为了让产品团队能够有针对性地开发实现闭环的功能，你可以把闭环中的每一步都拆分为更详细的子步骤，然后用 A/B 测试的方法来检验是否有效。举例来说，优步为司机设置的病毒式闭环是一种引荐计划，它从司机加入平台的第一天就开始了。司机在注册为优步用户的过程中一共要在软件上阅览十多个页面——输入电话号码、创建密码、上传驾驶证等。每个步骤的页面都可以优化，让新加入的用户更容易完成每一个步骤。注册完成后，软件会告知司机如何引荐朋友来做司机，以及他们的引荐会给他们自己和朋友带来多少收入。这个过程也可以优化——比如说，奖励金是每人 100 美元，还是 300 美元？如果引荐的人员达到 5 人，是否还有额外的奖励？发出的邀请是否应该展示邀约者的姓名，还是以优步平台的名义邀约？在注册页面上，要求司机填写邮件地址还是电话号码，还是两种都要？

产品开发团队可以通过头脑风暴想出很多新的点子，并且系统性测试这些点子是否有效，如测算用户转化率，以及发出的邀约数量。用 A/B 测试的方式检验并优化这些步骤，每个步骤的改善幅度可能只有 5%~10%，但它可以产生复合效应。经过数百次 A/B 测试之后，公司花在获客上的数百万美元将会变得非常有效率。

计算获客效应

如果想提升获客效应，你得先学会直接衡量其效果的方法。好消息是，病毒式增长可以汇总为一个数。可以这样计算：假设你开发了一款分享笔记的效能软件，软件发布之后，有 1 000 名用户下载并安装了软件。这批用户当中只有一部分人邀请他们的朋友或同事来使用，在接下来的几个月中，有 500 名新用户下载并注册。那接下来会发生什么呢？常规来讲，500 名新用户中有一部分人会邀请他们的朋友，也就是拉来 250 名新用户，这些人又拉来 125 名新用户，以此类推。

你需要关注每组用户之间的比例，从 1 000 到 500，再到 250。这个比例通常被称为病毒系数，在上面提到的这个案例中，系数为 0.5，也就是每个同期群会产生 0.5 个下一代同期群。在上面这个案例中，发展势头还不错，从 1 000 名用户开始，按 0.5 的系数计算，放大效应结束时用户总数达到 2 000，也就是说总体放大了 2 倍。上述比例当然越高越好，它代表着每个同期群带来下一批用户的效率更高。

在你算出这个指标的数据之后，你就可以用 A/B 测试的方法来测试并启用新的产品功能，并且不断进行优化，比如说让社交媒体的分享功能变得更简单易用，或者在发出邀约之后多次发送提示短信。或许你可以让用户注册首页操作更加简单，让潜在新用户只需点击几下就能成功注册。如果你能把产品的病毒系数提高到 0.6，那么产品最终用户数就是初始用户数的 2.5 倍；如果提高到 0.7，那么产品最终用户数就是初始用户数的 3.3 倍。

当产品的病毒系数趋近于 1 时，奇迹就会发生。当病毒系数达到 0.95 时，1 000 名初始用户就会带来 950 名新用户，然后又带来 900 名新用户，经过不断累积，用户数最后将扩大 20 倍。这就是用数学的方法来表达产品"走红"，以及产品开始飞速增长的事实。在极端情况下，产品的病毒系数可能会超过 1，但是这种情形通常不会持续很长时间。随着市场逐渐饱和，以及用户年龄段的变化，这个指标的数据必然会降低。

确认此类指标的具体数据之后，我们就更容易理解什么样的产品功能优化能进一步提高数据。用户留存率通常是最有用的杠杆。以 PayPal 为例，如果一名用户每周、每月、每年都在不断使用 PayPal 发起付款，那么他的每一次行动都有可能为平台带来新的用户。换句话说，这名用户的病毒系数会随着时间推移而不断趋近于大于 1。而在另一个极端，可能有用户永远都只做一次性交易，那这样的用户需要一次邀请来大量的用户，才有可能为产品的推广做出贡献。这种情况并不是理想的。但是，这并不能否定大规模营销手段的作用，比如通过电子邮件批量邀请很多朋友，或者用高额现金奖励推动用户引荐计划等，传统手段还是能发挥作用的。在传统手段之外，实际上，通过高效的病毒式传播机制，多角度的软件功能优化，以及较强的用户留存手段，才能形成合力，共同提高病毒系数。

用这种方法来计算和优化病毒式增长速度或许会让读者觉得这是一项可以在数据表上完成的任务，但我要强调，这需要做很多文案写作、用户心理方面的工作，当然也少不了产品设计。负责产品增长的团队必须清楚地知道哪些策略已经产生过实效，如之前出现过的很多塑造病毒式闭环的手段，包括：生日闹钟提醒，发送小羊表情包，对比人格测试结果，用标记了朋友信息的照片组成拼图，等等。有些手段是基于用户心理的，是不会发生太大改变的，只要稍加调整就可以应用到新产品上。

事实上，用户心理因素和产品提供给用户的价值这二者相加，会使得一款产品的病毒式增长策略变得难以复制。很多时候，这些策略只对某一个软件有效，还让这些软件的自主性更强，护城河也变得更加坚固。Dropbox 的文件夹分享型病毒式闭环非常有效，但是只有类似的产品才能利用相同的病毒式闭环。Zoom 这样的视频会议软件可以轻松地把自家软件的链接嵌入会议详情，这让别人很难效仿，除非他们的软件也是服务于会议的。相比之下，在线广告等传统营销手段是任何人通过付费就可以使用的，而且时间长了以后其成本必然增加，有效性降低。

获客效应与交互效应相互依存

我们观察到一个很重要的现象：获客效应可以独立存在，不需要依存于交互效应或者经济效应。换句话说，你可以招揽很多用户，但是这种用户网络的黏性并不高。我会用一个过去发生的案例来解释这个现象。

此处要讲的案例就是连锁信件（读者可能还会时不时收到这样的邮件，也有可能在社交媒体上看到这样的信息），这种信件最早兴起于 19 世纪后期，植根于邮政平信系统。其中运作最成功的一个叫作"繁荣俱乐部"，这是一个于 20 世纪 30 年代"大萧条"之后在美国丹佛市兴起的邮件链条，发起人要求每位收到信件的人给俱乐部成员中的一部分人各寄去 10 美分。当然，你肯定会把自己的名字加到收件人列表里。下一组收到信件的人会回馈你的赠予，他们会给你寄回 10 美分，就这样来来回回。这个俱乐部承诺最终会给每位成员带来 1 562.5 美元的收入。这相当于 2019 年 29 000 美元的购买力——看起来也不错！这封信最后一句会说："对您而言这个事情值得 10 美分吗？"

读者或许会感到惊讶，在电子邮件、社交媒体及任何数字化手段兴起之前，繁荣俱乐部的连锁信件实现了令人难以置信的传播——事实上，它在短短几个月之内就覆盖了数十万人，不仅有丹佛本地人，还有很多外地人。曾经有人讲述过，很多地方邮局因为连锁信件太多而不堪重负，所以美国邮政局不得不将繁荣俱乐部这类的连锁信件判定为违法，这才遏制了它们的进一步传播。这种连锁信件充分利用了"大萧条"过后的时代精神，因为它们承诺为俱乐部成员带来"信仰！希望！慈善！"。

这是一个聪明的、病毒式传播的点子（至少在当时），我认为，它实际上就是 19 世纪的人创造的一种网络效应，与后来出现的电话网络、铁路网络异曲同工。为什么这么说？因为连锁信件的组织形态就是一张人际网络，信件里记录的成员名单就是网络的载体，这些名单会被一组又一组的收件人抄写，甚至反复抄写。这些名单里的人，有可能是收件人的朋友、家人，或者至少是一个社区内的邻居，这既提高了繁荣俱乐部的可信度，也增强了收件人之间的互动。这种人际网络符合网络效应的经典定义：参与写连锁信件的人越多，其效果越好，因为你收到他人赠予的可能性也越高。但是这个网络也面临冷启动的问题：如果刚开始的时候没有足够多的人在赠予人清单上，那肯定不会有更多的人加入这个网络。

但是，即便连锁信件具备网络效应，它也过度依赖于病毒式传播获客方式，并且缺少足够强大的留存机制。这种网络的价值主要还是靠新用户来驱动，需要不断有人加入这个网络才能产生价值。从这个角度上讲，它和多层次市场营销、"庞氏骗局"等都有点儿类似。它和"庞氏骗局"有个共同点，就是在新入场、好奇心重的用户群体萎缩之后，整个网络都会崩溃。最后，留在网络里的参与者收不到钱了。他们会逐渐离开，最终导致整个网络崩溃。一个网络需要留住用户才能茁壮成长，它不可能只是一味地增加新用户。

获客效应的影响力

想要放大获客效应，最基本的一点就是要理解一群用户如何利用自己身处的网络去吸引一群新的用户。因为这些用户往往已经形成了特定的原子级网络，所以当他们吸引新用户加入时，可能就吸引来了全新的原子级网络。这种现象会持续反复出现。

用于病毒式增长的术语是"获客并扩张"——建设新的网络，并且扩大现有网络规模，这是有必然原因的。在"获客"方面，病毒式增长方式可以创建新的原子级网络，比如说，一家广告商可以在 Dropbox 上给自己的客户发送邀请，让一个新的企业用户加入网络。又比如 WhatsApp 的群聊邀请，可能会把一群从未体验过这种服务的朋友带入这个网络。但在获客之后，任何产品都需要"扩张"，也就是随着一个办公室里的所有同事都加入Dropbox 的网络，网络中的用户交互将变得更加频繁。

正是基于上述原因，通过病毒式传播建成的网络才会更健康，网络内的用户交互才会比用"大爆炸"方式建起的网络更活跃，以前"谷歌 +"产品就是用大爆炸方式发布的。大爆炸的发布方式在获客方面的效果很好，但是后期扩张很困难，正如我们在前面的章节中提到的，很多用户交互不活跃、网络密度不够大的网络最终都会失败。提高网络密度和交互频率不仅是为了让获客变得更容易，也是为了强化交互效应和经济效应。这些网络效应归根结底基于网络密度和网络规模才能发挥作用，网络中新增的用户越多，它们的作用力自然会变得越强。

写到这里，我们已经讨论了交互效应和获客效应，在接下来的章节，我会着重讲讲变现和商业模式的问题。

第二十一章

经济效应

    我要分析的最后一股力量就是经济效应，也就是分析商业模式（包括盈利能力和单位成本管控能力）如何随着网络成长而不断改善。有的时候，经济效应是在数据网络效应的驱动下产生的。所谓的数据网络效应就是在网络规模不断扩张的过程中仍然能够准确判断客户价值和获客成本的能力。这种效应也能够帮助一个网络更加有效地利用推销、经济激励、现金补贴等策略和手段。经济效应也可以通过提高转化率、为网络开发特性而不是工具来创造更多收入。理解了这些运转机制，产品团队就可以进一步强化这种效应。

    我觉得最有趣的一点是，经济史上最早体现出这种网络效应的就是借贷业务。为了讲清楚这个问题，我会从人类文明史上最早的一个案例讲起。

借贷业务的网络效应

在古代，人类就产生了人际借贷的行为。我们可以看一下《汉谟拉比法典》，这是目前已被破译的最早的人类文字记录之一。《汉谟拉比法典》是一部早在公元前 1784 年就刻印出来的法律，它通过罚款和其他处罚措施来规范商业交易行为。《汉谟拉比法典》第 88 条规定：

> 如果商人出借谷物，则借出 1 库鲁①的谷物可收取 100 西拉②谷物作为利息；如果商人出借白银，则借出 1 谢克尔③的白银可收取 1/6 谢克尔加 6 谷粒④白银作为利息。[55]

换句话说，这是一条限制放贷者向借贷者收取的贷款利息上限的法律条文。顺便说一下，为了方便大多数看不懂古巴比伦计量单位的读者理解，上面这个条款用现在的单位来计算，就是谷物借贷的利率上限为 33.3%，白银借贷的利率上限为 20%。这和我们当前使用的信用卡的利率基本一致。

尽管人类社会借钱还钱的行为已经存在了几千年，但是在过去这几百年里，我们关于信用的理解发生了巨大变化。毕竟，古巴比伦的法典并没有提到如何判断是否应该把钱借给某个人。在

---

① 库鲁是古代体积计量单位，1 库鲁约为 300 升。

② 古巴比伦的体积计量单位 sila（苏美尔语），1 西拉约为 1 升。

③ 古巴比伦的质量、体积计量单位 shekel，1 谢克尔约为 1 000 立方厘米。

④ 古巴比伦的质量计量单位 grain，约 50 毫克，180 谷粒约为 1 谢克尔。

人少的社区里，这种判断通常取决于一个人的名声。但是，当借贷行为出现规模化增长时，我们必须看看18世纪末的伦敦，那里的借贷活动更加正式。工业革命让普通人可以迅速获得各种工业制品，消费者对服装、家具、机械和其他商品的支出猛增。我们很多人都体验过，如果想要购置一个大件，可以分期付款，这样会轻松很多，这反过来也推动了贷款的普遍使用。

如果有位客户突然到访，想凭借他的信用购买大量商品，商家应该怎么做呢？1776年成立的"保护生意人不受欺诈者侵害护卫者联盟"提供了一个解决方案。这个联盟搜集了550家商户的记录，整理出客户的声誉情况。这样一来，欺诈者想要诈骗多家商户就会变得非常困难。联盟的核心原则是"联盟的每位成员都有义务及时告知联盟不值得信任的人的姓名和体貌特征"。换句话说，这就是最早的信用记录，用于评估是否可以赋予某位客户凭信用消费的权利。这样，欺诈者就无从下手了。

护卫者联盟并不是唯一一家征信机构。多年以来，出现了数千家小型的征信机构，它们收集个人姓名等信息，编辑成册，添加注释和小道消息。现在市场上大型的征信咨询机构如益百利和艾可飞就是从这种小型的本地征信机构成长起来的。益百利成立于19世纪早期，最早叫作曼彻斯特护卫者联盟，后来其通过兼并其他小型征信机构而逐步成长为全球最大的征信咨询机构之一。艾可飞最早也只是美国田纳西州的一家超市，超市的老板一开始自己收集客户信用信息并编辑成清单。由于数据网络效应的存在，这些小型征信机构往往会不断合并成大型机构。一家征信机构合作的商户越多，它获得的数据也就越多，这意味着它对贷款风险的预测也会更准确。这样一来就会有更多商户想要加入，他们也会带来更多数据，一个良性循环就形成了。

在征信机构和商家可以准确识别借贷风险以后，整个网络的其他环节就可以正常运作起来——消费者可以借钱购买自己想要的商品，商户可以按照利润可观的定价出售商品，银行可以承接这笔贷款。这种网络是靠益百利和艾可飞这样的征信机构串联起来的，毕竟它们手里掌握了消费者的核心数据。但是，降低贷款风险并非经济效应的唯一表现形式。我认为它可以发挥更广泛的作用。随着网络规模扩大，网络能力增强，网络的运营者可以在经济效应的帮助下获得超额定价和高转化率等优势，同时类似现金激励和风险投资的各种成本投入也会得到改善。接下来，我将进一步分析其他一些基于网络的优势。

首选节约，次选补贴

我在前面的章节中提到过，发起一个新的网络往往需要给困难侧用户提供补贴，这些补贴会在日后逐步收回来。这些补贴可能是预付给内容创作者或网红的款项，目的是吸引他们参与网络平台的互动。举例来讲，微软启动直播服务平台并与 Twitch 抢夺市场份额时，其招揽了一位有数百万粉丝的主播 Ninja，承诺给他上千万美元的补贴。在直播圈子里，网飞、Hulu 和亚马逊等公司正在抢夺一个价值数十亿美元的市场，它们的手段就是和内容创作者签署独家协议，从而保证自己的用户看到的都是独家内容。在它们积累起一定数量的用户群之后，它们就能够分清哪些用户是特别爱看青少年恐怖片的，哪些是爱看国际纪录片的，这样一来它们可以更有针对性地预购特定的内容。随着网络用户数量不断增加，它们的做法可能会给它们带来越来越大的优势。

优步曾大规模使用这种补贴策略，但在 2017 年初遭遇了转折点。

公司当年宣布的策略是"首选节约，次选补贴"。此前的一年公司打了一场硬仗，在开拓中国市场的过程中"屈居第二"。在开拓中国市场的过程中，为了吸引司机和乘客，公司几乎每周都要花费 5 000 万美元，但最终不得不和中国本土的打车软件合并。这一年公司的花销累计超过了 10 亿美元。公司内部的氛围开始从"不惜一切代价保增长"转向谋求盈利。也就是从此时开始，从 2017 年初开始，特拉维斯利用周例会宣布一系列激进的发展新目标，首先就是"首选节约，次选补贴"。优步开始着手降低单位运营成本。

优步最大的支出就是给司机提供的补贴。优步每年数十亿美元经费当中的绝大部分花在了给司机的补贴上，特别是给司机提供的最低小时工资（"注册为优步司机后的前 4 周之内保证每小时收入不低于 30 美元"），这也是为了保证乘客能有足够多的可选的司机。

优步以前总使用这些补贴手段：首先是在启动一个新市场的时候给司机提供补贴。其次，在增长缓慢的淡季补贴司机，比如大家刚休假回来的 1 月，确保司机不会集中在节假日注册，然后下一个月就不再登录平台。最后，作为一种与竞争对手对抗的手段，增强司机对优步平台的依赖度（当市场上出现新的竞争对手的时候，优步会给司机提供更高的保底收入），或者推出结构性补贴激励计划（比如"满 X 单返 Y 元"，即优步的 DxGy 计划）。下面是优步的高层次市场补贴计划：

- 给司机提供每小时 25 美元的保底收入。
- 一个小型的网络可能每小时产生 1 个订单。
- 假设司机平均每单收入 10 美元。
- 这意味着司机每小时收入 10 美元，为了兑现保底收入的承诺，公司每小时要给司机补贴 15 美元的差额。
- 这就意味着"每单消耗"是 15 美元。真的肉疼！

换个角度来看，在网络充分成长以后，优步供需双方的密度都更大，这意味着它可以给司机提供更多订单：

- 假设保底承诺不变，即司机每小时保底收入为 25 美元。
- 但是一个规模更大的网络每小时可以给司机提供 2 个订单。
- 如果司机平均每单收入还是 10 美元，则其每个小时的收入变为 20 美元——比以前强多了！
- 当司机每小时收入为 20 美元，每小时保底收入为 25 美元时，公司每小时给司机的补贴就是 5 美元。
- 换言之，每单消耗就降为 2.5 美元。

这是一个很典型的经济效应的案例，一个规模更大的网络比规模略小的网络效率更高——公司在每个订单上给出的补贴更少，因为规模更大的网络每小时提供的订单更多。这也意味着，规模更大的网络有能力提供更多现金激励，能够有效吸引更多的司机加入网络，也就是积累足够的困难侧用户。司机人数足够多了，给乘客提供的服务就会便宜，质量也会更好，也就实现了简单侧用户的积累。除此以外，平台还可以通过降价来吸引乘客。优步在刚成立的那几年，基本上每年1月都要降价。在假期，很多人都会参加聚会和新年庆祝活动，约车出行的需求变得很少。由于消费者对价格敏感，因此降价就能吸引更多消费者，这也就意味着每小时会有更多订单，司机的收入也随之增加。在市场需求波动的时段里，公司通过发放保底收入来稳住司机群体。规模比较小的网络则对花钱吸引人这件事比较谨慎，因为它们在每个订单上支出的补贴可能已经很高了。

在共享出行领域，这种靠现金激励拉动网络用户规模增长的方法是非常重要的，如果我们把这种方法套用到视频类平台吸引内容创作者，或者为自己已有的软件平台吸引衍生软件开发者等场景中，它仍然能发挥作用。随着网络规模的不断增长，运营方给网络生态中的用户提供补贴的能力也会增强。很多网络都具备这种驱动现金流的能力。归根结底，补贴其实就是打折和促销，也就是公司为客户提供的各种打折销售手段中的一种，所有这些方式都是为了刺激消费者来购买产品或服务。几乎每一种交易市场类软件平台都是在盘活使用率很低的资产，比如说爱彼迎就是盘活未使用的房地产，优步就是盘活闲置车辆，一些人力资源市场就是盘活无所事事的人力资源。交易市场类平台能够使各类闲置资产的所有者变现，并且随着网络规模增长，变现会变得越来越高效。

随着更多用户加入网络，其经济效应会不断增强，因为新增的用户数据使得运营者可以进行个性化和更有针对性的运作。以优步为例，并不是全网司机收入都按照每小时 25 美元保底来计算，公司有一套精密的机器学习模型，能够计算出每位司机应该获得的收入，从而提供个性化补贴。再以 YouTube 为例，内容创作者们获得的收入也是不同的，其收入是根据创作的内容质量，以及与观众的互动程度来确定的。对自下而上型的软件即服务产品而言，可以通过用户行为数据来确定何时以及如何对用户进行有针对性的超额销售。这些数据都会提升网络的经济效应，随着网络规模的扩大，不断改善其商业模式。

用户转化率随网络增长而提高

对很多网络产品而言，其商业模式的核心就是实现用户转化。比如说以收藏品为交易对象的市场，其商业模式的核心就是不断提高收藏版球鞋或棒球明星卡的交易成功率；对办公产品而言，就是提升免费用户向付费用户的转化率。经济效应明确告诉我们，当网络规模增长时，网络产品的用户转化率也会随之提升。

Dropbox 的高价值活跃用户就是这种转化的现实案例。公司发现，如果用户与其他同事使用共享文件夹、办公文档协作等功能，那这群用户就更有付费升级的可能。如果整个工作团队都把通过 Dropbox 分享文件当作常规动作，那么就会有越来越多的人变成付费用户，甚至最终整个公司都会成为付费机构用户。在为付费用户开发功能时，可以设计成网络规模越大，功能效果就越强，不再局限于单人使用的场景。这样一来，网络规模越大，用户转变为高级版付费用户的意愿也就越强。

同样的道理，Slack 为付费用户开放了多个协同办公的升级版工具：语音通话质量更好，所有同事都可以搜索聊天记录，等等。公司里将 Slack 作为标准通信工具的团队越多，这些功能也就越强大，进而刺激现有的免费用户付费升级。Slack 增长团队的牵头人法里德·莫萨瓦特回忆早期发展历程时讲过：

> 如果高级付费版本出现了一个对所有 Slack 用户都有用的功能，那么团队里的所有人——不只是 IT 人员——都会有付费升级的动机。公司里使用 Slack 的人越多，Slack 上的交互越多，就越有可能有人自掏腰包，为大家解锁核心功能。[56]

高转化率并不是协同办公软件的特有属性，交易市场和软件市场类的网络产品也有这样的属性，只不过它们产生的原因不同。如果一个市场中的卖家越来越多，那么买家可选的商品种类变多，实际可以买到的商品数量变多，评论和评级更加全面，买家找到自己心仪商品的概率就会更高，每一次浏览转化成实际购买的概率也就越高。

社交平台通常靠给用户提供社会地位来变现，网络里的用户数量越多，地位产生的价值也就越高。举例来讲，用户可以在 Tinder 上给另一位用户发去"超级赞"，这也是提醒潜在的约会对象你真的非常喜欢他。网络中的追求者和潜在匹配者数量越多，这种功能也就越强大，它赋予了用户凸显自己的能力。在《堡垒之夜》这样的多人游戏环境里，虚拟商品也能带来高转化率，这款游戏仅靠"表情"这一项产品就获得了数亿美元的收入。所谓的表情就是让用户区别于其他用户的虚拟动作。如果你有很多朋友都玩这款游戏，而且他们都羡慕你购买的付费表情，这种产品的价值就体现出来了。在相对比较发达的网络中，这种用户之间的相互羡慕会变成刺激因素，激励用户用付费产品让自己脱颖而出。这就是经济效应发挥的作用。

经济效应的影响力

经济效应，加上获客效应和交互效应这些"兄弟们"，共同为企业提供了对抗新生竞争对手的强大力量。一个新生的竞争者，必须远超现有的产品，才有可能获取大批量用户，并且形成足够的交互动能。此外，经济效应也折射出头部网络的商业模式往往更好。具备强大经济效应的产品可以维持相对较高的定价，因为随着网络规模的扩大，那些想要加入其他平台的用户所需负担的成本会上升。谷歌能利用其竞拍机制来收取高昂的广告费（有的时候每次点击要收取数百美元），就是因为谷歌的平台上汇聚了其他厂商无法企及的广告商、内容发布者和消费者。

如果一款产品已经实现了大规模病毒式传播，那么这款产品的运营者就不用再担心定价的问题，这就是头部企业与小企业的主要差异。以 Dropbox 为例，如果一个企业中的所有人都在使用这款产品，那我们很难强制要求他们全都迁移到另外一个云平台上，即便另一个平台的功能与其基本相似。当一款网络产品获得霸主地位时，通常情况下，其他备选产品——即便它们的功能基本一致——也不会被用户当作可替代品。因此，Dropbox 基本不会和新竞争对手拼价格，也就是没有降价的压力。仿制软件功能容易，但是想要照抄网络很困难。赢家总是能获得定价权，并从中获得巨大利润。

看上去搞高端定价是个坏主意，但是对大多数交易市场类、加密货币类、支付类网络而言，用户其实也是赢家。如果 eBay 变成所有人都信任的交易收藏品的主要渠道，那么这个网络上的高转化率和高定价对卖家是有好处的，他们可以赚到更多的钱，甚至开起自己的公司。当 Patreon（艺术创作交流社区）和 Substack（自媒体内容平台）这样的创业企业为内容创作者开发了赖以谋生的工具，让他们可以在 YouTube 或者通过付费邮件赚取收入时，所有参与者其实都是赢家。

经济效应是一股强大的力量，它随着时间的推移而不断强化一个产品的商业模式。它让头部网络运营商更加高效地使用补贴手段，提高转化率，并维持较高的定价。一旦这些规模更大的网络进入加速发展阶段，小规模网络就会陷入更艰难的境地。获客效应、交互效应、经济效应三者叠加，会形成巨大的发展优势，让竞争对手难以超越。

不过，这三种效应的叠加并不能在市场中恒久持续。尽管大型网络在加速发展阶段会享有很多年不被挑战的地位，但这种趋势会越来越难维持。有的时候其增长速度甚至会归零。

第五部分

触达天花板阶段

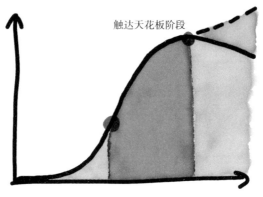

图 V-1　触达天花板阶段

第二十二章
Twitch 面临的天花板问题

增长遇到天花板令人痛苦，尤其是在经历多年连续增长之后。但是，任何一种规模化增长的产品，其增长曲线必然会走到一边是扩张一边是收缩的悬崖边——在某些特定阶段可能突进，变成爆发式增长，在某些阶段则可能全面萎缩。一条原本呈指数式增长的曲线会变成一条波浪线。为什么会这样？因为在任何一个网络的生命周期末期，总会出现各种负面力量，比如市场饱和、老用户退出、欺诈者横行、新用户交互质量低、监管强化等。太多用户涌入将会导致使用体验变差。当用户离场的速度和新用户注册的增速一致时，收入增长速度必然会慢下来。

这也揭示了为什么最厉害的产品的增长曲线往往都不是平滑的。在现实中，即便是最顶端的产品，比如脸书、Twitch 等，增长也都是时快时慢的。触达天花板之后，产品团队会努力从根源上解决问题。他们会推出适当的新功能，移除现有的天花板，但是过不了多久，天花板又会以新的形态卷土重来。如果产品团队在这个阶段行差踏错，那么整个网络都会被弱化。网络效应消散的速度和形成的速度一样快，在消散的过程中它会把获客、交互、变现的能力一扫而光。触达天花板真的会让企业"负伤"。

Twitch 就是在应对天花板问题的过程中诞生的，它的前身叫作 Justin.tv，几个合作创业的年轻人为了打破这个网站遇到的天花板，不断调整，最后打造出了 Twitch。在这个过程中，埃米特·希尔、凯文·林，以及他们的几位朋友贾斯汀·坎、迈克尔·塞贝尔、凯尔·沃格特，把 Twitch 打造成了科技创业史上过去十多年当中最知名的产品之一。他们最终以 9.7 亿美元的价格将公司出售给了亚马逊，在此之后，这款产品仍然飞速发展。时至今日，Twitch 的活跃用户数已经达到了亿级，用户可以在这个平台上观看上百万名主播玩游戏、跳舞、聊天、绘画等。这款产品现在的估值比它被卖给亚马逊的时候增长了好几倍。

但是在 2010 年的时候，这个团队还没有看清未来的发展趋势。Twitch 的前身 Justin.tv 已经拥有了数百万名用户，但是遇到了天花板。他们最初的创业想法是开发一款可以观看任何类型直播视频的平台，不局限于游戏直播。虽然发展得还不错，但他们还是遇到了瓶颈，整个团队都开始变得烦躁。联合创始人、首席执行官贾斯汀·坎介绍了当时的情况：

> 大概是在 2010 年底的时候，公司就已经开始盈利了。我们花了九牛二虎之力才实现了盈利，但很快就陷入了无路可走的境地。业务几乎没有增长。事实上是完全没有增长。在互联网行业，如果没有增长，那就离衰退不远了，我们真

的如临深渊。[57]

在他描述的这个阶段，Justin.tv 还是一个通用的视频直播平台。公司的创业故事很有趣，最早是首席执行官贾斯汀·坎在棒球帽上安装了一个摄像头，然后戴着这顶帽子拍摄他的日常生活，这些画面通过他背包里的笔记本电脑同时发送到多个网络当中。贾斯汀·坎就是平台上的第一位直播主播，通过直播观看他的生活的人大多是科技从业者。这就是他们的第一个原子级网络。

我是通过在 Justin.tv 上看直播才认识贾斯汀的，当然也认识了他的合伙创始人埃米特·希尔和凯文·林。我看着他们以直播的方式一路走来，同时我也在创建自己的公司。他们创建 Justin.tv 的工作真的让人叹服。刚开始贾斯汀·坎背着到处走的直播设备，以及戴在头上的装有摄像头的棒球帽，最终被改造成了任何人都可以使用的直播工具。这也使得第一个原子级网络——贾斯汀·坎和科技行业的观众——获得了向下一个网络跃升的工具。

自此之后，这款产品走上成为大众直播平台的道路，形形色色的主播在平台上生产自己的内容，有的是唱歌跳舞，有的是体育赛事解说，当然也少不了电竞游戏。我还记得我曾经在这个平台上看过一两场盗版的美国职业橄榄球联赛的转播。在各家媒体公司创建自有直播平台之前，这种转播还是非常受用户欢迎的。Justin.tv 在成立之后的几年里可以说发展得不错，但是其用户留存率不高，新增用户数也停滞不前，在几百万用户这个量级上遇到了天花板。

公司已经拥有了几百万用户，而且已经实现了盈利，这看上去是个不会令人为难的天花板，但对一个雄心勃勃、寻找新挑战的年轻创业团队而言，现状让他们感到无聊。如果 Justin.tv 就止步于此了，那他们还不如重新开发一些更有增长潜力的创业机会。他们也可以投入增长更快并且已经取得成功的科技巨头的怀抱。他们也可以让 Justin.tv 变成一个更伟大的产品，这对全世界的用户来说都是一件幸事。他们选择了最后这条路。为了打破天花板，他们需要推动产品实现规模化增长，而这需要押上更大的赌注。但是怎么赌？创业团队最终决定，同时尝试多个机会。

首先，团队里的一部分人开始开发移动端视频和直播软件（最终定名为 Socialcam）。Justin.tv 的核心功能依然保留，几位团队成员继续维护这个平台。其次，他们新组建了一个小团队，由埃米特·希尔和凯文·林牵头，专注于开发为电子竞技直播服务的平台。其实在 Justin.tv 上就有电子竞技的内容，只不过占总流量的比例很低，或许只占总流量的 2%~3%。电子竞技是主网站上的一个频道，整体是复古的像素级游戏的风格，这个频道的用户交互频率很高，而且这批用户也提出了对新功能和后台支持的需求。在采访了数十位超级用户之后，埃米特和凯文绘制了一份路线图，用于指导产品和网络的发展。

此时 Xarth.tv（Twitch 最早的名字）诞生了。但开发团队最不想看到的情况发生了，董事会并不支持他们的计划。这个开发计划将会使一个已经盈利的创业项目变成一个亏损数百万美元的投资项目，而且这笔投资未必能产生实效。不过，年轻的创业团队不管不顾，继续向前冲，因为他们知道只有持续投入精力和金钱，才能重新激活增长的动能。

他们通过二次成长获得了成功。几年以后，我有了一次机会，在 Twitch 公司紫色的办公室里和埃米特深入探讨了他们的新策略与 Justin.tv 的最初策略之间的差异：

> 我们在 Twitch 上做了很多与 Justin.tv 不同的开发。最大的差异就是以主播为工作的重心。此前的重心是放在观众身上的，调整重心之后，我们可以为主播开发有针对性的工具，而且日后也持续更新这些工具。对主播而言，赚钱是非常重要的，哪怕赚小钱也是赚，所以我们添加了打赏的功能。这个功能带来的变化很大，因为在 Justin.tv 平台上，一个主播拥有很多粉丝之后，他获得的主要是一种社会地位，而在新的平台上，他每个月可以多赚 50 美元，这对他来讲是更大的激励。我们还重新设计了整个网站，让观众可以根据主播正在玩的游戏来找到对应的主播，而且按照主播的受欢迎程度进行排序。调整了业务重心之后，我们所做的任何一点改动都可以给主播和观众带来更好的体验。[58]

很多技术上的改动只不过是对 Justin.tv 原有功能的微调，但是他们真的花了很多心思来开发专门服务于主播的功能。举例来讲，当时行业里常见的直播画面的像素都很低，很多主播都希望能用高清画质来直播自己的游戏解说。游戏直播解说通常很复杂，因为在任何一个给定的时间段内，屏幕上都会有十多个角色同时存在，有了高清画质，观众就可以更好地跟上主播的节奏。此外，按照主播讲解的游戏来对主播进行分类，能够提高用户找到对口主播的概率，所以开发团队增加了此项分类，按照《英雄联盟》《绝地求生》《大满贯赛车》等热门游戏进行了分区。Twitch 的开发团队还决定根据观众的人数来调整主播的顺序，这样一来，最受欢迎的主播，通常也是最具娱乐价值的主播，就会被更多的观众看到。所有这些产品功能上的变化，使最好和最受欢迎的主播获得了更多的人气。

但是这个创业企业调整的不只是产品功能，其还创建了一支专门寻找合作伙伴的团队，他们的工作就是为顶尖的主播和最有可能登顶的主播提供一流的高端支持服务。Twitch 还开始组队参加各种电子竞技大赛，特别是《英雄联盟》的各类赛事，因为这款游戏能吸引 1 亿观众。最后，这家公司干脆自己创办了一个专业大会，叫作 TwitchCon，观众可以在线下看到自己最喜欢的主播。

Twitch 平台上的主播来自各个渠道，但是创业团队一开始是想从 YouTube 上挖人。他们的想法是，类似 Day9 这样的创作者（一位专注于发布实时策略游戏《星际争霸》视频的内容创作者）或许会从上传视频转变为实时直播，也就会把上千名粉丝带到新的平台上。Twitch 的运营团队接触了 YouTube 上的一些流量比较大的主播，希望他们能够尝试转到新的平台上，而且 Twitch 赶在 2011 年 E3（电子娱乐展览会）召开之前，真的聚集了一批直播主播作为基础团队。但事实证明他们的想法不可行。从长远来看，在 Twitch 平台上成长起来的主播才是这个网络的中坚力量。要想让观众在观看实时直播中感到有趣，主播需要有特定的能力，这与剪辑并上传视频所需的能力完全不一样。在 Twitch 平台上成长起来的主播最终成了公司的护城河，抵御了 YouTube 和其他视频平台进军直播领域的攻势。

归根结底，对 Twitch 平台而言，其最重要的功能就是让主播有非常好的交互体验，即便观众很少，他们也愿意直播。开发团队通过观察发现，即便只有一位观众在看，主播也愿意继续直播，这一播一看的二人组合就形成了 Twitch 网络中的最小原子级网络。Twitch 的联合创始人、前首席运营官凯文·林在他位于旧金山科罗娜高地的家中接受了我的访谈，他是这样向我介绍这种互动关系的：

> 在玩电子游戏的时候，即便只有一位观众，也比自己一个人闷头玩要有趣。如果在你玩的过程中有人观看，而且和你聊天，这就产生了人际关系，你会愿意继续和他们交流。[59]

当然，如果有一位观众就会让主播感觉有趣，那么有更多的观众的话快乐就会加倍。随着越来越多的观众加入这个网络，经济效应会开始发挥作用，主播的体验会更好。凯文补充说：

> 让主播真正感到奇迹发生的时刻，就是获得了足够多的观众的时刻，每次当他们开始直播游戏的时候，总会有人在等着看。由于每个直播时段都有人看，他们使用 Twitch 的体验就变得更有趣。当观众人数足够多时，主播就开始有收入了。这就是预期得到满足的时刻。我们的主播曾说过，每

个月能够获得额外的 20 美元或 50 美元的收入，这已经让他们大开眼界了。在他们积累了足够的观众群体之后，他们就具备了"职业化"的能力，可以靠直播养活自己。

主播的网络生命周期进程非常快，这就意味着，在 Twitch 平台上线后没过多久，最顶尖的主播的年收入就超过了 30 万美元。

通过这些努力，Twitch 团队在原产品触达天花板的关键时刻吸引了全新的主播群体。尽管刚开始想出来的 Xarth 这个名字后来被替换掉了，但其核心的商业理念还在，即以主播为关键群体。平台要帮助主播创造内容、找到观众、变现。

Twitch 团队所做的创新在一年之内就得到了回报。通过发布新的功能，强调游戏为主的内容，以及满足主播的需求，他们重新走上了发展之路。他们解锁了巨量的潜在用户，超越了 Justin.tv 所取得的成就。

在发布仅仅一个月之后，Twitch 的用户数就突破了 800 万，此后又过了一年，用户数达到了 2 000 万。此后其用户数再次翻番，并且维持住了这种势头，所以时至今日，它已经是全球范围内访问量最大的网站之一了。主播的个人粉丝量可以达到 500 万以上，每年可以获得数百万美元的收入。早期的项目名称 Xarth 被保留了下来，现在变成了 Twitch 公司办公区的一间会议室的名称。

Justin.tv 取得成功，触达天花板，然后通过创业团队的努力，实现二次增长，并最终成长为头部企业的故事，无疑令人印象深刻。但实际上，随着市场逐步饱和，欺诈和垃圾信息泛滥，早期用户离场，每一个网络产品都将面临同样的挑战。

脸书也曾在触达天花板的时候奋力突围过。《连线》杂志的记者史蒂文·利维曾撰写过一本介绍脸书的专著，他是这样描述这家社交网络公司面临的困境的：

> 扎克伯格回忆说："公司的用户数达到9 000万之后就止步不前了。我记得有内部人士说过，用户数是否会突破1亿真的是个存疑的问题。我们真的像是撞在一堵墙上，只能集中所有力量来推倒这堵墙。"[60]

脸书最终还是专设了一个增长团队，并且执行了一系列专项工作来突破这个瓶颈。他们通过谷歌的搜索引擎优化对用户主页进行更好的索引编排，创建了为用户推荐潜在好友的功能，前前后后一共执行了100多项相关任务。

不仅零售消费类企业面临这个问题，靠病毒式传播实现增长的协同办公软件和自下而上的软件即服务型企业也会遇到这个问题，它们最初起步的市场以及最开始使用这些软件的客户都会趋于饱和。它们需要学习如何面向企业进行销售，才能进入下一个发展阶段。我在安德森-霍洛维茨公司工作期间看过太多这样的案例，我的同事戴维·乌莱维奇对这种现象有如下评论：

> 在创业的早期，往往是其他初创企业或者小企业采购产品，才让开发团队看到了胜利的曙光，这就是助推 Slack、

Zoom、Dropbox 等企业获得成功的"自下而上"的销售模式。这种模式的问题在于，小企业往往因为价格敏感、资金短缺、商业模式改变而放弃采购——有的时候是三种问题并存！而相对来讲，大企业的门很难敲开，但随着其内部使用这种新产品的用户越来越多，创业企业的收入也能实现持续增长。所以，对 B2B 创业企业而言，最自然的做法就是从自下而上的销售模式入手，然后逐步加强对公销售的能力。[61]

如果 B2B 创业企业不能逐步提升销售能力，那它们的增长速度必然会减慢。所以，Slack 和 Dropbox 这样的公司，即便在刚开始的时候通过很多小企业客户获得了成功，也不得不在后期雇用对公的销售团队。

不论是 Twitch 或脸书这样的零售消费类软件，还是 B2B 办公软件，对任何一个新产品而言，这都是一种可能反复出现的模式。产品发布时，其如洪水般迅猛增长，但是发展的动能势必逐步衰退。媒体会跳出来说这款产品快不行了。用户会变得厌倦。但是如果开发团队能够团结一致，持续开发新的功能，遏制增速放缓的趋势，他们最终将渡过难关。

天花板

在接下来的几章中，我会介绍当产品出现不可避免的增速放缓的趋势时，到底会产生哪些具体的问题。在"触达天花板"的这个阶段，产品可能会遇到一系列不同的问题（增速停滞、网络效应衰退），团队必须做出一些棘手的决策。导致问题出现的原因有很多，包括市场饱和、营销渠道衰退、网络用户数过量、垃圾信息太多等。当面对这些问题的时候，大型的、已经实现规模化发展的软件公司会雇用很多人来专门解决这些问题——产品并不会仅仅触达一个天花板，而是在增长过程中起起落落、反复碰撞。

在第二十三章"火箭发射式增长——T2D3 法则"中，我会先给成功下一个定义，也就是企业处于发展正轨应该是什么状态，而不是触达天花板。所谓成功的标准很高，我会介绍一套分析方法，说明为什么最好的企业每年需要实现几倍的增长才能保持火箭发射式的发展轨迹。这不是一件谁都能做到的事情！在公司追逐这些激进的目标的过程中，很多反网络效应会不断出现，使公司的增速减缓。

导致增长变缓的第一个原因就是"饱和"。我在前面的章节中介绍过，很多网络产品都是在特定的市场环境中发布的，比如大学校园、某个城市或者某个细分的市场，然后再逐步向外扩展。但是，如果一款产品的市场已经完全饱和，并且无法向周边市场扩展，又会发生什么？如果新产品和新市场不能持续叠加，增长必然放缓。与此同时，公司增长依赖的营销渠道的效用也会不断衰退，也就是我总结出来的"无效点击率定律"。这条定律指出，市场营销渠道的效用会随着时间的推移而逐渐降低，横幅广告和电子邮件广告就是最突出的两个案例。如果一款网络产品严重依赖这些渠道，比如说用户之间只能通过电子邮件相互邀约，那么这款产品的增长势必会越来越慢。

在产品的市场走向饱和的过程中，产品的网络本身也在不断发生变化。随着网络规模的扩张，网络中的困难侧用户的聚集度会更高，他们的话语权也会更大，他们的行为方式也会随之发生改变。优步平台上的超级司机是整个网络中最重要的用户群体，当这群人聚集起来，一起向公司索取更高的收入、福利以及其他有利于司机的产品更新时，公司就会陷入两难的境地。我会在第二十六章"网络抗议"中介绍这种情况，通过这一章的内容，大家可以看到，想要让所有用户都对产品满意是一件非常难的事。

不只困难侧的用户，网络中的其他用户也会不断发生变化。早期加入网络的用户都是很特殊的，他们被精挑细选，并且对某些特定的行为方式和用户属性是一致认可的。Slack 瞄准头部创业机构发布自己的产品，Tinder 在大学校园里逐步发布自己的产品，这都是有特殊考虑的。我在第二十七章"用户集中涌入"中会讲到，如果以主流受众为目标客群，反而可能存在不利因素：随着加入的用户越来越多，让初始用户群显得很特别的因素会逐渐淡化。

最后，我会讲到在网络中寻找相关的人和内容将变成一个很难实现的目标的问题，我将其称为一个网络的"人口过量"现象。网络中的用户更多，内容更多，意味着开发团队需要为用户提供搜索、算法推送、筛选工具以及其他多种工具来解决找人和找内容的问题。如果开发团队没有解决这个问题，用户就可能离场，他们往往会选择竞争对手的产品，虽然对方的用户数还很少，但是这些用户往往是经过精挑细选的。

从多个角度分析，触达天花板这个阶段可以被看作一种"富贵病"。好消息就是，如果你的产品得了这种"病"，那说明这款产品已经取得了巨大的成功。但坏消息是，这种富贵病的诊疗没有统一的药方。对于整治垃圾信息、应对市场饱和以及处理本章中提到的很多问题，并没有药到病除的灵药。全球范围内，规模最大的网络产品也只能通过持续的竞争来逐步解决这些问题。最终，只有推出新产品或者在现有基础上不断创新，才能启动下一阶段的高速增长。这也是鼓励创业企业从单一产品走向多元产品的原因。对肩负推动单一产品增长任务的团队而言，打破天花板的限制是一场永不停歇的斗争。

第二十三章

火箭发射式增长——T2D3^① 法则

在美国，每年大概有 600 万家新生企业，其中只有一小部分能够成为风险投资的对象，总数估计也就几万家。这几万家创业企业会通过不同渠道的介绍引荐，与 1 000 家左右的活跃的风险投资机构取得联系，而每家机构一年平均下来也只能评估几千家企业的可投资性。在经历无数轮的会议、推介，双方投入大量时间、精力之后，一家风险投资机构一年只会选择 10 ~ 20 家创业企业进行投资。在整个风险投资行业里，每年大概有 5 000 单投资是投给初创企业或者处于创业早期的企业的。

大家或许会认为，经过那么多层筛选之后，获得投资的企业一定表现出色。但数据会告诉我们截然相反的答案。霍斯利-布里奇公司是一家知名的风险投资机构，其内部团队的研究表明，在整个创投行业范围内，获得风险投资支持的创业企业失败的概

---

① 指"三倍、三倍、两倍、两倍、两倍"的增长轨迹。

率超过 50%。风险投资者赚钱的概率与扔硬币猜对正反面的概率一样。尽管报纸的头条大肆宣扬谷歌或苹果这样的奇迹故事，但在现实中，投资行业着重寻找的是能够实现 10 倍以上增长的创业企业，而往往在 20 家里能找到 1 家就不错了。每年都有很多创业投资项目退出，只有十多个项目能够达到影响全行业规模的程度。

换句话说，即便创业团队展现出吸引投资者的潜力，获得了投资者的支持，也只有很少一部分创业者能够成功退出创业项目。发生这种情况的原因很多，但是结局都大同小异：创业企业增长停滞、影响力衰退，最终无法取得成功。如果成功的概率很低，那我们为什么还要做创业投资？为什么精明的机构和天使投资人每年花在创业投资上的钱高达 850 亿美元？[62]

原因在于，一旦一款产品成功起飞，特别是在全球范围内获取 10 亿名用户，那投资者获得的收益将非常可观。成功的网络型企业最终都成长为雇员超过 10 万人的大企业，比如亚马逊、甲骨文、微软、苹果、英特尔、谷歌等。它们的市值占标准普尔 500 指数的 20%，而且其中几家头部企业的市场估值在 2020 年初都超过了 1 万亿美元。正是由于这种超额回报的存在，才有斯坦福大学的研究人员去专门研究它，他们研究得到的结论是，美国股票市场 57% 的市值来源于曾获得风险投资的创业企业。[63]这些企业的员工总数超过 400 万人，在研发方面投入的资金超过 4 540 亿美元。真是令人惊讶。

这些产品正是很多创业者做梦都想打造出来的能够改变世界的产品。

火箭式增长率

你的创业企业到底要达到多快的增长速度，才能获得和近些年规模最大的科技企业相同的增长曲线？很多人在回答这个问题的时候都会随口说，"像发射火箭那样的速度"，"实际起效的速度"或者"能够逃离地球引力的速度"，并没有人认真定义这个速度。我想我能给大家提供一种更好的解答。让我们用量化的方法来计算一下这条增长轨迹。

我将其称为"火箭式增长率"——创业企业想要胜出而必须达到的精确的增长速度。如何计算呢？首先，假设我们的发展目标是取得 10 亿美元以上的估值，也就是获得 IPO 的资格，然后再倒着推算。

要想达到 10 亿美元的估值，通常情况下公司财务报表上第一行的经常性收入要至少达到 1 亿美元，而且每年都要维持这种收入水平，这是按照市场上常见的 10 倍收入定律倒推出来的。创业团队应该争取在 7～10 年内实现这个目标，这样才能留住核心的员工队伍，也才能给长期投资的投资者创造回报。这两个指标（收入和时间）共同组成了推算成长轨迹的限定性条件。

尼拉·阿加瓦尔是一位专注于投资 B2B 创业企业的风险投资家，他是第一个提出计算增长轨迹方法的人，他强调，软件即服务型创业企业精准地沿着以下轨迹成长才有可能最终取得成功。[64]

- 打造与市场需求相符的产品
- 实现 200 万美元的 ARR（年化经常性收入）

- ARR 增长到 600 万美元，为前一阶段的三倍
- ARR 增长到 1 800 万美元，为前一阶段的三倍
- ARR 增长到 3 600 万美元，为前一阶段的两倍
- ARR 增长到 7 200 万美元，为前一阶段的两倍
- ARR 增长到 1.44 亿美元，为前一阶段的两倍

Marketo、Netsuite、Workday、Salesforce、Zendesk 这类软件即服务型企业，它们的增长轨迹与上面描述的大体一致。每个阶段的时间点把握也是相对合理的。在第一个阶段，创业团队需要让产品与市场需求相匹配，这个过程就要花掉 1~3 年的时间。接下来每年实现一个新的发展阶段目标，整个过程需要花费 6~9 年。当然，到了第 10 个年头以后，公司仍然可能继续增长，但是增长速度通常会降到前一阶段的 50% 左右，不会再维持翻番的增长了。有人解释过，这种现象一方面是因为网络产品可以充分利用我在前面的章节中介绍的网络效应，取得高速的增长，另一方面则是因为网络产品可以在较长的时间内实现复合增长。通过对数据的观察分析，我认为这种判断基本是正确的。

或许创业企业家觉得不用拿到 10 亿美元那么高的融资额，他只需要融资 5 亿美元就够了。也有可能有的创业企业家想要打造一家市值 100 亿美元的上市公司，但是他需要 15 年的时间。这些想法都可行，只要调整一下输入的数据，根据自己的企业计算合理的发展轨迹就行。计算得出的轨迹上的阶段性节点就是团队工作的目标。对希望获得风险投资的创业企业来说，在 10 年时间里获得 10 亿美元估值是一个最低标准，但是如果创业者只

是希望创建企业，不想上市，或者只想使用天使投资人的资金，他们的发展目标就可以定得低一些。

"火箭式增长率"原本是为衡量软件即服务型企业的发展而开发出来的，这些企业的商业模式是基于用户订阅获得收入，所以这套计算方法对 Dropbox、Zoom、Slack、DocuSign 等企业同样适用。尽管这套理论当初是为软件即服务且经营 B2B 业务的企业开发的，但是收入就是收入，可以将其套用在零售消费类企业上。我们可以用逆向工程的手段拆解这套计算方法，找到适合大多数企业的方法论，通过调整以下这些数据来计算任何一家企业的发展轨迹：

- 估值目标
- 输入数据
- 达到估值目标所需的年份
- 从业务前端获得的实践数据

交易市场类网络的火箭式增长率

让我们先以交易市场类网络为例展开分析。假设你开发了一款新的交易市场类产品，目标是让公司估值达到 10 亿美元。通常，你需要设定一个主要的经营指标（对交易市场类企业而言，常用的指标是商品交易总额或者净收入）来推算出企业估值。对其他类型的企业而言，比如社交媒体类企业，可以用日活跃用户数、净收入或其他指标。不论何种情况，都是先选定一个指标，然后倒着推算。在交易市场类产品的圈子里，我们可以分析一下已经公开上市的企业的指标，它们的市值通常是净收入的5倍。换句话说，如果想要取得10亿美元的估值，公司的净收入至少要达到2亿美元。在假设的时间跨度内，这是你创业第10年要实现的目标。

下一步，就是推算过程中的每一年的经营目标。在第1年和第2年，公司的收入可能为零，因为在这个阶段，创业团队的主要精力还是放在产品开发上。接下来的第3年，团队应该集中力量解决冷启动问题，直到第4年才开始产生有实际意义的收入。公司在这一年可能实现100万美元的总收入。然后从这个时间点开始推算，这款交易市场类产品的年收入在第10个年头要从现有的100万美元增长到2亿美元。换句话说，一共要增长266倍。

这样一算，火箭式增长率确实惊人。我们发现，实现收入翻番增长远远不够，每年翻番，6年也就是64倍，这一增长速度无法达成我们的目标。

我在这里给大家提供一个便于使用的计算公式。标准公式如下：

$$火箭式增长率 = [（目标收入-起始收入）\div 起始收入]^{(1/年数)}$$

代入我们前面提到的这个案例的数据后：

$$火箭式增长率 = [（2亿美元-100万美元）\div 100万美元]^{(1/6)}$$
$$= 2.4倍$$

换句话说，从年收入达到 100 万美元开始，你需要在之后的 6 年中每年实现 2.4 倍的增长，才可能在给定的时限内达到 2 亿美元的年收入。这是一个平均增速，大多数产品在刚发布的那几年增长很快，因为这个阶段的收入少，基数小。如果公司增速保持 5 倍—4 倍—3 倍—2 倍—1.5 倍—1.5 倍也能实现目标，同样，换成 4 倍—3.5 倍—3 倍—2 倍—2 倍—1.2 倍也行。通常情况下，当一家公司开始做这方面测算的时候，它的手头已经有了一两年的实践数据，它可以利用上面的公式来计算出后面的增速。创业企业也可以利用行业里比较成熟的企业的数据来倒推创业头几年的增速数据。我在投资实践中确实观察到了这种现象——发展很快的交易市场类产品总是能实现特别高的增速，甚至有的产品能在早期实现 5 倍以上的增速，之后持续保持复合式增长。

上面的案例是交易市场类产品，但是我们也可以把这种计算增长轨迹的方法应用在协同办公软件、多人在线游戏、通信软件等产品上。方法都一样，先设定一个目标收入指标，按照给定的时限往回倒着推算，以增长速度最快的年份为起始点。不论你设定的收入目标是 IPO、并购，还是仅仅展示市场地位，你都可以套用同一种计算方法。从务实的角度来讲，创造一种全新的、有影响力的产品，并且让产品从零成长到成功，需要较高的增速来支撑，每年都需要增长好几倍。

为何说火箭式增长率难以取得

光是算一下数据就知道火箭式增长率非常难实现。尽管设定了每年收入增长到前一年的两倍或三倍的目标，但是公司发展过程中总是伴生着各种阻力——市场饱和会拖累增速，营销渠道的效果会不断减弱，以及产品开发速度赶不上用户需求变化速度，等等。一条很重要的规律就是，不论企业在增加雇员、开发产品、服务客户等方面投入多少资源，其增速总是会逐步放缓。

开发火箭式增速产品的团队，其心态总是与逐步放缓的增速相悖，而且也总是非常不稳定。如果第一年取得了飞速增长，团队成员就会预期明年实现更快的增长。团队看得更长远了，野心也就跟着膨胀起来。原本只是为大学生开发的社交网络，最终发展成联系整个地球村居民的网络。原本只是预约豪华轿车的服务，最终演变为全球通用的出行方式，和自来水一样常见且不可缺少。

活力充沛的创业团队总是希望获得更多的资源和人力，会持续酝酿新的发展目标。但对公司的第 200 名员工而言，他们则希望了解自己获配的股票期权是否还会增值。投资者会在创业企业达到估值目标之前就开始提供融资，或许只提早一年，就能收获 2 ~ 3 倍的收益，有的时候赚得更多。原本只是为特定用户群体开发的产品，现在需要考虑如何覆盖整个市场。原本听起来可能很傻的问题，也会变成不得不问的问题："这会是下一家脸书吗？它会成为下一个 YouTube 或者下一个 Slack 吗？"原本或许被人一笑带过，甚至没有被严肃对待的问题，现在也变成了值得慎重考虑的事情。当然也会有人认真地回答："是的，它会是下一家，我来解释一下为什么这么说。"

对愤世嫉俗的人而言，这些话听起来像是在吹捧创业企业。但是一旦一个高速增长的产品沿着向上和向右的曲线发展时，大家就会开始对其未来的发展做各种预测。创业团队会招揽更多的投资者、顾问,以及来自脸书、谷歌、推特、Salesforce 等成功实现了自身发展愿景的公司的专家,从他们的专业意见中学习火箭式增长应该是什么样的。人们对创业企业的发展预期会越来越高。

这也在一定程度上揭示出触达天花板的可怕性。如果一款产品触达天花板之后不能重新激活发展势头,其前景将非常惨淡。明星产品设计师、软件工程师、科技工作者共同组成了一个高流动性的人力资源市场,这里的每个人都熟知哪一款产品正在飞速崛起,哪一款产品已经深陷泥潭。人员向高增速、热门的创业企业流动已经成为常态。即使是本就需要承担风险的风险投资人,也会超前于企业发展的周期进行投资,因为在增长良好时(相对而言)更易于融资。当增速不行了的时候,企业融资会变得非常困难。增速下降之后,企业估值可能拉平,甚至开始走下坡路,这进一步加剧了人员流失问题。

好消息和坏消息

即便一款产品在早期实现了火箭式增长,它日后依然不可避免地面对增速放缓。这是一种天然的发展模式。任何产品在早期出现爆发式增长之后,后期的增速都会变慢。在我审阅创业企业项目融资推介书的过程中,我看到的更多的是 5 倍—4 倍—3 倍的增长轨迹,而非 3 倍—4 倍—5 倍,即便这两种轨迹最终获得的收入规模一样。

出现这种现象的原因很明显，创业团队总是在起步的头几年把能用的促进增长的手段都用上，但很快就没有什么新的招数可用了。如果团队确定利用新的营销渠道是抵消获客经济性下降的最佳方式，那么他们一定会在早期就启动所有可用的营销手段。如果用户注册的步骤太多，那么阻碍用户入场的软件功能早就会被重新开发。最终，所有容易采取的措施都被用尽了，这导致早期的高增速难以维系。这也是产品触达天花板的真实含义。

好消息是，相比不具备网络效应的产品，网络产品有更多手段来对冲平台期的抑制效果。举例来讲，假设有一家在线销售服装的零售消费类企业，在企业规模扩大之后，市场营销带来的增长必然放缓。这种类型的产品缺乏网络效应。企业在社交媒体上的广告支出会越来越多，创业团队会尝试通过优化创意、媒体购买策略以及产品功能来促进增长，但是这些手段还不够强。在没有网络效应的情况下，想在营销支出不变的前提下实现收入翻番几乎是不可能的。企业会因此遭遇早期的平台期，这也是我们观察到的规律，很多零售消费类企业都是好企业，但是成不了市值过百亿美元的伟大企业。

相比之下，网络产品具备巨大的优势，它们可以利用网络效应来对冲增速的放缓。举例来讲，当营销渠道的效率不可避免地出现下滑时，创业团队可以通过优化用户注册引入机制、好友相互引荐机制等方式来放大病毒式传播效果。同理，如果网络遭遇"人口过量"，发现恰当的人或内容变得困难，开发团队可以植入算法推送程序来解决问题。用户数量越多，越有利于加速发挥网络效应的作用。创业团队在不断提升网络效应的过程中，实际上已经同步延长了高增速持续的时间，对冲了传统营销渠道效率下降造成的影响。

总体来看，目前世界上价值量最高的产品——那些拥有 10 亿用户的软件和平台，基本上都是网络产品。它们的网络效应生效之后，通常能够维持很长时间。

在接下来的几章中，我会分析导致产品停止增长的具体的潜在原因。首先要讲的就是在一个网络产品取得成功之后才会出现的强大力量，而且是过于成功的产品才会遭遇的，那就是市场饱和。

第二十四章
市场饱和

成功必会带来烦恼：市场饱和。

新产品最初通过不断吸纳新用户实现增长——发展网络，增加更多节点。最终，当原始市场中的所有用户都已经加入网络，再也没有可以被吸纳的潜在用户时，增长必然停滞。也就是在这个时间点上，创业团队必须把原来获取新用户的精力用来开发新的服务方式，在现有的变现手段上叠加新的收入来源。

eBay 在创业早期就遇到了这个问题，创业团队不得不面对并解决它。杰夫·乔丹目前与我在安德森-霍洛维茨公司共事，他曾亲身经历过这种问题，而且针对这个问题发表过很多作品和演讲，内容主要围绕他担任 eBay 美国区总经理第一个月就遇到的各种问题。那是 2000 年的事，eBay 的美国业务第一次出现月度零增长。对整个公司而言，这个事件很严重，因为公司几乎所有的收入和利润都来自美国区的业务。如果美国境内的业务停滞了，整个公司将陷入泥潭。经营团队必须快速采取行动。

看上去，最容易执行的方案就是优化业务模式。毕竟，在现有的高额收入基础上多收一分一角也比完全从零开始要更有吸引力。如果采取大胆的对赌行为，风险就太高。但是，按照市场饱和的一般规律，这个阶段的产品增长率总是会逐步走低，而非加速提升。除了持续创新，没有其他手段能够维持高速的增长。

杰夫和我分享了当时他们的团队为了找到公司下一个增长点所做的努力：

> 当时，eBay.com 仅允许用户通过在线拍卖的形式出售和购买商品。但是拍卖的形式吓退了很多潜在的消费者，这些消费者更喜欢通过固定价格购买这种简单的方式。最有趣的是，我们通过研究发现，在线拍卖的用户群以男性为主，他们更看重拍卖的竞争性特点。所以我们执行的第一项重大创新（可谓革命性创新！）就是在 eBay.com 网站上提供以固定价格购买商品的方式，我们将其称为"立刻购买"。
>
> 立刻购买的模式在 eBay 原有用户群和 eBay 总部里都激起了不小的争议。但是我们硬扛住这种压力，冒着风险推出了新的功能……最终事实证明这个险冒得值。时至今日，立刻购买模式在 eBay 产生的商品交易总额超过了 400 亿美元，占总交易额的 62%。[65]

推出立刻购买功能是一个比较大的变革，每一单生意都会受到影响，但是 eBay 的运营团队也对买卖双方的使用体验进行了创新性改善。

在取得初步的成功之后，我们加倍重视推动产品规模增长的创新。我们在 eBay 上引入了商店，这一举措大幅增加了平台上可供出售的商品数量。我们增加了卖家可以付费使用的网页功能，帮助他们更好地展示自己的商品。我们大幅改善了结账流程，其中就包括把 PayPal 无缝嵌入 eBay，从而提升消费者的购买体验。每一项创新都为公司业务的进一步发展提供了有效支撑，帮助公司抵御增长放缓的压力。

多年以后，杰夫成为安德森–霍洛维茨公司的一位普通合伙人，在他的带领下，公司投资了爱彼迎、Instacart（美国生鲜杂货电商）、Pinterest 等一批具备网络效应的创业企业，取得了这一领域投资的胜利。我为能够与他共事感到骄傲！他在后来发表在公司博客上的一篇文章中回忆道，当初为 eBay 制定的发展策略就是不断叠加新的收入来源——如同"在一个蛋糕上不断地叠加新的层次"。我们可以从图 24-1 中直观地感受到这一点。

随着公司核心的美国业务收入曲线逐渐平滑，eBay 不再具备曲棍球棒式增长的可能，公司的运营团队开发了国际业务和支付业务两个新的收入来源，叠加在原有的收入基础之上。几项业务收入加总之后，总的增长看上去更像是曲棍球棒式增长，只不过这条曲线是由多条业务线的收入增长叠加而成的。

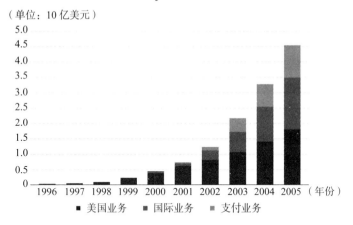

eBay 收入结构

（单位：10 亿美元）

■ 美国业务　■ 国际业务　■ 支付业务

图 24-1　eBay 的增长蛋糕图

　　eBay 的这一发展阶段并不是高成长型创业企业独有的。一条乍看上去呈几何级数式上升的曲线，在现实中有可能是多条分段线迅速叠加形成的。优步的增速确实是令人叹服的，不过它的总增速是由一个又一个城市市场的增速加总形成的，同时也有新产品叠加带来的增量，比如拼车和外卖。尽管随着每个市场走向饱和，每条增长曲线都有可能变得平滑，但是如果把它们叠加计算，仍可以抵消增速放缓的负面作用。

网络饱和与市场饱和的异同

　　尽管我们通常把这种现象称为市场饱和，但对网络产品而言，还有一些更深层次的变化，我将其称为网络饱和，而不仅仅是市场饱和。我是这样定义这个现象的：你的第 100 个加为好友的联系人对你的网络交互的影响力肯定远不如你最早加为好友的几个联系人，随着网络密度越来越大，与之对应的网络效应会越来越没有影响力。

以 eBay 为例，如果买家搜索"中古劳力士迪通拿手表"，那买家获得的产品体验（以及实际付款购买的转化率）会随着可选目标数的增加而变得更好。如果可选的商品有数十个，买家的体验感仍然会持续改善。但买家并不想看到自己搜索的关键词返回 1 000 个甚至 5 000 个可选商品，没有哪位买家能够把所有可选商品都认真看一遍。这个概念用在优步上同样有效。如果你想使用优步软件打车，那最重要的就是网络里已聚集了 100 辆候选汽车，但是，如果可选汽车的数量太多，用户获得的体验就会变差。旅行预订、软件商店以及很多交易市场类软件产品都面临同样的问题。

社交软件的网络也存在类似的情况，后添加的好友都没有最早添加的好友那么有价值。在 Snapchat 的一份内部会议纪要上，公司首席执行官埃文·斯皮格尔清晰地描述了人际关系边际效应递减的现象：

> 你置顶的好友在任意给定的一周时间内，大约贡献了你在 Snapchat 软件上信息发送量的 25%。当你的好友总数达到 18 个人时，后来每一名新增的好友贡献的信息发送量都不到总信息发送量的 1%。[66]

根据这个案例，我们能从另一个视角去反思脸书最著名的"10 天加 7 位好友"的定律。多加 7 位好友当然很好，但如果你能加 14 位好友，效果一定更好吗？答案是肯定的。但是带来的好处正好翻番吗？答案是存疑的。如果你把这种思考问题的方式无限延伸，即便你加了 10 000 位好友，也不代表你能获得 1 000 倍的沟通交流机会。实际上，好友太多以后，大家反而可能陷入沉默，因为"人口过量"的负面冲击效应会逐步展现出来。

不论是网络饱和还是市场饱和，都注定会拖累产品的增速。市场饱和代表着网络可承载的人数达到峰值——协同办公类软件找不到新的企业用户，多人在线游戏平台找不到新的玩家。网络饱和则意味着你在网络中产生的沟通交流的有效性达到峰值，人与人之间的互动会一点一点地减少。这两种动态关系共同形成了饱和效应，导致产品增速放缓。对抗这种负面力量的手段就是升级产品、调整目标市场、改进产品功能，没有捷径可走。

全新的外围网络

在由多个子网络组成的大网络中，某些子网络总是比其他子网络的活跃度更高。通常情况下，更早加入大网络且自身比较成熟的子网络会是运行得最好的核心网络。如果看向远离这些核心网络的角落，你会发现一些生存状态并不太好的用户小群体。如果看得再远一些，你会发现外围的很多子网络根本就无法正常运转。以早期的 eBay 为例，它的核心市场或许就是美国本土的收藏品爱好者，该产品可能只适用于交易汽车之类的高价商品的用户。然后，网络中还有一些区域可能处于非活跃状态，比如国际市场，当时在国际市场无法开展支付业务。在这种时候，最重要的事情就是搞懂这些与现存网络接壤的网络，这样才能逐个击破，进而重新实现增长，对冲饱和效应的负面影响。

照片墙公司的前任增长负责人班加利·卡巴和我是好朋友，他把前面提到的这种想法称为"外围用户"理论。他曾经介绍过自己在照片墙公司的经历，那时候，这款产品已经问世好几年了，已经失去了火箭式增长率：

> 我是 2016 年加入照片墙的，当时其用户总数已经超过 4 亿，增速已经放缓。我们的增长率就是一条平滑的直线，没有出现指数级增长。对很多产品而言，能保持增长已经很成功了，但是对照片墙这样一款病毒式传播的社交产品而言，这种增速显然不够。在接下来的三年里，我和增长团队一起分析了照片墙产品增速放缓的原因，开发了一套识别问题的方法，解决了一系列问题，重新实现了增长。在我离任之前，我们帮助公司取得了用户总数超 10 亿的成果。
>
> 我们取得的成功很大程度上是因为外围用户理论。外围用户是知道一款产品的存在，并且有可能试用过这款产品的用户，但是他们出于各种原因，没能转化为活跃用户。常见的问题就是产品当前的定位或功能给这些用户的接受制造了壁垒。尽管照片墙能够满足 4 亿多用户的需求，但是我们发现还有超过 10 亿的潜在用户，他们并不理解照片墙的作用，不知道如何把这款产品融入自己的生活。[67]

在我和班加利讨论这个话题的过程中，他把自己的方法论概括为系统性评估组成照片墙的每一个网络中的所有子网络。他们没有把精力放在超级用户（那些声量巨大的少数个体，其往往能影响产品团队的开发决策）组成的核心网络上，而是把精力都放在了解使用体验不太好的外围用户的需求上。

在任何给定的时间范围内，都可能存在很多组不活跃的外围用户，要满足他们的各种需求，可能得采取不同的方法。对某些子网络而言，或许是因为产品功能的限制，比如照片墙就不支持低端的安卓手机。又或者对某个子网络的用户而言，网络的质量还不够高——网络上还没有他们希望看到的内容或者名人。你逐个解决了这些子网络的问题之后，再回过头来问自己，现在还有哪些人是外围用户，然后再重复上面的过程。班加利介绍了他们的做法：

> 当我加入照片墙的时候，其外围用户主要是35～45岁的女性用户，她们在美国境内，有脸书账号，但是没有理解照片墙的产品价值。在我即将离任之前，外围用户主要是居住在雅加达的女性用户，她们大多是使用预付费套餐的3G（第三代移动通信技术）网络用户。在我入职到离任这段时间内，我们满足了大约8种外围用户的不同需求。

要想满足外围用户的需求，照片墙的增长团队必须灵活操作，首先是从脸书的网络上拉来美国当地的女性用户。这就要求增长团队根据脸书的用户主页和好友关系网络开发出算法推荐程序，这样一来照片墙就可以把用户的亲友优先展示出来，而不仅仅是展示网红。在后来的几次行动过程中，根据雅加达以及其他发展中国家和地区的用户需求，开发功能时可能需要采取完全不同的措施——推出适用于低端安卓手机且适应低速网络的软件版本。随着外围用户的定义发生变化，增长团队所使用的策略也要相应做出调整。

当我们分析交易市场、社交网络和其他类型产品的困难侧用户时，我们总是能发现一些特别值得关注的现象。交易市场类产品往往会陷入被卖方限制的困境，比如优步就会受到司机群体的掣肘，爱彼迎也会受到房主的制约。其他产品也一样，社交网络会受到内容创作者的限制，软件商店会受到开发人员的限制。在满足外围用户需求的过程中，增长团队需要不断调整他们能够提供给困难侧用户的价值，以吸引新一批卖方或者内容创作者加入自家的网络。举例来讲，当优步找不到更多的专职豪车司机时，它需要开发的外围用户就是那些从来没有通过开车获得收入的普通司机。但是，这个群体最后也会全部注册为司机，这个时候，公司就会开始思考如何让有驾照但是没有车的人注册为司机，公司可能直接给他们提供汽车。然后，按照这个思路不断开拓外围用户群体。

用给蛋糕叠加新层次的理论来分析，服务每一个外围网络的过程就是添加一个新层次的过程。要想实现这个目标，增长团队就需要思考新的市场到底在哪里，而不是只聆听核心网络用户的声音。在核心市场产生绝大部分收入的情况下，要做到这一点非常不容易。对核心市场而言，有另外一种促进增长的方式：添加新的连接和交互模式。

增加新模式

eBay 推出"立刻购买"和"商店"这样的新购买模式，其好处在于仍然服务于同一批买方和卖方组成的网络，只不过增加了用户互动的模式，为新使用场景的出现奠定了基础。

我将这些创新的手段称为新模式，网络用户可以通过这些新的方法与别人产生互动和联系。Snapchat 的讲故事模式，也就是用户可以向所有朋友展示一组非同一时间拍摄的照片和视频的广播模式，与软件核心的图像通信功能并存，这样确实可以让更多的用户使用这款产品。有的照片仅适合 1 对 1 的沟通场景，有的照片则适合用广播的方式展示给很多人看，而讲故事模式使 Snapchat 可以充分利用两种不同属性的照片。

再以 eBay 的创新为例，"立刻购买"的模式让购买某些商品的过程变得更便利了。假设你想买一套早期出版的限量版《指环王》，拍卖的模式确实能帮助你了解合适的价格，但如果你只想买一套全新的精装书，拍卖的模式就会显得过于复杂。推出固定价格购买的模式，让现存的买家和卖家围绕新的产品展开更多互动交流，在不添加更多用户的前提下，也能提升网络的活跃度。

增加新地域

增加新的区域市场（正如 eBay 增加了国际区域业务）也是一种打造多层组合式"蛋糕"的方法。对地域依赖性很强的产品来说，这无疑是一种再明显不过的必备做法，比如 OpenTable、

Yelp、优步就是叠加了一个又一个城市，Tinder 和脸书就是叠加了一个又一个大学。其他网络产品可以从全球化的角度思考这个问题，当它们的业务从一个洲传播到另一个洲的时候，可以通过增加产品可选语种和支付方式来满足当地业务需求，这对那些原本就纯粹电子化的产品尤其适用，比如软件即服务型产品和通信软件。每个新的区域市场都是一个全新的增长点，只不过你需要在这个区域再次解决冷启动的问题。

如果网络能够自发延展到外围网络，那么公司的区域市场扩展就会容易很多。假设我们原有的网络基本集中在旧金山，而现在我们希望向洛杉矶等周边市场扩张，这项任务可能比较容易完成，因为这两个城市的市场本来就存在一批相同的用户。使用 Tinder 的用户可能会搬到其他城市居住，从而帮助产品打开新的城市市场。同理，OpenTable 可以利用一些本就连锁经营的餐厅的网络。同一位老板可能在旧金山和洛杉矶都开了餐厅，这样就更容易在附近的城市开拓新的市场。对其他类型的产品而言，"外围"网络不一定以城市为锚点，而有可能是多家公司共同组成的一个子网络。举例来讲，如果一款协同办公软件成功征服了一家企业，那么这家企业的合作伙伴也有可能采购这款产品，因为这两家企业的业务往来非常深入。如果某家会计师事务所的客户都采购了 Dropbox，那么这家会计师事务所就有可能成为 Dropbox 的企业客户。

但是，我们也观察到了一些失败的案例。类似旧金山这样的大型城市市场，有很多独特的因素是其他地方不具备的：这里有很多爱尝试新科技的人，生活成本很高，城镇化程度很高，消费者受教育程度高。这些都是旧金山和凤凰城、底特律等城市非常不一样的地方，很多其他市场也有自己的特色。有的时候，创业团队刚开拓了第二个或第三个市场，但是马上就发现，比如说替人遛狗的服务，只适用于富人居住的城郊区域，而不适用于以带后院的独栋住宅为主的区域。

想通过叠加遥远地域的业务收入实现增长是一件更难做的工作。这需要增长团队再次从零开始培育网络，而且原本要做的事情就很多：内容的本地化、签约本地合作伙伴、支持新的支付方式，甚至需要从头开始向用户植入整个产品理念等，因为有的时候，本地客户并不能直观地理解产品的价值。除非你的产品和爱彼迎一样具备全球化的网络效应，否则每一个新开发的地区市场都需要花大力气解决冷启动问题。

想要叠加新的国际市场肯定很难，因为这通常需要很多个团队通力协作。为了让读者更好地理解市场之间的差异，我以优步为例。这是一款最早通过 iPhone 版私人预约豪车服务软件在美国市场取得成功的产品，但等公司业务扩张到曼谷的时候，软件已经"面目全非"了：这里的用户只能通过手机号在低端安卓手机上注册（并且不需要信用卡和邮箱信息）。这里的用户也用手机预约出行，只不过他们约的不是汽车，而是优步摩托车。会有人骑着摩托车来接他们，他们得坐在摩托车后座上出行！抵达目的地之后，乘客可以支付现金，这是软件运营方同意的，因为在发展中国家和地区市场，信用卡的普及率非常低。在原有业务之外，在曼谷提供摩托车，在印度提供三轮摩托车（tuk tuk），以及最后推出滑板车和自行车租赁业务，都需要公司在运营和技术两方面充分融合。只有在运营与技术、金融科技、合作伙伴以及其他各种因素充分融合之后，企业才能达成国际化扩张的目标。

为何应对市场饱和难度很高

解决市场饱和问题的方案看上去似乎非常直白，如业务覆盖更多区域，增加更多用户互动模式和商业模式，以及很多听起来像是常识的建议。但是，真正的挑战在于执行，这一点不可低估。想在世界上所有大国发布自家的产品，同时还想保持在核心市场的领先的增长速度，这个愿望真的很难实现。但 eBay 就真的被逼着去做这样的事情，其在 20 世纪 90 年代，一手忙着打造美国本土最有价值的互联网企业，一手忙着开拓国际业务，增设"立刻购买"模式，挖掘新产品的穿透力。

如果这些手段都已经用尽了，下一步还能干什么？

最终，新产品都必须通过叠加实现增长。我们很难要求创业团队从头开发全新的产品。在初创企业做这件事就很难，在原本体量就很大的企业做起来就更难，会遇到千头万绪的各种问题：内部政治斗争，公司注意力偏移，缺少必要的资源，雇用了不合适的人以及数十种"大公司病"。那些习惯于一步一步搭建大型、长期发展型连锁企业的团队，可能从来都没有遇到过冷启动问题，他们带来的经验和工具都不适用于现存的问题。

当分析公司内部的新举措的风险时，可以采用另一种视角：如果一款新产品在公司内部的成功概率与其在整个风险投资行业的成功概率相当，那么成功率最高是 50%。如果其成功的概率与创业圈的成功概率相当，那么出现极好的成功案例的概率也只有 5%。

对大企业而言，解决市场饱和问题的捷径就是收购已经到达加速发展阶段的创业企业，将其融入原有的网络。这就是 eBay 收购 PayPal 的原因。这场收购称得上是整个科技行业最成功的并购案例。事实证明这是一个伟大的想法，因为 PayPal 的市值已经比其母公司高出了好几倍。但在目前的市场环境下，收购既贵又难。当前，糟糕的并购标的遍地都是，政府还经常审查大型网络产品是否涉嫌垄断，创业企业的估值也都非常高。可以说，在这样的环境里，想要通过并购解决市场饱和问题说起来容易做起来难。不过，公司触达天花板是获得阶段性成功的标志，公司需要对天花板问题快速反应，否则就有可能拖累自身发展，甚至停滞不前。

第二十五章
无效点击率定律

无效点击率定律指的是，任何一种营销渠道的效用都会越来越差。也就是说，不论你采用电子邮件、付费营销、社交媒体，还是采用视频广告，点击率、互动率、转化率都会越来越低。这是导致产品触达天花板的主要原因。当营销渠道不再发挥作用时，增长曲线就会出现下行的趋势。

新产品总是有很大的野心，想要吸纳很多新用户。在刚开始的时候，越来越多的新注册用户是实现增长的最强有力的工具。简单的算术就能说明这个道理：假设你经营的是一款办公使用的文件共享软件，如果用户数很少，你不可能看到用户分享 100 倍的文件量，也不可能看到用户每天登录 100 次，最终你将受到用户自然使用和行为的限制。每位用户一周之内需要共享的文件可能只有几份而已，你很难强迫用户分享多于这个数量的文件。但从另一个角度讲，你可以通过增加网络中的用户数来实现这一点。增加 100 倍甚至 1 000 倍的新用户，累加起来的互动率（和总收入）肯定跟着就上去了。

问题在于，过去有效的营销方法——办论坛和活动、搜索引擎优化、付费营销，最终都跟不上产品本身的发展速度。如果产品在发布早期实现了火箭式增长，取得了 200% 以上的年化增长率，那么获客渠道的规模增长也应该保持同样的速率。

但现实是它们跟不上，我讲一个故事大家就明白了。

你能想象一个没有广告的互联网吗？尽管这听上去令人难以置信，但 1989—1994 年，互联网上根本不存在广告这种东西，需要有人去发明互联网广告，让它和互联网上的其他产品一起诞生。

世界上第一个面向消费者的横幅互联网广告诞生在第一本商业化的互联网杂志《热线》上。《热线》是 Wired Ventures（数字媒体公司）旗下的子公司，是《连线》杂志的"表亲"，而《连线》杂志就是最著名的覆盖整个科技行业新闻和文化报道的印刷杂志。当时，灵智广告公司（现在的哈瓦斯公司）的弗兰克·德安吉罗拟定了第一批互联网广告投放者的邀请名单：

> 当时有 4 家存量客户成为第一批投放横幅广告的尝鲜者，它们分别是美国世界通信公司、沃尔沃、地中海俱乐部、1-800-Collect（一家固定资费的受话人付费电话公司）。（另两家广告投放者是美国电话电报公司和 Zima。）大家要记得，当时还是 1994 年；第一个带有图像浏览功能的浏览器"马赛克"也才刚刚 1 岁（其很快就被网景浏览器取代）。互联

网接入程度如何？完全还是拨号上网的方式，如果你幸运的话，还能用上 24.4kps 的速度，这也意味着横幅广告需要一定的时间载入。有多少美国人上网呢？如果没猜错的话，最多 200 万人。[68]

第一批投放广告的厂商在发布的一条横幅广告上写着："你的鼠标点过这里吗？点一下试试。"这个不起眼的小横幅就是在《热线》上发布的第一条互联网广告，给脸书、谷歌和世界上大多数科技巨头创造收入的新兴行业就此诞生了。

时至今日，横幅广告的点击率维持在 0.3%～1%，但是当年的第一条广告的点击率非常惊人：刚开始的时候竟然能达到78%！这是一种触达客户的新方式，互联网用户都会感到好奇，也就会去点击。但经过 20 多年的发展之后，点击率连当初的 1%都不到了。

不只在线广告经历了这种下滑，电子邮件营销也一样。刚开始的时候，如果有一封邮件邀请你加入一个社交网络，或者有一封邮件提醒你有同事正在编辑某个文档，你肯定会觉得很新鲜。多年以后，我们的收件箱里充斥着各种我们从来不看的邮件。谷歌邮箱和其他邮箱客户端加入了过滤推销邮件的简便功能，或者对邮件"腌制储藏"，也就是把来自网络产品的提醒邮件自动分类，因为它们还算不上严格意义上的垃圾信息，但是对我们也没什么用处。这样一来，我们就可以看到更多有用的信息。消费者目前已经习惯于通过短信、Slack、WhatsApp 等软件或平台来实现真实的人际沟通。

电子邮件广告的点击率与横幅广告一样大幅下滑，这一点儿也不值得惊讶。专注于互联网广告行业的博客 ClickZ 曾经发布过一张图表，展示了在将近 10 年的发展周期里，电子邮件广告的点击率从 30% 下降到了不到原来的一半，只剩下 13%。

只要时间拉得足够长，所有的增长渠道都会经历这样的下滑。从微观上讲，一次独立的广告营销活动的点击率会越来越低，所以增长团队需要不断刷新广告的信息、形象，甚至变换渠道。从宏观上讲，电子邮件或付费营销渠道的效用正在逐年衰退，有的渠道衰退得更快。在 21 世纪的前 10 年里，Zynga（一款社交游戏）+ 脸书的营销模式大行其道，但是短短几个月后就走向了衰败，连一年都没能撑住。为什么会发生这种现象？因为消费者对特定的品牌、营销手段、广告信息习以为常了，他们会自动屏蔽这些广告。

曾经有研究人员设计了专门的研究项目，引导用户关注网页的特定部分，诱导他们的眼睛只看研究人员希望他们看的部分，但这些实验对象展现出惊人的能力，可以完全忽视广告，只看网页内容。最早在 1998 年的时候，专注于有用性研究的研究人员（莱斯大学的班威和连恩）就发现了这种现象，并将其称为"横幅盲视症"。广告的形态还在不断推陈出新（视频广告正在大行其道，用增强现实技术投放广告也很流行），但是它们的效果无疑会越来越差。

整个营销行业都在经历这样的过程，创业团队的产品也必然经历这样的过程。这就是无效点击率定律。

网络衰微

营销渠道的衰退对产品的网络效应而言是一场生死攸关的危机。我在前面的章节中说过，获客效应可以被拆解成几个连续的步骤，先是用户通过他人的邀请接触到产品，然后用户自己试用产品，接着用户发出邀请，拉拢朋友加入网络。如果这几步当中的一步出了问题，比如邀约新用户的电子邮件的效用只有原来的一半了，会发生什么？

以谷歌办公套件这样的协同办公软件为例，使用这种产品的团队通过在线编辑文档实现协作。他们邀请加入网络的人越多，发生互动的人越多，协同工作的闭环就越强大。但是，这个闭环依赖一个特定行为而存在。同事必须查阅工作邮箱，才能获知其他人编辑了一份文档。如果无效点击率定律在这个时候生效了怎么办？如果产品发出了太多邮件和提示，那么时间一长，大家就开始习惯性地忽视这些信息。如果文档的创建者觉得他们所做的编辑工作以及贡献的时间精力都没有被同事看在眼里，那么这个产品的网络效应就会开始衰减。

这不仅仅是一个定性的结论，同时也是一个定量的结论。试想一款能够通过病毒式传播增长的新社交软件，前100位用户能够邀请到75位新用户，这75位新用户又邀请来56位新用户，下一批是42位，以此类推。这个病毒系数是0.75，非常不错，我在前面讲获客效应的章节介绍过计算方法。但是，如果邀约好友的邮件被送进垃圾箱，邀约成功的转化率降低50%，那么病毒系数肯定也降低了。前100位用户只能邀请到37位新用户，这 37 位新用户又只能邀请到 14 人，最后一批是 5 人。你可以直观地看到数据下滑得有多厉害。算一算这些数据，你可能会被惊到：如果邀约的成功率降低 50%，那么新用户总数会减少 80%。

这种负面的影响力会产生连锁反应。新用户往往是最愿意和网络上的其他用户互加好友的人。他们往往会发起"欢迎新人"的互动交流，向长期驻留在网络中的用户学习本产品网络的规则，通过他们的介绍认识其他朋友。如果没有新用户的加入，存量用户之间的互动交流频率也会衰减。

叠加新的发展策略

解决无效点击率定律问题的唯一方案就是坦然接受这种现象的存在。新产品发布之后，通常会有一两种获客渠道发挥作用，但是它们无法实现规模化增长。以 Dropbox 的实践经验为例，当初之所以会出现一个等候注册的潜在用户群，是因为这些人观看了公司制作的宣传视频。当黑客新闻和其他社交媒体发现这款新产品时，更多的潜在用户蜂拥而至。类似这样的获客渠道肯定也算是非常有效的，只不过它们不可能长期持续为产品的发展提供助推力。如果通过营销渠道的宣传，每周获得的下载量只有几百次，那么你还能通过什么手段使这个数字增加 1 倍、10 倍，甚至 1 000 倍？

常见的手段就是不断在营销方面砸钱，但这往往也会带来更多的问题。增长团队的出发点都很好，他们花在营销方面的经费比较节制而且能够产生实效，他们刚开始的时候会预估 6 个月左右就能收回营销方面的投入。但是公司的运营成本随着时间推移越来越高。投入营销方面的钱越来越多，获得的效果反而逐渐变差，增长团队会把回本的周期延长到 12 个月。如果这么继续下去，回本的周期会变成 18 个月，甚至更长，直到营销活动的支出和收入严重倒置。增长团队最终必然要制定出花费在营销活动上的预算额度，超出额度的钱一分都不能花，这往往也是公司增长曲线触达天花板的阶段。

不论产品是否具备网络效应，行业里最好的做法就是不断叠加新的营销渠道。面向零售消费者的软件应该多花些钱，在 YouTube、Snapchat、照片墙等广告平台上做一些付费营销。但是产品运营团队也应该着力发展自有的病毒式增长闭环，多招揽一些内容创作者。增长团队也应该注重内容营销，即通过搜索引擎优化等手段，让自家的产品在谷歌搜索结果中的排序高一些。对新产品的运营团队而言，他们需要了解哪些营销渠道适合自家的产品，而且应该雇用做过同类产品营销的人来为自家的产品做营销。这些营销人员，有的可能适合聘为公司的正式员工，有的则可能适合做顾问或自由兼职人员，当然也有很多在搜索引擎优化或企业定制方面做得比较好的专业公司可以提供这类服务。

对协同办公或 B2B 产品而言，运营团队的注意力往往放在如何建立直接的销售渠道上，并同时采取很多与零售类产品相同的自下而上的获客措施，多管齐下，实现获客的目标。有的时候真的可以捡到便宜。最简单的方法就是重新审视现有用户的信息，抓取已注册且保持活跃的用户的信息，看看他们的邮件域名后缀，这样就能找出哪些公司是有可能实现对公销售的。或许，可以直截了当地询问这些现存用户，了解他们在哪家公司工作，以及他们的团队有多少人，然后再给他们发送推销邮件。另外一种快销方式就是在产品报价页面上添加"联系我们"的被动销售模式。在提升营销力度的同时，要同步推出可供营销的内容，做事件营销，创造可以被用来引导消费者的先导内容。还可以组建一支负责增长的团队，他们需要具备独立获客的能力，并且要能够掌握产品的生命周期规律，这样一来销售团队就可以清晰地了解到产品在公司内部的发展轨迹和所处的阶段。采取上述措施和手段后，就可以把多个渠道汇集成一套统一的发展战略。

当然，无效点击率定律已经明确告诉我们营销渠道的效用会随时间推移逐步降低，那么我们可以采用的另一种策略就是早点儿启用新的营销方法。我们观察到，每 3~5 年，市场上就会出现一次新的媒体形式和平台的大爆发，这给我们提供了更为丰富的试验机会。最近这几年，TikTok、Twitch、照片墙，以及其他已经发展到一定规模的视频类平台大行其道，为很多创业企业提供了依靠网红和主播来进行营销的手段。很多开发 B2B 软件的创业企业也开始采用原本只有消费类产品才会使用的用户引荐计划、表情包、短视频等手段。营销领域的企业版图一直在变化，每隔几年就会出现一拨新产品和新平台，为专业从事营销的人提供了先机。

充分利用获客网络效应

传统软件产品对付费营销的依赖程度很高，相比之下，网络产品则可以通过优化病毒式闭环实现传播，不用花太多的钱，在这一点上它比传统软件的效率要高。

举例来讲，在 Twitch 的发展过程中，运营团队着力于招揽内容创作者，为他们提供工具和变现机会，从而提高创作者在网络上的活跃程度。创作者对平台满意度越高，意味着他们直播的时间越长，进而吸引更多观众，带来更多的用户互动机会和变现机会。或许有人认为公司在这个节点可以大幅增加在营销方面的投入，但实际上，运营团队希望能够放大吸引主播的网络效应。

对世界上现有的比较成功的产品而言，利用网络效应来获取用户已经成为通行做法。很多成功产品已经拥有了 10 亿以上的活跃用户，读者应该可以想到，这种量级的用户群体不是靠付费营销就可以买来的。在像优步这样基础广泛的消费类软件中，手机付费下载的规模成本可能是 10 美元，而在价值更高的个人金融或 B2B 软件类别中，手机付费下载的规模成本可能是前者的好几倍。如果你用这个平均成本价乘以数 10 亿次的安装，最终转化成 10 亿名左右的活跃用户，你就会明白一个重要的道理：没有人会在营销上花费上百亿美元。

解决无效点击率定律问题的最好方式就是提升网络效应的效果，而不是在营销上花更多的钱。

第二十六章
网络抗议

我们要反思一下，为什么会出现公司最重要的用户来办公区抗议闹事的情况？

2016 年，我住在旧金山海耶斯谷的一间复式公寓里，离位于市场大道 1455 号的优步办公区很近。每天上班路上，我会顺道在小巷子里一家不起眼的咖啡屋买一杯美式咖啡，沿路走过一排酒吧、餐馆、精品店。路途不远，而且令人愉快。但一年当中，这段愉快的步行总有几次被不和谐的场面打断：数十名愤怒的优步司机在办公区门外抗议示威，高声喊着口号。他们有时高喊口号，有时敲锣打鼓，义愤填膺，每次至少要闹好几个小时。警卫们会在办公区门口拉起警戒线，确保公司员工能够正常上班，但是这种示威闹事总是让人感到烦躁。

这种现象后来变得很常见。如果示威者闹得很凶，行政团队的人会给全公司的员工发邮件，提醒他们办公区外的闹事可能会失控，大家尽快从紧急逃生门撤离。有的时候，闹事者还会针对我们个人。曾经有一位愤怒的司机通过社交媒体发现我是优步的员工，他纠集同伴在公司大堂堵截我。当我听到他们点名骂我的时候，我加快脚步，飞奔进了电梯。

这种现象让人感到心力交瘁，因为我飞奔到工位之后紧接着就去开晨会，会议讨论的问题逐渐聚焦到了一个主题上：司机是优步网络中最重要的用户。他们是优步网络中的困难侧用户，但是他们的人数只占到总用户数的 5%（以优步的情况来算，差不多每位司机要服务 20～30 名乘客），公司大多数资源必须向司机倾斜。我们可能会给新司机提供每人 20～50 美元不等的补贴，这相当于当时活跃存量司机的补贴的 10 倍。在司机供给数量不足的市场，比如旧金山，有时候司机的补贴可能会高达 1 000 美元甚至 2 000 美元。

出现这种局面，一定程度上是因为一小部分司机的重要性与日俱增。优步网络上的数百万名活跃的司机大多数是兼职，但有那么一小群被称作超级司机的人，他们每周驾驶时长会达到甚至超过 40 个小时，他们的重要性不言而喻。

不幸的是，在办公区外面示威的也正是这个超级司机群体里的人，他们的诉求有很多，有的想要更高的收入，有的想要公司提供社会福利，有的想要公司和乘客给他们更高的地位，等等。我很同情司机，但真正的问题是，我们到底要怎么做，才能让网络中的所有用户都感到满意？

困难侧用户最难解决的问题

优步遭遇了很多独特的问题（光说独特还不足以体现问题的

难度），但是网络中的困难侧用户变得越来越重要，越来越稀缺，同时他们的利益诉求与平台运营商的利益越来越不一致。这种问题并不是优步特有的问题。

很多类型的网络产品都会遇到这个问题。eBay 的困难侧用户是卖家，一旦卖家需要支付的商品的上架手续费上涨，卖家就会抗议。爱彼迎的房主、Instacart 的送货员、亚马逊的卖家都存在这种问题。交易市场上的变化往往都是对简单侧的用户有利，也就是方便了买家，他们肯定希望交易手续费更低，购买商品的保障更全面，以及享有其他各种权益。但是，网络中这种绝大多数用户的强制性需求，让网络中比较稀缺的用户感到难以承受。我们还可以用微软 Windows 系统和 iOS 系统等软件开发平台来说明这一点。这些平台主要依赖网络中的软件开发者来开发产品，他们是网络中的困难侧用户，他们的开发工作需要持续很多年，而且前期要投入数百万美元，他们的产品满足了消费者的需求，也就是服务了网络中的简单侧用户。以微软的发展历程为例，其在 20 世纪八九十年代和很多软件开发商展开了激烈的竞争，其中就包括网景、Novell、Borland、莲花等知名软件商。微软网络中的困难侧用户很多都是大型的、得到风险资本支持的上市公司，而非个人软件开发者。脸书也是一样，其推出了自己的开发平台，吸引了 Zynga 和 Pinterest 这样的优秀企业。本来这都是好事，但是脸书逐渐发现，这些开发商与脸书自身在软件提示信息泛滥、社交内容分享机制、开发接口利用等问题上的分歧越来越多。Reddit 网络里的社区管理员（作为该网络中的困难侧用户，负责组织、创建、筛选社区成员和内容）就曾以"沉寂"的方式抗议平台对规则的更改，导致整个网站的交互频率和流量大幅下降。

如果网络困难侧用户中的很多人发起有组织的抗议行动，那么他们有可能彻底扼杀一款产品。曾有报道称，推特以 3 000 万美元的价格收购了一款名为 Vine 的软件。该软件的功能是让用户创建并观看 6 秒以内的短视频。这款软件超前于当时的时代，其商业理念和现在的 TikTok 差不多。和很多社交软件一样，最受欢迎的内容创作者也是网络上最成功的用户，他们在吸引观众方面发挥着重要作用。

不幸的是，几年之后，十几名头部内容创作者联合发起了一次抗议行动：

> 在马库斯·约翰斯和皮克等创作者的带领下，这个小团体提出了一项诉求：如果 Vine 向每位明星创作者支付 120 万美元，并且按照他们的要求修改软件功能，那么这些明星创作者会保证每个月至少创作 12 条 Vine 平台的视频。如果公司不答应这个诉求，18 名联盟的创作者都会退出这个平台。其中一位创作者德托姆·鲍尔后来在解释为什么会提出这种金钱方面的诉求时说："在我们离开之前，我们为平台带来了 10 亿次以上的播放量，请记住，10 亿量级的播放量。"[69]

Vine 回绝了此项诉求，数年过后，这个平台彻底不行了。培育困难侧用户的精力还是非常值得去花的。网络中最成功、最高产的困难侧用户实际上为平台提供了最高质量的服务，他们愿意投入更多的精力和资源去扩大自己的影响力，最终演化为本网络的护城河和中流砥柱。实现这个愿景的前提是平台要能留住人。用优步的数据来说，超级司机的人数只占司机总人数的 15%，但是前者完成了全平台 40% 的订单。他们同时也是安全系数最高、获得的评价最高的司机，毕竟，他们都把这个工作当作主要的收入来源。

其他产品的用户集中度更高。iOS 平台上的软件，一半以上来自几家精英级的开发商，比如谷歌、脸书、微软、亚马逊等。排名前 20 的软件下载量占整个软件商店下载总量的 15%！在软件即服务型协同办公工具中，付费用户的集中度让我们看清了困难侧用户的面貌，他们通常是公司的 IT 部门或者管理层，负责审批软件开支，部署软件在全公司范围内的应用，并且组织员工在软件平台上开展交流互动。协同办公类软件的困难侧用户集中度非常相似：Slack 提交的 S-1 表格（招股书）显示，占用户总数 1% 的用户贡献的收入占总收入的 40%，Zoom 也曾公布公司 30% 的收入来自 344 个付费账号，这些账号数量还不到公司用户总数的 1%。

我们在社交网络平台上也看到了类似的现象。YouTube 和照片墙平台上组织得最好的频道和主播刚开始的时候可能是自然人，但他们最终也要被迫走上规模化生产内容的道路，这样他们的数百万粉丝才能看到专业的高质量的内容。Reddit 的频道管理员也需要具备这样的素质，有的管理员管理的频道内可能有 2 000 万订阅者！但是，如果我们顺着用户量排序往下看，用户数量会呈现出几何级数式的下降，排在前 1% 的频道，也就是在 200 万个

Reddit 次级频道中排在 20 000 位左右的频道，也只有数千名订阅者。

在很大程度上，这种集中度是网络中的用户产生了良性互动循环，推动网络内容高质量发展后必然出现的结果。创作者制作的内容越好，其得到的点赞、分享、关注也就越多，平台的算法推送程序会向更多用户推荐他们的内容。创作者制作的内容不好，则什么反馈也得不到，与其他用户的互动交流也会越来越少，他们会逐渐沦落为普通的观众，甚至离开这个平台。一位好的团队组织者会创建任务，发布新的内容，邀请其他同事加入协同工作的流程，从而提高网络的活跃度。一位不善于组织的管理者可能会创建无法激励同事互动的任务，他们可能会离开这个平台，或者由其他善于做这件事情的同事来接手。在外卖平台上经营得好的餐厅会收到很多五星好评，赚到更多的钱，然后投资新建一个专门提供外卖餐食的厨房，而且也有能力拓展到其他市场。经营不善的餐厅则会收获差评，它们最后只能离开平台，甚至关门歇业。所有这些信息反馈闭环都会在为数不多的用户之间形成更高的集中度，但是最终的效果是使整个网络的用户受益。

网络产品通常都会推动平台生态向职业化发展，因为这么做可以帮助平台运营者扩大困难侧用户的规模。其背后的逻辑很简单，就是把以前家庭作坊式的卖家变成超级商户，把独立开发软件的码农培养成软件公司。在市场饱和状态下，用户数量的绝对增长量逐渐减少，这个时候朝着专业化方向发展就成为最重要的转型，因为它能够给网络困难侧的每一位用户提供更多发挥的空间。平台运营者可以给困难侧用户提供培训、文件管理、变现等服务。常见的手段就是开发一些面向企业的功能模块，比如可以让公司的 IT 人员管理公司内网的工具，或者可以让社交媒体分析流量，向内容创作者或品牌方汇报运营情况的工具。这些"专业版"或"企业版"功能或许会发展成一款独立的产品，会有专门的团队负责跟进维护。公司的成功团队可以为这些用户提供更高层次的服务，进而与他们签订经济效益很高的合约。

在网络发展的初期，为了实现供给侧的职业化发展而投入大量资金，必然存在很高的风险。优步曾经犯过一次尽人皆知的错误，公司想要给没有汽车但是有潜力成为司机的人直接提供汽车，以实现供给侧用户的增长，这项计划叫作"交换租赁"。公司当初以为，这种方式能够让获得汽车的人迅速变成超级司机。公司可以从这些人的优步收入账户里自动扣减汽车的购置费用，司机用个人评级和订单数据来为自己的贷款担保。

"交换租赁"最终被社会"打脸"，公司在这项计划上损失了5.25 亿美元，没能实现这个市场司机侧的职业化。计划失败的主要原因是其引来了一群眼里只有赚快钱的人，这放在平时可能是有上进心的表现，但在这里他们都是没有良好信用记录的人。很多人无法按时偿还汽车贷款，有的人用优步提供的汽车接其他平台的订单，以此规避自动扣款。他们会从公司监管的眼皮子底下偷走汽车，在黑市上以半价销售。他们可能会接 Lyft 的订单，而不接优步的订单，这样一来他们可以规避优步的自动扣款设置。他们不仅要拿走优步的"蛋糕"，而且还要把它吞到肚子里。优步不得不启动大规模的收车行动来召回所有的汽车，但还是晚了一步，很多车都已经流入了黑市，有些车被卖到了遥远的伊拉克和阿富汗，被找到的时候，车上的全球卫星定位系统设备还在运转。我介绍这个案例是想告诉读者，如果在推动供给侧用户数量增长方面投入巨量资金，可能会给公司造成很大的风险。

不管上面这个案例传递了怎样负面的信息，我还是认为网络用户职业化发展带来的好处更多。通过鼓励已经获得成功的用户取得更高层级的影响力，可以为整个网络带来巨量的增长。网络中已经获得成功的困难侧用户是最有可能实现职业化的，他们也是最有可能掌握成功秘诀的人。他们可以培养自己的员工团队，帮助公司向其他服务和产品领域扩展。他们可以向社会融资，在其他用户无法执行的大型项目上投入资源。通过这些手段，他们可以在网络上不断提升服务质量，并且保持质量的一贯性。经过一段时间的运营之后，这些职业化的用户可能成为网络运营者最佳的合作伙伴，他们会产生深层次的共生关系。

同时，一组矛盾也诞生了。网络的用户数在规模化增加，困难侧用户则向着更加职业化的方向集中。网络内容的质量和一贯性或许会得到提升——网络中最精明的用户能够用规模化的手段来提升质量和一贯性，但由于矛盾的存在，困难侧用户与网络总人数的失衡必然导致双方的激励因素错位。司机、卖家、内容创作者可能会对所获的待遇不满，提出抗议。软件开发人员可能会抱怨、离职，甚至与老东家展开竞争。软件即服务平台上的合作伙伴可能会提出新的采购价格，提出开发定制化功能的需求，甚至以退出这个平台相要挟。

不管存在多少问题，我认为网络的运营者都要承认这些问题的存在。

如何实现职业化

　　职业化有两条路径：内生和外聘。我们先用 eBay 的案例来描述一下内生职业化。假设你最初只是在 eBay 的平台上兼职销售一些复古服装，赚一点儿零花钱，但是后来你发现自己其实可以全职从事这项工作。经过一段时间经营之后，你或许能够积攒足够的资本，创设自有品牌的专卖店，雇用员工，变成一名"超级卖家"，加入 eBay、亚马逊和各大电商平台的数百万家商户的大军。同理，在 B2B 业务领域，你也许先搞定了一位愿意试用新产品的高管，然后通过高管搞定了一个特定的项目团队或者一群相关的专家，最后发展到有专业顾问和经销商来帮助买方在更广阔的办公生态内推广这款产品。很多类似客户关系管理系统的 B2B 软件都是通过这种方式实现发展的。

　　在某些情况下，职业化的困难侧用户可能成长为行业巨人。成功者的影响力大小取决于他们积聚人气的难度。视频创作者、软件开发者肯定比爱彼迎的房东更容易聚拢人气。在 YouTube 平台上，很多青少年主播，通过持续生产视频内容，变成了平台上的明星，但是，在爱彼迎的平台上，如果想要成为有较大影响力的房东，其名下必须有价值数百万美元的房地产。在 OpenTable 这样的网络上，餐厅是困难侧用户，它们很难在网络平台上成长为巨人，因为食品本身就是一种分散的商品。我们很难想象一家餐饮连锁企业成为 OpenTable 网络上独占鳌头的领军公司。换个角度看，社交媒体平台往往能够吸引大量用户，而且用户集中度偏高，网络中往往只需要几个头部用户牵引就够了。

当一个网络中最有影响力的用户足够强大时，他们极有可能获得风险投资机构的支持，创建自有的高增长创业企业。像iOS、互联网、Windows这样的开发者平台都曾经见证过这种现象，也就是软件开发者规模足够大，网络效应足够强，从而吸引了投资者和风险资本。我们经常看见上述平台上的开发者成长为满足IPO条件的大企业——我在本书中作为案例进行分析介绍的企业大多数都符合这个特征。大型的视频类网络产品，比如说YouTube，就有很多在平台上成长起来的内容创作者转型成了职业化制作人。"制作人工坊"就是这么发展起来的。2014年，迪士尼公司以5亿美元的价格收购了这个工坊。像《守望者》《英雄联盟》《堡垒之夜》这样的热门多玩家游戏吸引了很多职业的电子竞技团队，每个团队都希望成为下一个纽约洋基队，因为随着电子竞技成为一种主流赛事，他们的比赛也可能创造数十亿美元的价值。最近一段时间以来，很多创业企业依托Zoom的平台开展了丰富多彩的业务，包括幼儿教育、职场联谊、会议沙龙等，很多投资者和头部风险投资机构开始关注这个领域的投资。上面提到的这些都是困难侧用户职业化发展的案例。

困难侧用户职业化的另一种方式就是从平台以外的渠道招揽职业化用户。苹果软件商店刚刚问世的时候，在平台上成长起来的开发者贡献了第一批软件，比如Foursquare、优步等。但是，具有前瞻眼光的开发公司，比如脸书、Yelp、eBay等也发布了自己的软件，这些软件伴随其自有的网络不断成长。微软坚持了很多年才推出适用于 iOS 版本的软件，这是在萨提亚·纳德拉成为公司首席执行官之后才实现的。他任职后提出应该让微软 Office 套件能够在所有平台上运行，而不局限于微软自己的平台。任天堂很多年来只能在自己开发的硬件上运行最受欢迎的《马里奥》和《塞尔达传说》等游戏，它希望这些热门游戏能够成为自己网络生态系统的锚点。但是后来，移动互联势不可当，它还是发布了适用于 iOS 设备的游戏。

如果一个网络规模足够大、足够丰富、足够多元化，就会有人把它称为一种"经济"。比如说，你可能听到过零工经济、注意力经济、创作者经济等。这些词语对应的分别是爱彼迎/优步/Instacart、脸书/谷歌、TikTok/YouTube/Substack 等平台的商业模式。平台成为一种经济之后，也就形成了一个活跃的用户生态圈。有专门的会议、活动、记者服务于这个群体。甚至有平台开发专门的培训项目以帮助潜在的、可招揽的职业化用户加入这个生态圈。

有些风险投资者专门给这些衍生的企业提供投融资服务，这也从侧面说明了大型经济领域里的参与者也有可能成长为大型企业。如果出现这种现象，说明这个生态圈里的各种产品已经足够大，足够稳定，能够支撑这个网络长期运营下去。当一个网络具备了一定的规模并且市场逐渐饱和时，传统的增加困难侧用户的手段（不断添加新用户）逐渐失效，公司通过内生和招揽方式实现困难侧用户的再次增长就显得尤为重要。

不得不走规模化发展之路

网络中的困难侧用户是最难实现规模化增长的，而且规模化增长起来是最费钱的。随着市场走向饱和，更重要的应该是"扩大影响力"，而不是持续获得困难侧用户。

优步团队就是这么走过来的。他们刚开始的时候通过低声量、不可复制的手段来招揽困难侧用户，特别依赖运营团队的创意，以及在 Craigslist 网站发布广告等手段。但是，当公司发展到需要向一个成熟的市场注入数万名新司机的程度时，这些手段就没法发挥作用了。当初在 Craigslist 发帖子招揽一名司机只需花费 70 美元左右，现在则需要在每一种可用的渠道发力，比如付费营销、用户引荐甚至电视和广播广告等，人均成本会超过 1 000 美元。

市场饱和意味着新加入平台的用户和早期用户会很不一样。当职业化司机的市场饱和时，优步不得不试着去说服从来没有靠开车赚取收入的人来尝试这份工作。公司需要去培育这个市场，从普通群众中招揽更多的人，让他们成为用户。公司需要对这批新的司机进行更多培训、更多审核、更多鼓励，教会他们如何与乘客互动。在优步成立早期加入平台的司机都有豪华车运营执照，这个资质代表着这些司机知道自己该做什么，但是，新加入的司机需要有人引导，教会他们如何接到乘客，以及如何应对机场特殊交通规则等。

当网络中的用户懂得如何与其他用户互动的时候，网络的运营就会比较有效。内容创作者需要了解特定平台上哪些类型的内容会比较有吸引力，比如 TikTok 上适合发布灵巧舞蹈类的视频，播客上适合发布系列小说。交易市场平台上的卖家需要一定的时间才能了解如何用最好的方式展示自己的产品和服务，比如说在爱彼迎的平台上用专业摄影师拍摄的照片展示自己的房屋，或者在照片墙平台上找网红来宣传自己的产品。

如果招揽了新的困难侧用户，但是没有辅助他们走上成功的道路，后果很严重：这批用户会离开平台。发明家和容易接受新科技的用户或许会因为感觉一款产品很酷或者有趣就一直使用这款产品，但新招揽的困难侧用户不同，他们不会长期驻留在没有价值属性的平台上。他们加入平台都是为了解决某种问题（通常都是为了赚取一份收入），如果平台不能帮助他们实现这个目标，他们就会离场。

网络产品面临的两难局面很难打破。接受困难侧用户的职业化趋势，平台能够获得规模化增长带来的收益。但是，这必然会产生权力的集中，甚至产生利益的错位，只不过大家都不希望有人在自己的办公室外面抗议。如果不接受困难侧用户的职业化发展，那就只能放任困难侧用户在寻求规模化增长的道路上挣扎。我自己非常明确地认为，第一种选择才是正确的。不过，要拥抱困难侧用户的职业化趋势是非常艰难的，因为每家交易市场类企业都需要解决人力方面的冲突，每家软件平台都不得不和软件开发者直接展开竞争，甚至把开发者踢出自己的平台。不论如何，收益远远大于成本。困难侧用户的职业化发展是打破企业增长天花板的关键手段，如果能管理好这种发展趋势，就能够收获网络效应带来的更多好处。

第二十七章
用户集中涌入

在Snapchat、脸书、Friendster（社交网站）出现之前，甚至在Geocities（一个为用户提供个人主页的服务）和雅虎群组诞生之前，互联网社区的鼻祖就已经存在了，那就是新闻组。我们可以把它看作最早的社交网络。1980年互联网诞生之初就出现了新闻组，这是一个分布在全球的用户研讨交流系统，这个平台上存在很多新闻群组，比如讨论政治的（talk.politics），讨论艺术电影的（rec.arts.movies），讨论手工艺和酿酒的（rec.crafts.winemaking），话题非常丰富。在富媒体页面和浏览器还没有被发明出来的年代，来自全球各地的人们（通常是大学和研究机构里早期接入互联网的学者）在新闻组的平台上以文字信息的方式相互交流。

对初生的互联网而言，新闻组是一个不可或缺的存在，很多关于网络的重大历史事件都是在新闻组上发生的。很多大事件都是通过新闻组向全球发布的，比如蒂姆·伯纳斯-李宣告了万维网的诞生，以及莱纳斯·托瓦尔兹发布 Linux 操作系统。当然也少不了安德森－霍洛维茨公司联合创始人马克·安德森在这个平台上告知大家第一个图像化网页浏览器的诞生。自 20 世纪 80 年代问世之后，新闻组平台通过精巧的网络效应，取得了像 Reddit 和推特一样的发展，把自己打造成了全球互联网的中心。新闻组平台上的用户数量最多，话题最全面、丰富，你何必再去别的平台参加讨论呢？

但后来发生了一些重大变化。到 2000 年时，新闻组基本可以被宣告死亡，其核心用户纷纷转移到其他平台上。新闻组平台遇到了发展的天花板，而且没能实现增长的复苏。是什么导致这个平台走向崩溃？

导致新闻组平台崩溃的问题与困扰各大社交媒体平台的问题是一样的。只不过当时互联网还处在发展的早期，没人预见到棘手的问题即将出现，更没有人能够提出解决的方案。举例来讲，现在的社交媒体用户早就熟悉的"垃圾邮件"就诞生于新闻组平台。在互联网发展的最初年代，曾经有一段时间非常清静，没有什么垃圾信息，大家都实名使用电子邮件。但没过多久就开始出现垃圾信息。新闻组平台和电子邮件是最早产生垃圾信息的平台。当新闻组平台上的用户数量足够多时，就吸引了一些想要借这种人气做生意的人，他们利用这个平台出售自己的产品或服务，经常同时向十多个新闻组聊天群组发送轻率的、重复冗长的信息。站在现在往回看，我们知道像新闻组这样的通信网络必然会产生垃圾信息，同样也会存在辱骂信息和诈骗信息。早期的互联网用户甚至专门创造了一个词来描述这种现象，即"戈得温定律"，也就是说每一场激烈的在线辩论都将沦为带有纳粹色彩的骂战，这种恶性循环在 20 世纪 80 年代的新闻组平台上经常发生。这些概念同样可以用来描述现在的社交网络（而且这些问题依旧很难解决），这和十多年前的情况相比完全没有变化。新闻组平台是全球范围内第一个需要面对这些恶劣行为的在线社区，而且这些行为发生的频率还很高。

新闻组平台几乎是以不受控制的速度增长，这也让它变得难以管理。刚开始的时候，新闻组平台的第一个原子级网络出现在杜克大学，因为平台创设者吉姆·埃利斯和汤姆·特拉斯科特就在这里工作。随后，附近的北卡罗来纳大学加入了网络，再之后贝尔实验室、里德大学、俄克拉何马大学等机构纷纷加入了平台。由于这个平台上很多机构都是大学，因此每年 9 月都会有一批新生报到并加入这个网络。在入学后的几个月里，他们会学会社交礼仪、术语、文化，逐步融入在线社区，当然也有人因为被指责不遵守"网络礼仪"而愤然退出这个平台。很多早期的新闻组用户在学术交流活动中相互结识，也就形成了真实的人际关系，进一步强化了行为的文明程度。

1993 年 9 月，这美好的一切都发生了变化。当时规模最大的互联网接入供应商美国在线发起了一次规模庞大的营销攻势，给数百万消费者免费寄去了光盘和软盘（这是当时接入互联网必备的）。原本新闻组的网络只会在每年 9 月出现一次用户集中涌入的高峰，而且时间和规模是可预测的，但是这一次突然有来自各行各业的数百万人同时涌入。这看上去就像一场望不到尽头的洪水。

数月之后，新闻组早期的领军人物戴夫·费希尔说道：

1993 年 9 月会成为网络历史上从未终结的 9 月。[70]

如今，我们把这个互联网历史事件命名为"永恒的 9 月"，当时一群毫无经验的互联网用户冲击了新闻组的网络。随着新用户数量的飞速增长，新闻组社区的核心文化氛围被迫发生了改变，新闻组社区的内容和网络礼仪也彻底发生了变化。新加入的用户带来了新的应用场景，制造了新的讨论话题，并且提出了对新功能的需求。有些变化是值得称赞的，比如网络协议升级提速，可承载的数据量增大，最明显的变化就是其可以支持二进制编码的文件，比如照片、音乐和视频。

但随之而来的还有色情影视内容、盗版电影和音乐，以及其他淫秽的内容。不当内容、垃圾信息、新手小白等多种因素叠加，导致新闻组变得非常难用。网络礼仪的消失意味着用户很难找到高质量的讨论群组，这恰恰是新闻组发展早期最有价值的特色。用户开始迁移到其他科技平台上，比如在线论坛、邮件群组，最后开始使用社交网络。

最终，新闻组的网络彻底崩溃了。作为这个平台诞生地的杜克大学，在运营了它 30 多年之后，终于在 2010 年关闭了服务器。美国在线、威瑞森、微软等主要的互联网接入服务商在同一时间切断了接入服务，理由就是新闻组存在盗版内容、色情内容以及其他严重的问题。有报刊发表了题为《新闻组多年来早就摇摇欲坠》的文章，将 1993 年 9 月定为这个平台走向死亡的起始点。

新闻组的盛衰给所有触达天花板的网络产品敲响了警钟。它们都受到垃圾信息、诈骗信息和其他恶劣行为等共同构成的反网络效应的影响，更为重要的是，它们都遭遇了情境崩塌。这些负面效应会天然对冲病毒式传播和交互闭环等效应的作用，让网络无法变强，并最终迫使积极的力量退出舞台。如果这些问题长时间存在，而管理者不加以处置，它们最终会导致整个网络的崩溃。

情境崩塌

假设一个网络是从一个比较专业的原子级网络逐步发展起来的，那么这个网络中必然存在网络礼仪。在网络形成的最初几年里，网络里的用户对于自己该干什么、不该干什么会达成共识。这就是一种文化。但是，任何网络的文化都可能遭遇情境崩塌的问题，这也是网络产品特有的微妙问题。我们举个例子来描述这种问题是如何发生的。脸书前任首席科技官、Quora 现任首席执行官亚当·德安吉罗为我提供了这个案例。对于情境崩塌如何影响社交和通信类产品，他这样说：

> 在你和好友第一次加入一个社交平台之后，你们很容易经常使用这个平台进行沟通。你或许会经常在这个平台上发照片，以及给朋友的照片写评论——很多评论里的笑点是只有你和你的朋友才懂的。你和朋友经过试用，觉得这款产品非常好，于是你邀请更多朋友一起来玩，接着他们又把自己的兄弟姐妹都陆续拉了进来。产品就这样发展起来了。但到

了一定的时候，原本发给朋友们看的照片和文字或许会收到陌生人的点评。你的父母也有可能被其他人邀请到网络中来，还有你的老师和你的老板。你原先发的一些参加派对的照片就可能变成给你带来麻烦的导火索。[71]

德安吉罗举的例子主要是从普通零售消费者的角度说的，但是类似情况在协同办公软件上也可能发生——用同事、经理、团队成员、高管替换掉朋友、父母、老师，这种现象仍然会发生。你在某个特定情境下说的话，比如单独给某位同事提意见，或者和某位同事抱怨最近的项目难做，如果放在一个大家都看得见的环境里，可能就会变成政治不正确的言论。这种现象既关系到你发布的具体内容，也关系到你和他人的互动方式，还关系到在当前情境下说什么样的话才合适。

所谓的情境崩塌就是很多个网络碰撞到一起，塌缩成一个信息的黑洞。对社交网络类产品而言，这是非常严重的问题，因为它会导致内容创作者，也就是网络的困难侧用户，难以采取正确的行动，他们没有办法发出能够在任何情况下让任何人都满意的照片了。

"情境崩塌"这个词是研究人员迈克尔·韦施在分析YouTube的过程中提出的，他研究的问题为：

> 一个人要如何面对全世界的人和未知的未来发表言论呢？……他面对的问题并不是缺少情境。他遭遇的是情境崩塌：无穷无尽的情境全部塌缩在他录音、录像的这一刻。任

何一个时刻，通过镜头捕捉的图像、动作、文字都可能被传送到这个星球上的任意一个角落，而且可以永久（至少表演者是这么预设的）保留。那片小小的镜头玻璃变成了一个可以吸收所有时间和空间的黑洞，几乎所有的情境都被收纳其中。原本想要发视频博客的人，面对这个情境的黑洞浑身僵硬，不知道应该从何处入手去制作呈现自我的视频内容。[72]

把韦施的话换个方式说一遍，那就是发布在 YouTube 上的视频可能会被世界上任何一个人看到，而且视频会永久存在。不论自己的本意是严肃的、打趣的，还是有其他的态度蕴含其中，创作这条视频内容的人如何才能确定自己的本意能够被观众正确解读？你怎么能知道，如果这条视频传播到完全不合适的情境当中，它不会对其他人构成侮辱，或者你自己不会被观众批评？"自我陈述的危机"就是导致创作者离开网络的反网络效应之一。

这种效应带给网络用户的负面冲击是很大的。父母、老师、老板是对你的人生最有影响力的人，软件产品的算法可能很快就会把你创作的内容呈现给他们看。对 Slack、领英、脸书这类实名网络而言，这种问题尤为尖锐，因为你发出的数字化内容直接关乎你的声誉。网络中的用户越多，看到你发布的内容的人也就越多，这导致你发布内容的行为可能存在风险。德安吉罗将此称为网络的"解散"现象。如果一个网络不断失去最顶尖的创作者，那么这些创作者的很多粉丝也会随之流失。流失的观众太多的话，剩下的创作者的创作动力也会下降。这种恶性循环演变下去，网络中的某个特定的社区可能会完全消失。

情境崩塌并非仅存在于社交网络。所有原子级网络刚诞生的时候都会制定自己的网络礼仪，而且最初的用户一定是同一个圈子里的人。所谓的网络文化，可能是 Craigslist 上保持低价且不吹嘘，爱彼迎平台上专门寻找有特色的房产并将其拿出来租赁，以及 Slack 上专门寻找容易接受新鲜科技产品的科技行业用户等。这几款产品分属不同的种类，一个是分类广告网站，一个是交易市场平台，一个是软件即服务型办公产品，但是它们都面临同一个问题。随着网络规模的扩张，网络中的困难侧用户的参与度被迫变得越来越低。

在协同办公软件的场景里，如果你身处的网络从原本身边亲近的同事扩张到异地的更多陌生同事，也会出现情境崩塌的现象。随着产品不断在各地办公室部署扩张，更多来自遥远异地的经理人，甚至数百名异地同事会加入这个网络，你在网络上发声的机会肯定会越来越少，因为一句措辞不当的玩笑或过于随意的话在你自己的团队里可能只是引起大家哄堂大笑，但是在异地同事听起来可能就完全是另一回事了。

在交易市场的场景里，假设其早期靠聚集热爱高端运动鞋的用户促进了网络增长，但最终这些卖家会遇到很随意的买家，这些买家只关注自己能否买得起。如果这些买家并不关心产品的特质，或者说了一些不合时宜的话，这会让早期的卖家彻底失去兴趣。换个角度来说，市场上可能出现新的卖家，他们可能会展示并销售价钱更亲民的产品，但是这些产品可能没什么特色，这会让早期加入网络的买家失去目标，找不到自己想买的东西。在一个情境下可能很有吸引力的产品，在另一个情境下可能完全没有吸引力。买卖双方的匹配本就是交易市场的核心属性，情境崩塌是导致匹配失败的重要原因之一。

随着网络规模的扩大，用户的体验越来越差，但与此同时，打造了这款产品的团队仍然在全力追求网络的增长。从本质来看，这是一对冤家：网络效应和反网络效应的对抗。如果反网络效应强大到能够抵消开发团队所做的任何努力，那么这个网络就会遇到发展的天花板。

子网络组成的网络

如何预防情境崩塌呢？从苹果手机自带的短信软件和WhatsApp 这两款产品中我们能找到一点启发。通信类软件不容易遭遇情境崩塌的问题。你可以使用这种产品与十多位亲朋好友保持紧密联系，即便网络中新增数百万名用户，你的核心体验也不会发生变化。Slack 的通信频道是另一种解决方式。随着公司的同事不断加入网络，大家会发起小规模的聊天频道，与身边的同事在小范围内保持沟通。这些功能赋予了用户将公司层级的大网络拆分成团队层级的小网络的能力，有些小网络甚至只服务于一项工作任务。如果这些对话频道的人数过多，用户可以重新发起小型的对话频道。

换句话说，并不是所有的网络产品都会遭遇不可挽回的情境崩塌。如果用户能够自发组成群体，他们对情境崩塌的抵御能力就更强。脸书旗下的软件为用户提供了一个范围更小、与大网络关联度更低的消息推送机制，Snapchat 的讲故事模式也为软件原本的 1 对 1 照片通信提供了有效补充。它们的做法相当于在一个大网络里添加一个子网络，子网络能够维持自有的情境。照片墙就为用户提供了"finstas"（马甲）功能。用户可以创建二级甚至三级账号，通过不同的账号分享不同的内容。每一个不同的身份下都有一群不同的粉丝，这样一来，用户不想让父母或老板看到的照片就不会推送给他们。

开发团队还可以通过软件功能来提醒用户，他的信息接收方可能与他处于不同的情境。如果你在 Slack 的一个聊天频道里打字，软件会提示你接收方可能处于不同的时区，这就是提醒你对方可能和你处在不同的情境当中。比如，你发送了一条在你看来完全合理的工作信息，但接收方正好处在周末，对方就会觉得你行为失当。同理，对于使用谷歌文档创建的文件，用户可以选择发给拥有同样公司邮箱后缀的某个人、某个群组或所有人。通过这样的许可和隐私设置，用户可以创建小范围的沟通群组，之后再逐步扩大规模。

如果创建太多小范围、私密沟通的空间，会让整个网络产生一种紧张感。创建小范围沟通群组并不是解决问题的灵药。如果将网络分解为许多碎片，网络很快就会被只使用了一次的非活跃频道或群组挤占，这些碎片是毫无用处的。同理，如果聊天频道和 1 对 1 对话的数量太多，找到自己想要的内容就会变得困难。苹果手机的短信功能也是一样，如果你同时和十多个人聊天，或者很多个群组同时在交流，这款软件对你而言基本就没法用了。

我们需要很仔细地去维护网络并预防情境崩塌的问题，让网络上有足够多的新鲜信息，从而使网络产生足够大的吸引力，但是也要控制信息量，使其不至于让用户感到无力应付。

点"踩"的力量

情境崩塌与垃圾信息、诈骗信息长期以来一直困扰着新闻组平台。或许对大家而言，这并不是什么新问题。

试想，如果你收到这样一条信息："先生，您肯定对收到陌生人的来信感到诧异，而且这个陌生人还想请您帮个忙……"

发件人声称自己是法国皇室成员，近期由于不当操作损失了一大笔资金。他现在已经想到了挽回损失的方法，前提是你得答应帮助他。而且作为公平的回报，你帮助他完成任务之后将得到相应的酬劳。

这听上去是不是很熟悉？故事的精彩之处在于，这是一条以平信的形式发出的信息，并不是我们现在在电子邮件或者领英上收到的信息。信中说，这份财宝以纯金法郎计价，财宝是在法国一个乡村弄丢的，写信人是一位侯爵的贴身仆从。这种信件已经有了专门的统称，叫作"耶路撒冷信件"，由罪犯转变为侦探的法国人尤金·弗朗索瓦·维多克在 1828 年发表的个人传记里介绍了这种信件。[73]

尽管这种骗局早在近 200 年前就出现了，但是现在它依然以电子邮件的形式存在。这种骗局当然也有新的玩法，有些是"杀猪盘"，也有的是完全异想天开的欺诈，如婚恋软件中的钓鱼欺诈，加密货币领域中伪装成首席加密货币官的诈骗，按需交易的交易市场中的洗钱和诈骗。网络产品一旦规模足够大，就会触及发展的天花板，而且不可避免会成为诈骗者、垃圾信息和钓鱼信息泛滥的平台。心怀不轨的人会利用网络的开放性，以及与他人联系的便利性（比如付款、发信息、加关注等）进行诈骗，他们经常会套用已经存在了几百年的骗术诈取受害者的钱财。他们会通过机器人程序自动发送垃圾商业信息，导致网络中用户对用户的通信出现拥堵，而且他们会持续向网络中的沟通频道发送这样的信息，破坏网络节点的有效性。在存在多面性的交易市场里，比如 Craigslist 和婚恋类软件，会出现很多骗子设立的假账号，他们给真实用户发去的信息也全都是诈骗信息。对企业邮箱的攻击则可能是通过虚假信息进行钓鱼诈骗，目的是窃取用户的身份信息。

所有这些带有伤害性的行为都会损害网络质量，让网络产品开发团队通过艰苦努力才取得的优势化为泡影。如果用户对软件发来的提示信息持有怀疑态度，那么用户留存率肯定会下降，他们会怀疑提示信息是真的来自自己的朋友，还是朋友被盗号了。如果平台使用体验不断退化，导致用户都不愿意邀请自己的朋友加入，那么获客也会变得艰难。如果欺诈和虚假交易长期存在，高价值用户逐渐脱离平台，业务就会受到损害。

利用网络自身的力量来对抗行为不端的用户是最容易取得规模化效果的一种方式。随着网络规模越来越大，会有越来越多的用户愿意成为管理员，而且不计报酬。如果平台给予用户举报垃圾信息、标记恶意账户、屏蔽不良内容的工具，用户就可以利用这些工具定制自己希望看到的内容，而且这也向平台提供了丰富的数据，可以用于其他形式的后台管理。

发动网络力量的最简单的方式就是让用户可以对内容点赞、点踩、标记。Reddit 算得上用户互动最复杂、最活跃的平台之一，在多年的运营过程中，其团队制定了精细的政策。该公司首席执行官、联合创始人史蒂夫·赫夫曼在给美国国会众议院提供的证词中描述过 Reddit 的经营哲学：

> Reddit 对内容的管理在科技行业可谓独树一帜。我们使用的管理模式与美国的民主模式类似。每位用户都需要遵守一系列规则，每位用户都拥有投票权和自主管理权，当然，每位用户都要为平台运行的好坏承担一份责任。
>
> 用户有权接受或拒绝任何一则内容。行业内很多平台都给用户提供了某种形态的点赞功能，也就是表达支持或同意的功能，但 Reddit 还给用户额外提供了点踩的功能，我们认为这项功能十分重要。正是由于点踩的存在，我们才形成了独特的文化，因为点踩的表决能够帮助我们排除侵犯他人利益的行为，规避低质量内容。[74]

在我和史蒂夫·赫夫曼的访谈中，他经常把 Reddit 比作一座城市，他的团队就是这座城市的规划师。他们的目标并不是掌控城市中的所有活动，而是设置好能够让大大小小各种社区蓬勃发展的空间。如果进一步引申，管理一座城市肯定需要法律、文化以及良好的居民行为，所有这些都已经通过代码写进了软件里。

所以，赋予用户点踩的权利，比如给某个共享出行平台上的司机打出1星的评级，或者在Yelp上给你吃了它家的食物就闹肚子的餐馆写差评，这些都是非常有力的举措。如果需要采取更严厉的手段，那么标记和屏蔽内容的功能就显得很重要了。通过这些功能，用户可以在产品开发团队预置的软件环境内自主管理内容。正如史蒂夫·赫夫曼强调的，在现实世界，政府通过法律来管理人与人之间如何相处，对于网络产品，则是通过社区的行为准则和软件环境影响下形成的显性文化来规范人与人之间的互动。

事实上，我认为软件是大型网络管理用户的唯一手段，也是唯一能够将不良行为者排除在外的手段。还记得邓巴数定律吗？英国进化心理学家罗宾·邓巴曾提出，"灵长类动物大脑的进化受社交的驱使，需要学会在越来越多的种群关系中进行协调和管理"。他在给出定义之后，介绍了一系列不同数量的群体的情况，每个群体人口数的增量基本都是3的倍数。你可能最初只会和最亲近的3~5个朋友和家人形成群体，然后扩大到一群朋友，随后是一组人，最后是族群中的150人，再经过几步，最终覆盖1 000~2 000人组成的部落。但是，在数字化网络里，一个具有网络效应的产品并不受物理规则的限制，我们很容易汇集起15万人的网络，甚至1.5亿人，乃至10亿人的网络，在这种情况下，邓巴数定律还有效吗？

我们现在讨论的是现代人所处的人际网络，是邓巴数的百万倍量级的网络。在这种大型社区里，不可能依靠人与人之间口耳相传来维护行为准则和自发管理。开发网络产品的团队必须在软件里提供一定的功能，引导用户的交互朝着正确方向发展。

Reddit 推出的点赞和点踩功能会鼓励用户发布有趣而充满细节的评论。谷歌日历的"工作时间"功能会提醒用户要为身处其他时区的同事着想。推特的举报用户账号被盗的功能会提醒后台工作人员审核特定账户的行为。

最终，各大平台通过机器学习和自动化程序来识别垃圾信息发送者，并取消他们的使用权限。通过自然人用户点赞、点踩、标记等产生的数据会被输入自动化系统。软件为用户创建和执行网络行为准则提供了保障，这些网络礼仪都通过软件的功能内化到产品的运营过程中。

随着网络逐步扩张，在产品内部打造有利于用户自主管理的功能是迟早的事，而且是必须去做的事。

回顾新闻组崩溃的教训

站在现在往回看（我们已经积累了数十年的打造通信工具和软件的经验），你或许会问：当年的新闻组是否曾有机会活下来？

我认为答案是肯定的。毕竟，与新闻组同一时期出现的电子邮件和网页浏览协议迄今还在蓬勃发展。电子邮件从本质上说就是不断创造小范围的沟通（1 对 1 的对话或者小群组的邮件链）。我们都知道，即便电子邮件的环境里充斥着各类垃圾信息和钓鱼信息，电子邮件的用户数也早就超过 10 亿，而且仍然具有很强的实用性。电子邮件客户端被迫不断升级迭代，从 Hotmail 到 Outlook，再到谷歌邮件等，很多人现在每天都需要使用这些软件。网页的世界也是一样，在网络域名、搜索引擎、超级链接、浏览器的共同作用下，网页用户几乎拥有无穷无尽的可以私密沟通的空间。

如果想要拯救新闻组，可能需要付出巨大的代价。毕竟，在新闻组诞生的年代，互联网处于完全开放的状态，用户之间的信任是无条件的，垃圾信息、窃密机器人、钓鱼程序都还没有出现。假设新闻组采用算法信息推送，开发出私密通信功能，创设小范围的子网络，或许它能够红红火火生存至今。但这是一项艰巨的任务，即便是当今比较成熟的社交产品也没能完全解决这些问题。

新闻组与当时那个年代的很多产品一样，是一种去中心化、开源的网络协议，这是它的优势，同时也是它的劣势。网络产品需要经常微调产品功能，发布新的软件版本，对用户的行为和需求做出反馈。从多个角度来讲，如果有中心化调度的能力（通常掌握在资金充足的大企业手里），那么当无数种随着网络规模增长而出现的挑战来袭时，开发团队就会更容易应对。创业团队可以快速修改其发现算法、用户交互界面，并花钱雇人做网络管理员。我们在很多社交软件公司都看到了这样的做法。

相比之下，新闻组平台从来没有成立运营公司，从来没有向社会融资，也从来没有数百名全职员工。如果出现"永恒的9月"这种用户大规模集中涌入的情况，任何一款新产品都很难有效应对，如果产品的后端没有资源和专业团队的支持，就更难解决遇到的各种问题。不能进化就意味着增长停滞，进而产品就会触达发展的天花板。

第二十八章

网络拥塞

"当 YouTube 上的视频数量超过百万量级时，观众很难准确找到自己想看的内容。"确实，这是网络产品才会遇到的"富贵病"，也恰恰是 YouTube 成长到一定规模之后遇到的难题。我为了写这本书，采访了 YouTube 的联合创始人陈士骏，向他询问 YouTube 实现产品规模化增长的方法，以了解他们如何在内容越来越多的情况下让内容可以被恰当的观众找到。

YouTube 视频数量过多只不过是网络拥塞现象的一个缩影，这种现象会危及网络效应，最终导致一款产品失去可用性。这就如同你的工作电子邮箱里塞满了他人发来的评论、跟帖和邮件，让你无从下手。这也如同你在社交网络上关注了太多人，以至于内容推送太多，你完全不知道从哪里开始看。这也如同一款多人在线游戏中同时上线的玩家太多，导致服务器过载，玩家找不到可以打的怪兽。

陈士骏和他的几个朋友在 2005 年创建了 YouTube，在那之前，他在 PayPal 公司担任软件工程师。他现在也活跃在游戏、社交媒体、视频平台等创业企业的风险投资圈子里，我就是在这个圈子里和他认识的，而且他对这些行业未来的发展有独到的见解。他二三十岁的时候一直生活在美国西海岸湾区，但是他前不久举家搬回了中国台湾，所以我近期和他的沟通交流都靠在线视频。他回顾了早期开发 YouTube 的历程，他们当时面对的市场环境与现在已经大相径庭了——当时他们开发的产品只允许用户上传婚恋视频。也就是说，YouTube 起步时其实是为了撮合用户约会，用户上传的视频只是作为介绍他们自己的一种辅助资料。

视频组织的早期历程

YouTube 作为婚恋网站而存在的日子并不长，在发布仅仅几周之后，其联合创始人团队——陈士骏、查德·赫利和贾维德·卡里姆——意识到允许用户上传所有类别的视频似乎是种更好的运营模式，人们来到这个平台不仅仅是出于寻找对象这么单一的目的。

原本表示给视频点赞的心形图标很快就变成了星星图标。不久之后，用户可以上传任何类型的视频。YouTube 上的第一条视频只有 19 秒，标题叫作"我在动物园"，内容是 YouTube 联合创始人之一卡里姆站在大象身前，穿着红灰相间的外套。他的台词就是"大象的鼻子真的、真的、真的好长啊"。在视频的结尾，他说的最后一句话是"看上去很酷哦，这是我要说的所有内容"。

正如我在这本书中反复强调的，网络产品往往起源于非常不起眼的地方，而不是用哗众取宠的方式出现在公众面前。YouTube 也是一样。卡里姆拍的第一条视频就是一个很好的例子。陈士骏向我介绍了早期出现在 YouTube 上的内容，以及内容增长的情况：

> 在最初的时候，根本没有什么值得组织的内容。收录 1 000 条视频是 YouTube 创立之初最艰难的任务，我们所有的工作都在朝着这个方向努力。给视频编组是我们后来才想到的方法。我们当时只建了一个近期视频列表，用户只能看到列表上的视频。我们当时假设，上传视频的人应该都会把视频分享给其他人，如果他分享给了 10 个人，其中至少会有 5 个人去看，然后至少有 1 个人会上传新的视频。后来我们推出了一些实用的功能——视频嵌入和实时转码，它们让整个网络变得活跃起来。[75]

换句话说，他们在创业早期的全部精力都用于解决冷启动问题，而不是开发闻名于世的 YouTube 推荐算法。即便后来平台收录的视频数量多了起来，开发团队在内容可发现程度上所做的工作也只能算得上是粗糙地挑选。他们将视频按类别和国别进行分组，然后按受欢迎程度排序。陈士骏是这样介绍的：

> 在我们收录的视频数量多起来以后，我们不得不重新设计 YouTube 的页面，从而让用户能够更便利地找到最好的视频。刚开始的时候，在 YouTube 首页有一个展示排名前

100 的视频专区，按照日、周、月来分类。但是后来这一分类法被国别分组打破了。网站的首页是 YouTube 团队唯一有控制权的地方，因为我们会人工挑选首页展示的前 10 个视频。这些视频通常都是纪录片，或者是由半职业化创作者制作的内容，这样一来，当观众（尤其是广告商）看到 YouTube 首页的时候，他们会觉得我们有比较不错的内容。

最终，开发团队认为最合理的方法还是建立一套视频分类系统，但在起步的最初几年里，视频分类的标准做得并不好，很多内容混杂在一起。而且，在视频数量飞速增长的同时，其他形态的内容也在网站上飞速增长。YouTube 上不只有视频，还有观众留下的评论：

在很早的时候我们就注意到，观众的人数差不多是创作者的 100 倍。当时，每款社交产品都会开放评论功能，所以我们在 YouTube 平台上也开放了评论，这是促进观众互动的一种手段。现在看来，当时我们还是太天真，我们只考虑了野蛮生长——野蛮生长的视频总数，野蛮生长的视频评论，根本没有考虑质量的问题。我们也没有考虑如何处理假新闻和各种形式的假信息。我们当时以为，应该拼尽全力获取尽可能多的评论，而且评论引发的争议越大越好！当时，大多数视频的评论数为 0，所以观众的评价通常会让创作者更有动力。当然，现在我们已经学会了，当网络中的用户互动达到一定频率时，你必须开发不同的解决方案。

产品发布一年之后，YouTube 的视频、评论、频道、用户主页的增速显著超过了开发团队的预期。而且这种增长势头很猛，像飙车一样迅速超出了开发团队预设的第 1 年的各个发展目标。最初，他们曾尝试达到每天 1 000 次播放量，之后是达到每天 10 000 次播放量，达成这个目标之后，再达到每天 10 万次播放量。在不到一年的时间里，YouTube 每日播放量突破了 100 万次。公司开始走上规模化发展的道路。

YouTube 团队一个接一个地推出解决网络拥塞问题的方案，但是刚开始的时候都是从简单的方法入手。其用列表形式展示最近的视频，按照受欢迎程度排序，最后再加入国别分类。YouTube 的解决方案一路进化，从人工挑选进化到按受欢迎程度排序，再进化到算法推荐。这是每一款网络产品都必须经历的过程，只有这样才能解决网络拥塞的问题。

再以交易市场类创业企业作为例子进行分析。刚开始的时候，平台上可供挑选的货物数量有限，卖家不用相互竞争，这避免了网络拥塞问题。消费者购物时的挑选范围也相对比较集中。当这个市场内的用户数量达到百万级别时，或许会出现数百位卖家出售同一件商品的情况，消费者挑选其中最好的商品将会变得困难。同理，办公环境里的通信软件需要通知你有一条来自重要同事的关键信息，如果软件平台上只有你自己团队的人，这条通知就很容易引起你的关注。但如果整个公司的同事都加入了这个平台，过多的通知反而会让你忽略它们的存在。平台的运营者需要持续解决各种不同形态的网络拥塞问题。

YouTube 刚起步的时候采用的是手工挑选的方式，很多网络产品也可以采用类似的手段。这就意味着需要有人专门去做编辑的工作，或者允许用户自发管理内容。苹果软件商店上有数百万款软件，所以苹果推出了一个"年度最佳软件"榜单，它既能帮助普通用户发现好的软件，也能激励软件开发者多花精力在设计和质量上。还有一种方法，就是平台依托用户生成的内容来进行管理，这些内容按照最流行的"#"标签来分类，其中最著名的就是亚马逊的愿望清单，这种分类基本是靠用户产生的数据实现的，没有专职编辑的干预。同理，利用隐性数据，无论是内容属性，还是根据公司邮箱后缀或大学邮箱后缀对内容创作者进行的分组，都可以通过网络产生的数据把用户聚拢在一起。推特采用了混合的方法。他们的团队会分析网络活动的数据，识别热门趋势，然后由专职编辑人员将其编辑成专题故事。

富者越富

讲到这里，我基本已经把 YouTube 平台上观众一侧的使用体验讲完了，但是另一侧的用户也不可忽视：内容创作者。这是 YouTube 网络上的困难侧用户，他们发挥了至关重要的作用——上传内容，创作视频博客、真人秀，以及其他形式的娱乐节目。在较早的时候，视频类平台上最重要的内容或许是《周六夜现场》节目的"慵懒周日"节选，但在后期，内容创作者发布的独具特色的长尾视频才是最吸引人的。正是由于这个群体的努力，平台才会拥有独特的用户生成内容库。

网络拥塞对内容创作者的影响和对观众的影响不同。对内容创作者而言，他们面临的问题是如何脱颖而出，如何让更多的人看到自己创作的视频。对新手创作者而言更是如此，他们不得不面对"富者越富"的问题。在很多不同类型的网络产品中，当早期加入网络的用户开始创造价值时，平台的算法会给他们提供回报。这本来是一种不错的机制。在用户做好一件工作之后，他们会收到 5 星好评，或者他们的粉丝数会快速增加。或许他们会被放在主页做推荐，又或者会在热搜榜上排在前列。这些都能够帮助消费者迅速发现自己想看的内容，但问题在于，这种机制会让本来就很受欢迎的人变得更受欢迎。

最终，这个问题演变成一位新加入的成员如何实现突破。如果网络中其他成员每个人都有数百万个粉丝，或者每个人都已经积攒了几千个 5 星好评，新人想实现突破简直难于登天。Hulu 公司前首席科技官尤金·卫是一位知名的产品思想家，他曾经描绘过社交网络圈子里的"旧贵族"现象，他认为，新用户很难在已经成型的网络中实现突破：

> 有些网络给已经拥有很多粉丝的早期用户提供更多曝光度作为回报，这些用户不断收获比其他人都多的粉丝，网络运营者并不关心这些粉丝是不是看重这些用户生成的内容的质量。有一种推论认为，正是由于网络运营者不能清除这种形态的"旧贵族"，才会导致网络热度大规模下降，"新贵族"都不愿意加入这种战局。
>
> 这并不是说"旧贵族"和老社交资本的存在一定会导致网络发展停滞，而是说社交网络的运营者应该时刻以传播最

佳内容为优先任务，不要过分纠结关于质量的定义，也不要过分强调用户进驻平台的时间长短。如果不这么做，社交资本不公的现象就会出现，在虚拟世界里，用户退出的成本相比现实世界要低得多，很多新用户可以随时转移到一个自己的创造能够得到更好回报、社交地位提升速度也会更快的平台上。[76]

这些道理对社交网络适用，对交易市场、软件市场以及其他类型的网络产品也都适用。评级、评价、关注、广告等手段会强化这个现象，让网络中已经有所建树的用户凌驾于其他用户之上。

高质量用户占据大部分用户的注意力还算得上是这个问题的一种良性表现形式，恶性表现形式处理起来更麻烦：如果网络中最具争议的以及观点最偏执的用户获得了正面评价，并且形成鼓励他们的循环，那又会出现什么新的问题？特别是社交类产品，又将面临什么样的局面？如果低质量软件开发者在软件商店内泛滥，比如苹果软件商店上曾经出现过很多模拟人放屁声音的软件，这些软件下载次数最多，排名最高，软件商店的运营者又该怎么办？最终，鼓励这些人的循环必须被打破，否则这个网络就会朝着你不希望看到的方向发展。

这种带有倾向性的依附，用比较学术的话来定义就是"一个节点的关联度越高，它收获新链接的概率也就越高"。实际上，这种现象会导致网络中的困难侧用户增速放缓，因为新用户会放眼去寻找其他能够让他们获得成功的网络。他们需要更公平的竞争环境，为了找到这样的环境，他们会不断尝试来自竞争对手的新产品。这是成功的网络最不想要的结果。

数据和算法的力量

YouTube 解决网络拥塞的方案（服务于观众也服务于创作者）很大程度上受到谷歌的影响，因为其最终被谷歌收购。2006年，距离 YouTube 问世还不满两年，谷歌就以 16.5 亿美元的价格收购了这家公司。在当时看来，这是一笔不小的开支，但是这款产品的增速十分惊人，其网络效应非常强大，经过多年运营之后，很多分析师都认为，这款产品如果单独上市，应该会获得3 000 亿美元以上的估值。

在被谷歌收购之后，YouTube 的发展目标变得很简单，陈士骏回忆说："我们所有的工作都是为了追赶网络流量的增长。"随着 YouTube 成为互联网上最优秀的视频平台，公司主要的精力用于扩张底层基础架构，没有更多的精力来开发软件功能。

公司推出的为数不多的几次产品更新都服务于一个目的：关联度、可搜索性以及算法推荐。换句话说，就是只专注于能够解决网络拥塞问题的工具，如果不能解决网络拥塞问题，YouTube就会变成一个让人摸不着头脑、信息高度碎片化的平台。在这个关头，谷歌团队发挥专长，即处理海量的数据，在后来几年中为YouTube 平台开发出了两个关键功能：搜索和相关视频。这两个功能可以帮助用户迅速找到自己关心的内容，而且功能由算法驱动，并不需要公司指派专人手动编辑或挑选内容。开发团队早期还曾试图在视频内容上应用图像识别技术，但是很多图像识别返回的搜索结果会匹配到视频背景里的随机词语，比如麦片包装盒上的"cheerios"字眼，而无法帮助用户准确找到关键内容。

在用户数量达到 10 亿级的产品平台上，肯定会出现网络拥塞的问题，如果能够用比较好的方式实现内容创作者与观众的匹配，就能够缓解网络拥塞带来的冲击。假设新加入平台的某个细分领域的内容创作者能够迅速吸引网络中欣赏他们内容的观众，这实际上就等于，通过算法推荐，在大网络中创建了子网络。这种手段已经成了平衡网络中内容供需双方的必备方法，这样一来，明星创作者不会排挤新来的创作者，观众也能看到大量新鲜的、相关的内容。

时至今日，早期创业团队的成员，包括陈士骏、查德·赫利等人，都已经离开了 YouTube，但是这个平台的内容发现机制还在不断更新，产品平台上的月活跃用户数已经突破了 20 亿。YouTube 上最热门的视频年度播放量超过 40 亿次。最近几年，该公司开始在订阅业务上发力，通过算法推荐向用户展示特别有吸引力的视频。自动播放下一个视频（更绝妙的是自动挑选并播放下一个内容相关度高的视频）让每位观众停留的时间变得更长。通过在视频上套用谷歌的语音识别技术，平台还能自动在视频界面生成完整的字幕，而且观众可以搜索字幕的内容。为了服务全球范围内不同国家的观众，平台还会把视频的文字介绍以及相关的其他文字内容自动翻译为多国语言，提高内容的实用性。即便是广受诟病的评论（虽然在早些年质量比较低），如今也得到了大幅改善，因为平台的排序算法会把最好的讨论内容排在前列。

YouTube 的视频推荐功能只是机器学习帮助缓解网络拥塞问

题的案例之一。我们可以用同样的方法帮助用户扩展自己的人际网络。

最值得介绍的方法就是无处不在的"你或许认识"或"好友推荐"功能。每个规模化发展的社交平台都会推出这种功能，原因只有一个：它的效果非常好。我的朋友阿提夫·阿万曾是领英公司负责增长的副总裁（他在任期间，帮助这家公司达到了亿级客户体量，并负责微软收购领英的项目），他向我介绍了这种算法的运作原理：

> "你或许认识"是帮助领英获得成功的关键功能之一，仅这一个功能就在网络内促成了 10 亿量级的人际连接。这个功能最早起步于"补足人际三角"的想法。例如，如果你的很多朋友都把艾丽斯添加为好友了，只有你还没添加，那有很大的可能你是认识艾丽斯的。随后，我们发送了很多暗示性的信号，比如说，艾丽斯更新了个人简介，看得出你们在同一家公司工作。或许在过去几天内，艾丽斯多次查阅了你的个人主页。把这些用户行为的数据"喂"给机器学习模型，这让我们在多年的运营过程中具备了开发这种功能的潜力。[77]

这一功能提升了领英网络中的用户互动密度，即便一位用户添加了数百位联系人，平台仍然能够向用户推荐他可能认识的人。这就是解决社交平台网络拥塞问题的具体案例之一，也是因为其有效性，很多社交产品在运营过程中不断增加好友推荐、关联度驱动的推送、流行话题推送以及其他各种算法驱动的功能。

　　同样粗略的方法也可以用来帮助用户在外卖平台上找到自己最喜欢的餐食，或者帮助用户在数十亿个碎片化的视频中找到自己最喜欢看的内容。实现这种功能的底层原理就是利用用户行为产生的数据进行算法推荐。某些产品在这方面做得比较极端，甚至其基本的价值主张就建立在这些算法之上，例如 TikTok，因为 TikTok 上的"推荐"就是用户发现内容的主要方式。推送的驱动因子来源于用户的显性或隐性行为，该平台官网上的一篇文章中介绍过这一点，以下节选其中一部分：

　　　　在 TikTok 上，"推荐"的内容反映出每位用户的独特选择。系统根据一系列因素形成的总体结论来对视频进行排序，其中包括用户在注册时所选择的感兴趣的话题，以及后期根据用户观看记录判断出的用户不感兴趣的内容，并相应进行综合调整，由此形成了个性化的"推荐"内容。推荐内容的影响因素有很多，其中包括：

　　　　• 用户互动行为，比如点赞、分享、关注、评论以及创建的内容。

　　　　• 视频信息，包括文案、声音、"#"热点标记等。

　　　　• 设备和账号设置，比如语言、国别、设备类型等。这些因素能够让系统针对设备进行优化，但是这些因素在筛选推送内容的系统中的权重很低，因为用户不会主动把这些因素作为自己的偏好。[78]

TikTok 的关联度算法确保了即便平台收录了上亿条视频，内容创作者也能够和希望观看他们作品的观众实现匹配，反之也成立。

网络产品在出现关联度降低、网络拥塞等问题时，通常会将"数据网络效应"作为解决的方案。虽然关联度判定的标准是通过分析单个用户的行为得到的，但判定标准的算法模型是通过分析数亿名用户的行为得到的。用户数量越多，产生的行为数据也就越多，最终实现精准化内容推送的可能性也就越高。这就是我在前面章节中介绍的各个成功案例所依赖的数据驱动型网络效应。

算法不代表一击必胜

除了 YouTube、领英、TikTok，其他网络产品也会遭遇网络拥塞问题。随着网络中用户数量的增长，用户越来越难找到自己想要的内容。试想一下，初期的交易市场类网络中只有数百位经过挑选的卖家出售商品，如果有一天卖家人数增长到 10 万甚至 100 万量级，他们提供的待售商品肯定会让人挑花眼。处于不同阶段的交易市场肯定存在巨大的差异。再以办公软件为例，如果你在办公软件平台上需要关注的文件夹和同事数量很少，你使用的时候肯定就不会太费力，但是如果这个办公软件已经在公司范围内全面启用，开发者就需要升级用户接口，使其具备在数百位同事创建的项目文件中搜索内容的功能。网络拥塞也会影响软件商店，苹果公司就曾不得不发布通告："我们的软件商店上已经有超过 25 万个软件。我们不想再看到更多模拟放屁声音的软件了。"运营者采用的手段需要不断进化，从手动挑选到群组浏览，然后加入搜索，最后再推出算法驱动的接口。

这些手段（不论是算法还是其他）都不是一击必胜的绝招，处理网络拥塞问题是一场持久战。现实当中，用户互动的信息反馈闭环有些时候会引发无法预料的后果。正如我们在某些社交媒体上看到的那样，开发者在优化产品功能的时候要特别小心。如果你纯粹是为了提高用户互动频率而改变产品功能，那么算法推送展现出来的内容很有可能是争议性很强的钓鱼链接。再以交易市场类平台为例，如果运营团队纯粹是为了追求高收入而优化功能，那么算法推送展现给用户的或许就是低关联度、高标价的待售商品，因为这些东西一旦卖出，利润率肯定是最高的。但是从推送内容的整体质量来讲，这种算法肯定是不平衡的。

在我采访陈士骏的过程中，我们谈到了他在 YouTube 创业初期的经历，有一点很明确，他和团队在很早的时候就把整理产品内容（包括视频、用户和用户评论）作为一项工作重点。但是产品的发展速度实在太快，两年之内用户数从 0 增长到几百万，收购价高达 10 亿美元，辅助用户发现内容的手段也必须快速迭代。这种更新并没有在几年之后就画上了句号。现在已经过去十多年了，YouTube 团队仍然在应对网络拥塞的问题，只不过他们使用的工具越来越厉害。最近有统计数据显示，YouTube 平台上每分钟新增的内容时长总计高达 600 个小时，产品网络中的用户越来越多，通过网页端和移动端覆盖了全球数十亿名用户。

在我看来，从 YouTube 的发展历程中可以总结出一条值得每一个网络产品学习的经验。在网络产品初生之时，它们需要的组织架构非常简单，但随着网络规模的扩大，越来越多的结构化安排要落地，先是加入专业的编辑人员、管理人员和用户，然后加入数据和算法。产品早期的迭代更新很粗糙，只要能达成目的就行。算法的应用是后来才出现的，保证网络健康运转仍然是每个平台每天必做的功课。

第六部分

打造护城河阶段

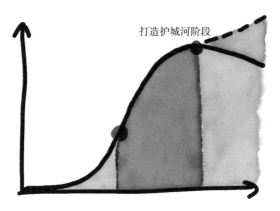

图 VI-1　打造护城河阶段

第二十九章
Wimdu 大战爱彼迎

　　如果你开发的产品具有网络效应，那么你的竞争对手的产品大概率也会具有网络效应。这对你而言是一种危险的处境。这正是爱彼迎 2011 年时遇到的重大挑战，它遇到了创立以来的第一个直接竞争对手——在德国柏林注册的一家名为 Wimdu① 的新公司，而且其发展势头很猛。

　　Wimdu 的网站刚刚上线的时候，看上去很诡异，因为它长得和爱彼迎的网站基本一样，而且 Wimdu 团队是故意这么做的。Wimdu 的官网标题是"公寓、住宿和早餐"，同时还有一行巨大的副标题——"寻找你最喜欢的住房"，而这仿照了爱彼迎的标语"找一个落脚的地方"。Wimdu 在官网首页的最下方声称其业务模式曾经被《纽约时报》专题报道过，只不过当时那篇文章介绍的是爱彼迎，而不是 Wimdu。

---

① 　一个提供各式短期住宿的在线租房平台，总部设在德国。

Wimdu 其实就是完全照抄爱彼迎的业务模式，只不过前者起步于欧洲市场，而且从诞生的那一天起，它就对爱彼迎构成了严重的威胁。它起步时就获得了 9 000 万美元的融资，这是欧洲创业企业中融资规模最大的一起案例，而且在公司成立不到 100 天的时间里，其就雇用了超过 400 人的员工队伍，在网站上发布了数千条可供租赁的房屋信息。Wimdu 是由扎姆韦尔兄弟和他们的创投工作室"火箭互联网"创立的，其发展策略就是不加避讳地复制美国创业企业的模式。他们之前也这样做过，而且还获得了巨大的成功：他们创建了 Alando（在线拍卖平台），最后以 5 000 万美元的价格将其卖给了 eBay，后来他们又创建了 CityDeals（团购电商平台），灵感来自同类型平台 Groupon，最后又将 CityDeals 卖给了 Groupon，收购价达到 1.7 亿美元，而且距离 CityDeals 创建才过了短短 5 个月的时间。火箭互联网工作室成立的创业企业经常毫不害臊地抄袭其他网络平台，有的时候会全盘照抄其他公司官网的配色、文字描述、特色功能等。他们用这种手段成功从 eBay 手里赚了一笔，而现在他们瞄准了爱彼迎。

对爱彼迎而言，Wimdu 的出现不是什么好事。爱彼迎的联合创始人、首席执行官布赖恩·切斯基在接受《闪电战》采访的时候曾介绍过扎姆韦尔兄弟和他们的手段：

> 有人告诉过我，这兄弟俩不仅会扼杀所有被他们复制的创业企业，而且就像星球大战里的克隆人一样，他们已经打造了在当时的环境下有可能获得最高增速的创业企业。

你会突然发现自己面前出现了一条巨大的恶龙，自己似乎根本没有胜算。在当时那个时间点上，我们只不过拿到了700万美元的融资而已。[79]

当时，爱彼迎也只不过两岁半而已，一共只有40位员工，只拿到了一轮很少的风险投资资金。其网站只支持美元付款，不支持任何欧洲货币，而且除英语以外，没有任何其他语种的版本。而在短短几个月内，Wimdu雇用了400名员工，获得了9 000万美元的融资——账面资金是爱彼迎的10倍还多，而他们实现这一切所用的时间只有爱彼迎的1/10。

爱彼迎不只有欧洲市场危在旦夕。在旅游行业，这种类型的竞争会造成严重后果，而且已经有前例了。Booking.com起源于欧洲，最终成长为Expedia、TripAdvisor和美国其他同类型企业的竞争对手。如果Wimdu在欧洲市场建成比较稳固的原子级网络，它就有可能在全球范围内对爱彼迎的业务发起挑战。

这对爱彼迎而言是一次严峻的挑战，因为在此之前，爱彼迎遇到的竞争环境要么不容易发生正面冲突，要么起不了波澜。这是它第一次遭遇正面阻击战。当爱彼迎发布的时候，市面上已经存在几个与之相似的竞争对手。第一个竞争对手是VRBO——"业主假期直租"的英文首字母缩写。这个平台成立于1995年，其主要目的是把业主在滑雪度假区的空置房屋租出去。VRBO的经营理念和爱彼迎一样，就是帮助想要租房的人和有房出租的人匹配需求，只不过这款产品的用户接口比较粗糙，用户用起来很不方便，而且交易也很不方便。VRBO后来与

HomeAway 合并了，更重要的是，这个网络上可租赁的房屋都在人迹罕至的地方，爱彼迎则专门开发闹市区的可租赁房屋。当时还有一款叫作 Couchsurfing 的产品，可以算是爱彼迎的一个间接竞争对手，因为其业务模式很特殊。这个平台成立于 2003 年，其注册为非营利企业，目的是让旅途中的人能够找到歇脚的地方，而且用户不需要付费。这个产品关注的是如何形成用户社群，让社群中的成员帮助旅行者参观自己日常居住的城镇。（在缺乏收入激励的情况下，这款产品经常会促使用户之间产生一些情感上的纠葛，有的是你情我愿，有的则是不情不愿。）当然，少不了要提到 Craigslist，这个网站上一直有一个提供可租赁房屋的信息和短租房屋信息的专区，但是这个专区缺少专业维护，有的时候房屋没有文字描述，有的时候没有真实的空置房屋，或者没有照片，而且也没有安全保障，我在前面已经介绍过这个问题。

2011 年中，Wimdu 以非常猛烈的攻势开始抢占欧洲市场。为了迅速增加供给，Wimdu 仿照爱彼迎的展示方式，通过自动抓取和人工补充等多个方式在网站上新增了很多可租赁住房的信息。在自动化手段方面，Wimdu 开发了机器人程序，这个程序能够直接从爱彼迎的网站上抓取所有展示的信息，生成一模一样的文字描述、照片和可用状态，只要房东愿意同时在两个平台上展示房源，他们很容易就能把房子信息挂出来。但是，这个平台的用户曾遇到假房源的情况。如果用户想要预订某个房源，而 Wimdu 其实并不掌握房东的信息，那么用户会自动跳转到其他可租赁的房源上。在线下，Wimdu 会让人假装成租房者，从爱彼迎的房东手里租下房子，然后在租房的过程中说服房东在 Wimdu 的网站上挂出房源。伴随着大张旗鼓的发布活动和横跨整个欧洲的闪电公关行动，这家公司在很短的时间内就积累了 50 000 条房源信息，在运营的第一年就获得了 1.3 亿美元的总收入。

2012 年，一篇文章介绍了 Wimdu 取得的进展：

> 仅一年之后，Wimdu 就收录了 50 000 条房源信息，横跨 100 多个国家和地区，使其成为发源于欧洲的最大规模的社交型住宿信息搜索网站……
>
> 这家还在蹒跚学步的企业每个月获得将近 500 万欧元（相当于 660 万美元）的收入。而且要再次强调，这距离其成立日期只过去了一年。公司预估 2012 年的总收入将超过 1 亿欧元（相当于 1.32 亿美元）。
>
> 公司的发展速度相当快：按 Wimdu 自己发布的数据，在过去的三个月中，其月收入实现了 4 倍增长。[80]

在快速起步之后，让人意想不到的事情发生了：Wimdu 的业务归零了。

只用了不到两年的时间，Wimdu 的网络就瓦解了。到 2014 年的时候，这家公司就开始裁减员工，并且承认已经失去了在欧洲市场的主导地位。最终，经过多轮并购之后，公司所有员工都在 2018 年被遣散。

Wimdu 在成立初期耍的小聪明帮助他们获得了停留在纸面上的供给侧，他们忽视了向网络中添加困难侧用户的重要原则。爱彼迎的一位老员工（公司第 17 位员工）迈克尔·舍希尔是最早肩负起在国际市场应对竞争的职责的人，他是这样评价 Wimdu 的战略的：

> Wimdu 网站上的供给和需求并不平衡。Wimdu 上排名前 10% 的存量房源在爱彼迎网络里只排在后 10%。Wimdu 只追求数量，通过吸引手头有大量房源的业主来增加房源数量，这些人可能是经营青年旅馆的人，一个人手头就有数百间可出租的屋子。他们走了一条捷径，通过 10 位房东获得了 1 000 份房源信息，但是客户的体验是非常糟糕的。
>
> 在爱彼迎问世之初，我们就经常讨论如何创造比较积极的"期望差距"。在业务刚起步的时候，我们名不见经传，客户对我们的期望很低，但是他们收获的体验会非常好。我们需要这种很高的 NPS（净推荐值），促使用户告知其朋友我们的产品很好，而且也会让更多的房东加入我们的网络。我们的竞争对手就是抄近路，他们无法向客户交出满意的答卷。[81]

尽管 Wimdu 很快就对外界宣称获得了不错的发展势头，但是其网络的困难侧并没有完全成型，公司并没有精挑细选用户以保证网络质量。由于待出租房屋的数量迅速增长，Wimdu 被迫以同样的速度去给房东们寻找租客。由此一来，Wimdu 的需求侧发展，也就是吸引游客的工作，只能牺牲质量换速度。Wimdu 团队招揽游客的主要手段是付费营销，因为他们创建的时间太短，还没有产生口耳相传的口碑，没法实现病毒式传播，也没法利用搜索引擎优化或其他低成本的获客手段。如果 Wimdu 能够快速形成原子级网络，让网络效应早一点儿发挥作用，那么同时刺激网络中两端的用户还是可以做到的，但是 Wimdu 的网络从一开始就存在质量问题，需要一定时间的培养才能让双方融合。除此之外，爱彼迎的反攻势头也非常猛烈。

爱彼迎的团队在这个时候已经意识到，"公司诞生在和平年代，但是不得不上战场"，人数不多的团队在这个信念的号召下团结在了一起。他们有很多需要补足的缺陷：爱彼迎网络上的供给侧基本是靠用户自发提交的信息形成的，这并不是经过深思熟虑设计的。只要用户提交的房源在谷歌地图上有对应的地址，这个房源就可以在爱彼迎网站上形成一条链接。作为一个开放的平台，以前也有一些欧洲的房东加入过爱彼迎的平台，只不过平台还缺乏国际化支付和各国语言支持等功能。布赖恩·切斯基和早期创业团队的成员偶尔会途经欧洲某个国家，会参加一些专题大会的研讨，也会自发组织一些派对和活动，但是公司在欧洲没有本地员工，也就无法抵御 Wimdu 这股迅速崛起的本土力量。这些问题都在后来得到迅速解决。

爱彼迎具备的唯一一点优势是，其通过房东自发提交信息形成的有机网络收录了较高质量的别人抢不走的房源，而且其在欧洲运作也有一定的年头了。爱彼迎在欧洲已经形成了原子级网络，只不过规模比其在美国的网络小得多。从美国来的游客都会选择爱彼迎的服务，他们用美元付款，而且会住在接受 PayPal 付款的欧洲房东家里。这些网络已经在发挥效用，爱彼迎可以借助在美国市场的成功势头扩展欧洲版图。很多人把这种现象称为"全球化网络效应"。爱彼迎在欧洲市场面临的问题是如何扩大已有的网络，而不是如何从零开始解决冷启动问题。

Wimdu 刚刚问世的时候，扎姆韦尔兄弟就主动联系爱彼迎，商议两家公司合并。他们当初就是这么对付 eBay 和 Groupon 的，并且他们快速退出了投资项目，实现了高额盈利。爱彼迎和 Wimdu 双方的创始人和投资人多次展开讨论，他们开了无数次的会，参观了 Wimdu 的办公区，与 Groupon 的创始人安德鲁·梅森一起进行调研，研究合并可能带来的后果。最终，爱彼迎决定和 Wimdu 干一架。布赖恩·切斯基回忆当时的情况时说道：

> 我当时憋着一股气，心里想，我要给你一次刻骨铭心的教训，"复仇"的最好方式就是让你把这家公司长期经营下去。你自己搞出来一个孩子，你怎么也得把他养大。你至少得把他养到 18 岁。因为我知道他们非常迫切地想要卖掉这家公司。
>
> 我知道在一年的时间里，Wimdu 或许能跑得比爱彼迎快，但是这个势头是不可能持续的。所以我们才定下了战略：我们要打造一家百年老店。我们最终制胜的法宝就是质量比他们好得多的用户社群。他们并不了解社群的作用。我认为我们的产品比他们的好得多。[82]

为了实现这个目标，爱彼迎调动整个产品团队，为国际市场开发新的支持功能。爱彼迎的第一位产品经理乔纳森·戈登向我介绍了他们当时所做的努力：

早期的时候，爱彼迎平台的用户体验很普通。用户填好基本信息表，上传 1 张房屋照片（通常没有经过专业编辑），在核实可出租房屋的真实性之后，房屋就可以进入待出租列表。早期的移动端软件体量很轻巧，用户只能查看房源信息，但是不能在手机上预订房源。当时，很多地区市场只有 1~2 个房源可供出租。用户只能使用美元支付，所以产品也只服务美国的租客，至于房东，他们可以通过 ACH（自动清算中心）的美国银行转账或者 PayPal 的转账提取房租。

如果想要对抗 Wimdu 的攻势，我们必须从这种极简的软件出发，开发出足以支持国际业务的功能。

我们对产品进行了国际化改造，提供世界上主要语种的版本。我们支持的货币种类从 1 种增加到 32 种。我们购买了所有本地域名，比如英国的 airbnb.co.uk 和西班牙的 airbnb.es。当时最重要的任务就是快速抓住欧洲市场的每一个业务机会。[83]

除更新软件产品以外，把战火烧到 Wimdu 领土的最快方法就是通过脸书、谷歌等渠道在欧洲市场大力开展付费营销，让爱彼迎已经经营了多年的有机网络在这股力量的帮助下迅速扩大。更重要的是，爱彼迎终于下定决心在欧洲雇用本地员工。它聘请马丁·赖特担任公司首位国际业务负责人，同时与德国一家孵化公司"春天之星"达成合作协议，这家孵化公司与火箭互联网工作室可谓伯仲之间，以此加速扩展爱彼迎的国际业务。

2012 年，在西班牙一处租来的房屋里，爱彼迎公司即将上任的国际业务经理们聚在一起，开始制订"占领欧洲"作战计划。他们将在各自负责的地区同时展开公关闪电战，同时在传统媒体、脸书、电子邮件以及其他可以触达用户的渠道投放营销广告。他们将在 4 个月的时间里让 7 个区域办公室投入正常运作。所有本地化的网站页面也将同步上线。

这就是爱彼迎拿下欧洲市场的过程。

Wimdu 和爱彼迎的这场"战争"是一个非常精彩的故事，这个过程揭示出很多违背我们认知的事实，与我们常规意义上认为的基于网络的竞争有很多不一样的地方。我们看到，虽然爱彼迎在欧洲的网络很小，但是它打败了规模更大、集中度更高的竞争对手。这是一场一个全球化布局的网络试图在某个局部区域增大密度的战争。我们看到，网络质量远比数量重要得多，而且在发展网络简单侧和困难侧的过程中，有不同的手段可以利用。这些细节也适用于逐个网络开展竞争的场景，比如优步对战 DoorDash，Slack 挑战微软 Teams 等。从这个案例中我们看到，当两个具备网络效应的产品发生激烈竞争的时候，哪些因素才是最终制胜的法宝。

引入打造护城河的概念

在我们的理论框架的最后一部分，我要讨论打造护城河的概念，我会介绍当网络与网络竞争的时候会发生什么，以及为什么这种竞争具有独特性。本书的这一部分既包含理论研讨，也有案例分析，会向大家介绍包括 Craigslist、优步、谷歌＋、eBay 和微软的多个案例。

为了讲清楚基于网络的竞争的本质，我会先讲清楚为什么这种竞争的风险很高，当最终的胜利者借助网络效应占领整个市场时，失败者可能什么也得不到，这就是第三十章"良性循环与恶性循环"的主题。但是这种竞争与常规意义上的竞争很不一样。在网络产品生存的市场上，其他竞争对手同样具备网络效应，每个产品的经营者所能采取的行动取决于其体量。如果你的企业是一个巨头，当出现一个飞速发展的小创业企业的时候，你该怎么做？如果你的企业是一个普通企业，当巨头紧追在你身后的时候，你该怎么做？

基于网络的竞争中，一种核心的策略就是"捡便宜"。一家现存的企业可能看上去无敌，但是其帝国往往是由无数个子网络组成的，有些子网络比其他子网络要脆弱，从 Craigslist 和那些从它身上捡便宜的公司（包括爱彼迎）中就能看到这一点。从占据较高市场份额的公司角度来看，在应对高速增长的创业企业时，可以用声势浩大的活动来吸引用户注意力，比如说办一场炫目的发布会，邀请很多媒体来助威，也就是史蒂夫·乔布斯办的备受关注的苹果产品发布会这种形式。谷歌＋仿效脸书的模式是另一个值得研究的案例。但是这些大的网络最后也都变成了"大的败笔"，因为它们不断被削弱、被瓦解，最终濒临崩塌。

在本部分的最后，我会展开分析一个在基于网络的竞争中反复出现的主题：非对称性。小玩家与大玩家采用的策略完全不同。最激烈的竞争往往发生在网络争抢最有价值的用户的过程中，这就是"抢夺困难侧用户"。司机、内容创作者、组织者是网络中努力完成最难做的任务的人，是价值非常高的群体，如果能把他们挖到自家的平台上，一个新的创业企业就能迅速崛起，被挖墙脚的孵化期企业有可能衰落。当然，大玩家也有自己的手段，最强力的一种手段就是"捆绑销售"。通过在市场上树立垄断地位，他们可以合并产品，占领外围市场。我会为读者介绍 20 世纪 90 年代的浏览器大战，微软在这场战斗中通过绑定 IE 浏览器的手段打败了网景。这种手段有时非常有效，有时则发挥不了什么作用。

打造护城河是冷启动理论的最后一个阶段。前文介绍了企业如何从零起步，然后描述了企业如何实现增长，最后介绍了现存企业如何建立在本行业的垄断地位。打造护城河的阶段则是描述一个已经取得成功的网络如何守住自己的领地，利用网络效应持续抵御小规模新生网络带来的冲击。

第三十章

良性循环与恶性循环

传奇投资人沃伦·巴菲特是推崇竞争力护城河概念的领军人物，他是这样介绍自己的投资策略的：

> 投资的要点并不在于衡量一个行业对全社会的影响力，也不在于估量这个行业的增长能力，而在于理清楚任何一家企业相对于同行业的竞争性优势，以及这种优势可以保持多长时间。护城河又宽又深的产品和服务才能给投资者带来回报。[84]

由于巴菲特投资的通常都是科技含量较低的企业，比如喜诗糖果或可口可乐，因此他所说的护城河应该是强大的品牌或者独特的商业模式。对具备网络效应的软件产品而言，强大的护城河指的是另一种东西：其他人需要花多少精力、时间、资金才能复制一款产品的功能和网络。在现代社会，复制软件功能不是什么难事，比如说复制 Slack 或爱彼迎的所有软件功能可能需要花点儿时间，但总之是能够实现的。难点在于它们的网络几乎无法复制，这才是这些产品真正的护城河。

我再用一个案例来进一步解释竞争力护城河的概念。我们从第一条原则入手，先假设爱彼迎想在一个新的城市发布自己的服务，而且这个市场中还没有明显的竞争对手。就像爱彼迎的早期创业团队说过的，他们在开发一个新的城市市场的过程中，最难攻克的冷启动问题就是如何在本地收录 300 个房源，而且每个房源都有 100 条住客点评，只有达到这个规模才能突破临界点。实现这个目标需要花很大的精力，因为他们的最小网络规模相对而言也很大，很多通信软件的网络只需要 2~3 个人就可以发挥效用。不过，一旦爱彼迎在一个市场中进入了加速发展阶段，它曾经遇到的冷启动问题就会变成制约其他新入场竞争对手的问题，这些问题其实也就变成了爱彼迎的护城河。

任何一个后来者在进入新城市市场时，都需要解决冷启动问题，都需要增大自身网络的密度。尽管你自己的产品从零开始走到临界点已经非常不容易，但是后起的竞争对手出发点更低，他们面对的局面更加艰难。

如果在你想要开拓的市场里已经有一家做得还可以的同类公司，那情况可能就更复杂了。对新入场的竞争者而言，仅仅复制爱彼迎的做法，拿到 300 个房源是远远不够的。如果早入场的网络已经实现了规模化发展而且取得了有机增长的能力，那么他们已经拿走了当地质量最好、最容易获取的供需资源。早入场的网络可以迅速获取第 400 个、500 个房源，而新入场的竞争者需要和这种增速比拼。除此以外，如果爱彼迎已经形成了成熟的原子级网络，新入场的竞争者就必须提供质量更好、差异化更大的服务才能吸引供需两侧的用户。如果做不到这些，用户凭什么要放弃使用已有的网络呢？

这就是竞争力护城河，它会让爱彼迎的竞争对手遭遇的冷启动问题完全变质。每个新生的网络都会遭受反网络效应的冲击，如果爱彼迎已经与其在同一个市场内运营，这种冲击力就会加倍。爱彼迎的增长曲线越宽、越陡峭，新竞争对手起步的难度就会越大。

然而，竞争力护城河只在一定范围内有效，以优步为例，就是在一个城市市场中有效，以 Slack 为例，就是在单个企业中有效。对优步而言，在纽约取得市场垄断地位并不能帮助它在圣选戈取得同样的成绩，因为它的网络用户高度集中于一个城市。这就是优步业务模式遭人诟病最多的地方，也是优步每拓展一个新的城市就要打一次艰苦"阵地战"的原因，但这并不代表其在单个城市中的护城河不强大。新入场的竞争者需要花数十亿美元才有可能在旧金山或纽约这样的城市中打造一个新的网络，所以在这些成熟的市场里再也没有新的共享出行竞争者出现。由于优步业务本身就是在一个接一个的城市里发展起来的，因此市场碎片化的现象无法彻底避免。

相比之下，爱彼迎的护城河比优步的要强大，这是由旅游的本质决定的。如果爱彼迎在迈阿密、奥斯汀、圣选戈等旅游城市都有房源，那就很容易形成一个由旅行者组成的比较强大的需求侧用户群，反过来也形成了比较强大的房东用户群。由此形成的局面，就是新入场的竞争者很难争夺单个城市的市场，后来者必须替换掉来自世界各地的所有旅行者，才能征服整个网络。所以说，爱彼迎的护城河比优步要宽，而且它是一种具有全球化属性的护城河。如果想要用逐个城市击破的方法争夺市场，后来者需要投入的资金量将会是天文数字。同样的对比也可以用在 Slack、Dropbox 或者谷歌套件等网络产品与 Zoom 上。前面几种软件通常只在公司内部使用，护城河也只在单个公司内部有效，但是 Zoom 的网络横跨不同的公司，其护城河也就更深、更宽。

冷启动理论的最后一个阶段就是"打造护城河"，这个阶段关注的是企业如何面对基于网络的竞争——讨论这种竞争的特殊性，新生创业企业可能具备的优势，以及现存企业可以采取的回应措施。

在深入分析之前，我们先往后退一步，讨论一下为什么研究护城河问题很重要。

网络对决

当网络展开正面对决时，风险都非常高，在特定情况下，一种产品的胜出就意味着另一种产品的灭亡。比如说：爱彼迎胜出，Wimdu 消亡；Slack 胜出，HipChat 退出；优步胜出，Sidecar 死亡。在前面列举的这三对"冤家"里，胜出者都成长为市值百亿美元的企业，失败者都湮没在历史的长河中。

出现这种现象就是因为网络产品具有"赢家通吃"的属性。如果在一个原子级网络当中，一个产品获得该网络中所有用户的青睐，这只算是一小群用户选出了自己最喜欢的软件。但是如果这款产品能够在多个网络中复制这种成功，它就有可能占领整个市场，最终成长为市场的垄断者。对这种现象的解释也很简单，因为在原子级网络的背景下，网络中的用户不论是朋友还是同事，都会为了相互之间沟通便利而逐渐选择同一款产品。举例来讲，在办公环境里，同一个团队甚至整个公司都会逐步集中到同一套办公产品上。他们会使用相同的工具来存储重要的文件，给同事发送信息，或者编辑数据表。一款单一产品往往就是用户交互最集中的平台，也就是说，使用 Slack 软件的公司不会在微软 Teams 上消耗同样多的时间，通常就是非此即彼的单项选择。最终，一款产品会占据主导地位，至少在那个特定的网络中是这样。

如果一款网络产品能够比其他竞争对手更快地攻占多个网络，它就能形成累积优势。这些优势会在获客、交互、经济效应等各个方面发挥越来越强的网络效应。规模较小的网络在竞争中可能会逐渐解体，因为用户会流失到竞争对手的平台上。所以说，在成败结果异常重要的前提下，每个参与竞争的人都必须掌握有效的竞争手段。但是，在以网络效应为基础的环境中，到底应该如何参与竞争呢？

我首先要告诉大家何种方式是不对的，竞争肯定不是靠软件功能更新取胜。现实中，很多产品的功能看上去非常相似，比如说外卖类软件或通信类软件。即便它们的功能不一样，也会因为功能容易被复制而体现不出独特性。真正能体现产品差异性的是底层网络的用户互动关系。举例来讲，DoorDash 和优步送餐的软件很像，但是前者更专注于开发城郊、大学城这种价值量高但竞争程度较低的区域，这才是让它与众不同的原因。时至今日，DoorDash 的市场份额已经达到了优步送餐的 2 倍。脸书从大学校园起步，建成了密度大、交互频率高的网络，谷歌＋则是大张旗鼓地发布，但是其网络互动很疲软，网络用户的关联度很低。在网络效应驱动的产品竞争中，很少有产品能够通过软件功能胜出。相反，其取胜的秘诀在于充分利用网络效应，并且为用户打造能够强化网络效应的产品使用体验。

行业里常有人说"先发优势"这个词，但是网络体量的大小并不是决定胜负的关键。在现实中，我们经常看到初创企业打败大企业的案例。有很多软件公司实际上是"拆解"了 Craigslist 网站的功能，把其中运行得最好的子类目开发成独立的软件。爱彼迎、Zillow、Thumbtack（一个主打个人对个人模式的本地服务交易平台）、Indeed（一个在线招聘平台）和很多常用软件都是这样发展起来的。在脸书取得胜利之前，MaSpace 的网络其实已经非常庞大了。近期我们看到 Notion 和 Zoom 兴起，但在它们的专业领域，谷歌办公套件、WebEx、Skype 其实已经拥有了相当数量的用户。这么看起来，网络的质量更为重要。对新入场的竞争者而言，最重要的是找准从哪个网络入手来捡便宜，我会在第三十一章具体讲这个问题。

不论是大型企业还是创业企业都容易遭遇来自同行业公司的挑战，如果你的公司刚好处于被挑战的地位，会发生哪些事情呢？基于网络的竞争很特殊，它有其自身的动力。你或许是创业企业的经营者，有一家规模更大的同类公司正在逐步照抄你的创新。你也有可能是一家成熟企业的经营者，突然某天，你发现有一家一直追随你们脚步的创业企业竟然在特定的细分市场建成了独具特色的原子级网络，而且正在具有战略意义的市场上快速超越你的企业。如果这场争斗的结果关乎公司的生死，你会采取什么样的回应措施呢？

你的竞争对手也拥有网络效应

要想找到恰当的回应措施，我们首先需要承认一种常见的关于护城河的说法其实是错误的：有些人认为，网络效应能够像魔法一样帮我们抵御外部竞争。这是创业企业的推荐材料里反复提到的一种谬误，很多投资人和创业者都听过这种论点。实际上，这只是创业者麻痹自己的一句谎话。

这种论点肯定是站不住脚的。光是拥有网络效应是不足以让企业在竞争中取胜的，因为当你的产品拥有网络效应时，你的同行业竞争对手也极有可能拥有同样的网络效应。不论你开发的产品是交易市场、社交网络、协同办公、软件商店中的哪一种，你的产品都属于"网络产品"。在这个大类里的所有产品都拥有以促进人际关联为目的的、多群体构成的网络，指导其运营的都是冷启动理论。对它们而言，最有效的竞争策略就是尽最大的可能扩大网络效应，并且尽最大的努力利用网络效应。

我们看到小企业有可能打败大企业，这违背了梅特卡夫定律，但是我们不会感到诧异。如果一个类别中的每一款产品都能够充分依靠其网络实现发展，那么谁是当初最大的企业已经无关紧要了。我们需要分析的问题是，在这场竞争中，谁在放大获客效应、交互效应、经济效应等方面做得最好。我们其实已经见证了很多这方面的案例：在 21 世纪前 10 年中期，MySpace 是最大的社交网络，但是它最后还是输给了脸书，当时的脸书还是一个规模很小、新入场的专注于大学校园网络的产品，只不过它在产品运营方面做得更好。HipChat 原本在办公环境通信方面领先，但是它最后被 Slack 完全取代。GrubHub 本已经建成了年收入超过数十亿美元的食品外卖网络，但是仍然在极短的时间内输给了优步送餐和 DoorDash。

换个说法来总结一下，对开发和运营交易市场、通信、社交网络、协同办公等软件的创业者而言，好消息是你的产品肯定具有网络效应，但坏消息是，你的竞争对手的产品也具有网络效应。真正起到决定性作用的是你如何培育和扩大你的网络。

网络崩溃

市场成熟度也决定了竞争的本质。当一个大类的产品刚刚出现时，每一款网络产品都能获得一定的流量，大家活得都还不错。在社交网络类产品问世的初期，很多创业企业，如 MySpace、Bebo、Hi5、Tagged 以及另外十多家类似的企业，都像野草一样蓬勃生长。但是随着这个市场走向成熟，竞争变成了一场零和游戏。

根据冷启动理论，竞争会同时创造出相伴生的恶性循环和良性循环，也就是说网络效应可能给赢家提供强大的助推力，同时给输家造成强大的负面影响。如果有一个网络实现了用户数量几何级增长，那么一定有另外一个网络正在以同样的速度丢失用户。当用户离场时，网络的价值也会出现几何级下降，这会影响获客效应、交互效应和经济效应——增长会停滞，交互会减少，变现能力会衰退。

如果一个网络承压过重，其有可能彻底崩溃，也就是沿着冷启动理论的轨迹反向衰退。

有些失败的网络会彻底归零（或者接近这种状态），有些失败的网络会收缩到一种原子级网络的状态——在一个其能够维持的小范围内运营，但也只能是曾经辉煌之后的一个影子。在脸书兴起的过程中，领英和推特也崛起了，因为它们的使用场景不同，而且相互之间有互补性。但是它们的直接竞争对手，包括MySpace和众多社交媒体都被用户无情抛弃。

我在前面分析冷启动问题的章节中曾提到过产品自身重力牵引的危险，而竞争造成的恶性循环的危险性有过之而无不及，因为竞争可能导致网络彻底解体并崩溃。在Wimdu这一案例中我们就看到了实证。当一个原子级网络崩塌时，外围的很多与之存在关联的网络也会受到牵连，有点儿像多米诺骨牌效应。如果Wimdu失去了柏林的房源，那么不仅会影响它在德国市场的服务效应，甚至还会影响整个欧洲市场的服务效应，从而进一步导致整个网络上的用户互动越来越少。这就是恶性循环造成的影响。

小个子对战大巨人

　　基于网络的竞争最大的特点是非对称性。规模偏大或规模偏小的网络处在冷启动理论的不同发展阶段，因此，它们能够利用的发展工具会有明显差异。巨人型公司在网络增长和市场饱和的倒逼下，被迫应对自身重力牵引的问题。为了克服这些负面力量的影响，巨人型公司需要增加新的使用场景，将产品介绍给新用户，并且要保持盈利。而在竞争关系的另一侧，创业企业还在着力解决冷启动问题，而且通常从一个细分市场开始。新生的创业企业有别人不可企及的优势，它们不用追求盈利，可以把精力集中在获取最高水平的增速上，通过用户补贴来换取网络规模的增长。当这两种公司在市场上过招的时候，它们采用的竞争策略自然会折射出它们不同的目标和资源禀赋。

　　创业企业的资源相对比较少，资金、员工、渠道都不足，但是它们在建设新网络方面有独特的优势：它们速度更快，而且百无禁忌。如果一家创业企业想要和 Zoom 开展竞争，它可以从更聚焦的使用场景入手，比如说专门服务于在线聚会，如果这种业务模式行不通，它可以迅速调整业务模式，尝试新的业务，比如说服务于企业内部培训在线课程。YouTube、Twitch、推特以及其他很多产品都经历过类似的发展过程，它们在孵化阶段不断细化调整业务模式，直到形成一个完整成熟的大网络。创业的旅程总是要经历无数次试错和失败，只要发掘一个原子级网络就能够实现市场突破。取得第一次突破之后，创业公司就可以进入下一阶段，并且通常会有更多资金和资源来支持它。

相比之下，巨人型公司在资源、人力、现有产品等方面具备明显优势。但是它们也存在显著的劣势：由于巨人型公司执行速度慢，厌恶风险，而且新业务要为和现有业务保持一致支付"战略税"，因此它们很难解决冷启动问题。当公司员工人数达到万人以上时，总会出现同样的趋势。这些大公司必然会制定比较严格的制度，规范所有行为和行动，包括编制工作规划和开展绩效评估等。这些措施能够帮助团队集中注意力，但是公司更难像创业企业一样去冒险。我在优步就亲眼见证了这种情况，这家公司的企业文化原本还是创业文化，但是随着发展年头逐渐增加，公司的注意力更多地转移到盈利能力和协调数万名员工的工作方面。这就使其更难发起新的创业项目，可以说祸福难料。

当小个子和大巨人在市场上相遇时（通常可能是一个大巨人同时对战很多个得到投资者支持的小个子），大家各显神通，局面非常精彩。

我在本章中已经充分解释了竞争关系是如何嵌入整个冷启动理论的，在后面的章节中，我会展开介绍在网络与网络对决的过程中最强有力的几种手段和措施。

第三十一章
捡便宜策略

在爱彼迎和 Wimdu 展开竞争之前，爱彼迎的竞争对手是 Craigslist。

Craigslist 是一个展示分类广告的网站，这个平台本身就是一个很矛盾的存在。从一个角度讲，网站长期没有发生过重大变化，整个 Craigslist 站点的页面设计还保留着 20 世纪 90 年代的风格，比如纯蓝色的链接和灰色的勾选框，网站运营者从来没有系统化开发全新的功能，没有全盘重新设计网页界面，也没有添加任何新的产品。但从另一个角度讲，它算得上互联网界的一个庞然大物。按目前收录的数据来讲，这个网站覆盖了全球 570 个城市的服务，其年收入预计达 10 亿美元。最令人意想不到的是这个网站由克雷格·纽马克和吉姆·巴克马斯特两人共同拥有，他们算得上是科技界最低调的亿万富翁。Craigslist 兴起的故事也很有趣，在 1995 年的时候，其服务最早以宣传本地活动的新闻电子邮件的形式出现，当时就是字面意义上的"克雷格的清单"，后来才逐步演化成一个提供求职、租房、钟点服务、销售等不同类别信息的网站。发展到现在，这个网站已经成长为一个巨型的横向网络，承载着无数本地分类广告的运行——每个月新增的分类广告多达 8 000 万条，每个月的网页浏览量有 200 亿次。这个网站是互联网上排名前 100 的网站之一，更惊人的是，它幕后的团队只有几十人。

不管 Craigslist 获得过怎样的成功，后来出现了一堆创业企业，从它身上捡便宜，带走了最有价值的用户群，这就是为业内所熟知的"Craigslist 解绑"现象。这个词是由当时纽约的一家初创企业的投资人安德鲁·帕克发明的，他在 2010 年[85] 观察到一些冉冉升起的创业企业正在从 Craigslist 上"解绑"业务，比如说 Indeed 解绑了求职板块，StubHub 解绑了售票板块，Etsy 解绑了艺术品和手工艺品销售板块，等等。多年之后，这些零零星星的创业企业逐渐向少数几个十亿美元级别的核心玩家靠拢，其中包括爱彼迎、Tinder、Zillow、Reddit 和其他几个知名企业。

Craigslist 团队本可以保住对这些特别有价值的类目的掌控权，但是他们没有这么做。为什么？

我们分析 Craigslist 的时候，不能把它当作一个单一的巨无霸，不能把它看作一个建立在统一分类广告平台上的产品，而要看到它的本质是一个由无数子网络构成的大网络——使用 Craigslist 网站中西雅图本地信息的用户与使用迈阿密信息的用户肯定不会是同一群人。即便在同一个地理区域内，使用西雅图求职板块的用户与使用西雅图本地社区信息的用户也会形成各自不同的网络。求职板块的网络主要连接企业和求职者，社区板块的网络则主要帮助同一区域内的消费者相互联系。当然，我们并不否认有些用户既用求职板块，又用社区板块，但这样的用户毕竟只占少数。如果这些子网络中的用户受到一款新的网络产品的吸引，脱离了大网络，那么新产品的网络就有可能在一夜之间发展到超越临界点的状态。

每个处于头部的网络看上去都是不可战胜的，但是从其由子网络构成的本质上讲，总会有某几个子网络天生就比较容易被攻破。有些子网络能够很好地服务于用户，但是有些子网络将被新出现的更好的产品替代。这就是创业企业的优势。它们可以从孵化期的企业中捡便宜，复制对用户吸引力最大的使用场景，抓取最有价值但是没有受到保护的用户群。创业企业只需要找到一个突破口就可以建起原子级网络，孵化期的企业则需要确保突破口不被攻破。如果孵化期的企业在这一点上做不好，新入场的竞争者就能轻而易举地打进这个市场。这就是基于网络的竞争关系的非对称性特点。

当一款网络产品的规模足够大时，比如说达到 eBay、Craigslist、领英、YouTube 这样的程度，它实际上就代表着一个由无数子网络构成的大网络，其中包含无数种截然不同的用户需求。以高端收藏版球鞋为交易标的的买卖双方的需求肯定与交易二手车的买卖双方的需求不一样。在一个由数千个这种特立独行的子网络组成的大网络当中，总会有一些子网络得不到足够的服务。当大网络触达发展天花板时尤其如此，因为它们可能会出现网络内容无法被准确发现、质量下降等问题，以及受到我在本书前几章介绍的负面力量的冲击。网络中受到负面力量影响最大的子网络通常就是初创企业最容易突破的领域。

如果想抓住解绑大网络的机会并充分加以利用，至少要做两方面的工作：一方面是打造必要的产品功能，为离开大网络的用户提供他们需要的服务；另一方面是直接给横向平台上的用户发消息、打广告，或者用其他方式说服他们迁移到新的平台上来。爱彼迎就给我们留下了这方面的精彩案例。在 Craigslist 上的数十种本地产品和服务分类里，有一个不起眼的本地租房板块。但是，这一板块的用户体验很糟糕。有些房源会标注准确的价格，并且配有图片，但常见的情况是什么信息都没有。更重要的是，想租房的人无法便捷地查询在特定日期是否有空房，评级和评论等标准功能也不存在。所以这个板块几乎发挥不了什么作用。爱彼迎起步之初就给用户提供了比这好得多的体验，其着重解决了前面提到的这几个问题。Craigslist 上面有的定位信息、文字描述、定价等，爱彼迎的网站上都有，但是爱彼迎还额外提供了照片库、评级与评价、综合支付、在线预订、房东简介等丰富的服务。

2008 年，爱彼迎以 Airbedandbreakfast.com 的域名发布了第一版简洁的网站。网站页面上展示的信息主要是房源、定价以及房东的联系方式。回头去看，爱彼迎的功能看上去真的是再简单不过了。从理论上讲，Craigslist 应该也可以把这些元素添加到其网站上，但是 Craigslist 的团队成员太少，他们需要优先应对其他子网络被解绑的问题，无暇顾及这个子网络。在爱彼迎逐步兴起的过程中，还有其他一些网络产品正在试图解绑 Craigslist 的约会、房地产交易、钟点工等板块。对 Craigslist 团队而言，他们最自然的做法就是开发能够服务整个横向平台的功能，而不是在纵深领域和某家特定的公司竞争。

寻找软肋

从某种意义上讲，这是创新者的窘境。克莱顿·克里斯坦森在他知名的商业战略著作中描述了新加入一个市场的创业企业是如何从一个看似无人问津的细分市场开始的。成熟企业的精力都放在了最赚钱的领域和使用场景上，无暇顾及这一细分市场。他在书中以钢铁厂、磁盘驱动器、机械挖掘机为案例，分析指出行业中的主导企业可能会遇到过度服务客户的问题，因为新增的产品功能带来的收益增效是逐步递减的。创业企业通常掌握某种新的技术，能够占领一个细分市场，然后再逐步进军主流市场。从抽象意义上讲，这些原则对网络产品同样有效，但是我们还需要深入分析其他重要因素，这样才能在讨论网络效应的框架下突出颠覆性创新理论的效用。

原子级网络的概念为创业期的网络运营者提供了最清晰的奋斗目标——他们应该从大网络中剥离出一个小群体，或者从零开始创建一个小群体，形成自有的且密度很大的原子级网络。刚开始时，如果对比 Craigslist 全站和其中出租房屋的细分板块，肯定是前者用户数量更多，功能也比较成熟。但是，随着爱彼迎在一个个城市中建立起密度比较大的网络用户社群，没过多久，它在某些特定城市的房源数量就超过了 Craigslist，只不过房源总数还没有后者那么多。我在本书不同的章节反复提到过，网络密度比总规模更重要。当在一个特定的细分市场中起步的玩家形成了独特的原子级网络并且开始向外扩张时，他们就会享受到网络效应带来的好处，而且欲罢不能，特别是在他们最初起步的市场里。

值得探究的问题是，到底捡哪个原子级网络的便宜呢？如果我们想解绑 Craigslist 的一个子网络，是不是应该从二手商品板块下手？或者从钟点工板块下手？又或者是约会板块？还是有其他更好的选择？为什么房屋租赁会成为一个绝佳的切入点？选择切入点很重要，因为某些细分领域更容易实现网络效应。在爱彼迎的这个案例中，每位用户和每次交易从共享房屋这件事情上得到和产生的价值，其实源于旅游业的外围业务，在旅游业当中，平均每次旅行，光住宿这一项就要花费数千美元。较高的经济价值也就意味着爱彼迎可以通过经济效应迅速扩大规模，将每一个新增的房源转变成收入来源，拉低单位运营成本，并且为整个网络贡献一份收入。爱彼迎订单的平均价值量都很高，这意味着其可以利用这份收入来助推其他板块的业务。

我们再多分析一个案例，这次讲一讲 Snapchat。这款产品的照片通信功能可以被看作一款大型社交网络产品的一个细分功能，因为在这款产品刚刚出现的时候，脸书、推特、MySpace 等各大平台上已经可以分享很多不同类型的媒体内容，照片只是其中一种。但是，把通信限制在照片这一种载体上，Snapchat 就能够攫取使用频率最高、用户黏性最强的使用场景（由用户之间来回往复的沟通驱动），而且加入的新用户越多，黏性就越强。在这款产品刚刚问世的时候，每个活跃用户平均每天发送 10~20 条照片信息，这个数字是其他社交网络的分享数量的很多倍。Dropbox 最初的功能设计为其吸引新用户提供了便利，也就是病毒式传播的共享文件夹。当然，共享文件夹早就是很多产品的功能之一，微软 Windows 操作系统就自带这项功能。但是 Dropbox 就是能够抓住一种关键的、具有黏性的使用场景，并且充分变现，而且它天生具备共享传播的能力。

上面列举的这些案例都能够利用多种网络效应来助推其向上发展的过程。这些企业在拥挤的市场上已经存在主导企业（而且是具备各种网络效应的主导企业）的情况下，仍然成功站稳了脚跟。只要找准了切入点，创业企业就会快速建立起原子级网络，然后在多种网络效应的助推下实现规模化发展。

迁移整个网络

对主导企业来说，被人当作捡便宜的对象是很危险的，因为创业企业可以把手伸到你现有的网络里，直接抢走一群原本在你的网络上汇集起来的用户。毕竟网络还要依靠软件来实现，任何一位用户都可以在主导企业的网络里通过方便的通信和社交工具来传播竞争对手的软件。爱彼迎也是这么做的。这家企业不仅解绑了 Craigslist 的房屋共享板块，把它打造成一款独立的产品，而且还利用 Craigslist 的一部分用户来向另一部分用户宣传爱彼迎。

爱彼迎团队是怎么做的呢？早期的时候，爱彼迎开发了一项功能，房东在爱彼迎平台上添加好房源信息之后，他们可以把信息推送到 Craigslist 网站上，照片、细节一应俱全，而且还会附带一条"感兴趣吗？要咨询吗？点此与我联系"的链接，让 Craigslist 上的用户跳转回爱彼迎的网站。这些功能不是靠 Craigslist 提供的应用程序编程接口实现的，而是通过用逆向工程法分析该网站的功能，开发了一个机器人程序来自动实现这一步的。真的非常聪明！ 2012 年，我第一次在个人博客中介绍了这件事，那篇文章的题目叫作《黑客增长是新的营销副总裁》，当时我脑袋里想的就是爱彼迎这个案例。当 Craigslist 的团队不想再用这种功能并且将这项功能禁用时，已经过去了好几个月，爱彼迎已经形成了自己的原子级网络。

同样的情况在社交网络问世的初期也出现过，脸书、领英、Skype 等产品的用户增量的基础其实就是从 Hotmail、雅虎邮箱等客户端导入的联系人信息。它们利用 Octazen（这家数据库后来被脸书收购）这样的数据库，搜罗联系人信息，帮助社交网络增长，并且促使用户之间产生联系。当时，这些社交网络看上去对电子邮件构成不了直接的威胁。毕竟它们只在特定的细分领域发挥通信的功能，如很多社交网络专注于大学校园或者特定职业的圈子。直到很多年以后，电子邮件服务商才意识到这种做法的危害，关闭了访问权限。

如果一家主导企业的网络被人捡了便宜，会对其造成两方面的恶劣影响：其一，任何已经被攫取的网络用户几乎不可能重新回到原来的网络里，因为反网络效应会产生负面影响；其二，主导企业的市场份额下滑，对公司造成双倍冲击，并且影响公司进一步融资的能力。

我展开讲一下。如果一个网络以牺牲另一个网络为代价取得了胜利，那么对失败的网络而言，它其实就是再次面对冷启动问题，而这一次解决问题的难度要比以前大很多。做一个假设，比如说西雅图房屋短租市场的供需双方从 Craigslist 迁移到爱彼迎。当迁移的用户数达到一定规模时，Craigslist 必然出现反网络效应，其网站上的房源的流动性就会变差，甚至归零。Craigslist 如果想要把这个市场赢回来，就必须再次解决冷启动问题，但这一次，它将面对同一个市场中的竞争者，而且这次竞争对手有钱来补贴用户，还可以开发新的产品功能来满足用户。

正面比拼之后丢失网络用户造成的第二个重大影响就是对公司市场份额的冲击。市场份额是优步的运营团队最关注的指标之一，因为优步的投资人非常关心这个指标的数据。如果优步能够证明自己在主要市场的份额不断提升，而竞争对手的份额在下降，那么优步就可以吸引更多的投资，同时让其他竞争对手显得没有吸引力。而只有正面竞争才是改变市场份额的最有效的手段。假设市场份额被两个主要企业均分，双方各占 50% 的市场，其中一家企业突然获得了 20% 的增长，比如说它推出了新的功能，那么双方的市场份额占比就会变成 55% 对 45%。但是，如果增长的 20% 来自另一家丢失的 20%，也就是赢家得到 20% 增量的同时，输家丢失 20% 的存量，这样的话，双方的市场份额占比就会变成 60% 对 40%。从优步的经验来看，这种抢夺市场份额的做法是一个循环，因为公司获得更多投资之后就可以拿出更多的钱补贴市场，从而获得更多市场份额，然后又吸引到更多投资。

平台依赖的危险性

捡便宜的做法也存在风险。尽管爱彼迎对战 Craigslist 的案例成了捡便宜策略的正面成功案例，但是爱彼迎成功背后真正的原因是其形成了自有的、值得用户访问的网络。任何通过捡便宜策略起步的创业公司，最终都需要打造独立存在的平台，并且实现平台的规模化增长。

爱彼迎最早采取了在 Craigslist 网站上分享房源的销售策略，但过了几年之后，两个网络之间是否存在联系已经变得无关紧要了——用户选择直接使用爱彼迎网站或移动端软件的概率更大。实现这一点之后，爱彼迎就形成了自己独有的获客效应、交互效应和经济效应，与 Craigslist 网站上的用户如何互动已经没有关系了。

如果管理不当，平台依赖性会给创业公司造成很大的麻烦。假设你的网络与一个现存网络深度绑定，对方可以控制你的传播、互动、商业模式，那么你的网络其实就变成了对方网络的一个功能。如果说用户只把爱彼迎当作管理 Craigslist 网站上的房源的一种工具，那么爱彼迎就必须看 Craigslist 的脸色行事。如果前者体量太大，或者采取了错误的行动，就可能导致自身陷入生存危机。通常情况下，如果一款产品大受欢迎，大的网络公司就会主动复制其功能。微软在 20 世纪 90 年代就是这样对付 Office 和 IE 浏览器等软件的。或者说，当底层网络不愿意再提供同级别的应用程序编程接口时，比如推特和脸书最终都关闭了对外的接口，那么依存于它们的各种软件都会立刻变得一文不值。

总结一下本章内容，捡便宜这种做法其实是非常有效的，因为它折射出网络世界里小个子与大巨人的非对称性力量对比。一款新的产品可以决定在哪里展开竞争，集中精力攻克单个难点，建立属于自己的原子级网络。大企业则需要通过艰苦努力来守卫自己的每一寸领土，保证用户体验不受侵蚀。这也是"赢家通吃"说起来容易做起来难的原因之一，在零售消费市场尤其如此。大型网络也许可以从很多不同的网络中攫取用户，但是在采用捡便宜策略的创业企业面前，大型网络同样可以被打败。

第三十二章

高举高打的失败

大型企业通常会在市场上以高举高打的策略发布产品，它们利用自身的规模优势和增速优势发起进攻，让对手难以应对。当大型企业的竞争对手是创业企业时，这种策略会显得非常诱人，因为双方看上去实力悬殊，似乎大型企业具有非对称性的优势。但是，与这种常规看法相反，高举高打的策略在网络产品的世界里经常以失败告终。

如何布局高举高打策略已经是老生常谈了。一场成功的高举高打应该是这样的：2007 年 1 月，穿着黑色高领长袖衫的史蒂夫·乔布斯在旧金山的莫斯康中心向现场数千名参会者发布了一款新的设备（iPhone），并宣布面向全球发售。这款产品意在争夺当时全球数百万移动电话用户。其团队开发了具有突破性的功能，可以满足从电子邮件、文字短信到网页浏览等诸多使用场景。这款产品受到大众的热情追捧，各大媒体都对其进行了报道。

创业企业和开发新网络产品的创业团队经常关注这种发布方

式（不管他们自己认为这是经典的还是老套的），然后逆向使用这个套路来和大型企业竞争。即便不是通过组织大型会议的方式来发布产品，也会通过传统媒体、社交媒体、付费营销渠道发起同步的宣传攻势。或许得益于一家企业核心产品的助推，或许得益于关键合伙人的帮助（有可能在高举高打的发布之后），大量用户一窝蜂地涌入产品的平台。一场大规模的电子邮件营销活动会把新产品链接放在最显眼的位置，比如主软件的首页。其目的只有一个：用最大的力度发布最好的产品，让尽可能多的用户知道这款产品的存在，吸引大量新用户并将他们进一步转化为付费用户。让媒体、网红、合伙人、核心用户都追捧这款产品，自然就能通过这些关键的节点形成网络，然后再向下渗透，逐步将大部分普通人也纳入网络。

对规模大、相对成熟的企业而言，高举高打的产品发布方式更容易实现，因为它们通常都有销售渠道，有庞大的工程团队，还有销售人员和市场开发人员的支持。但是与常规认知相悖，这种发布方式对网络产品而言是一个陷阱。这是搭建网络的人最不希望看到的方式，因为大范围的发布会催生出无数个虚弱的子网络，它们都是无法独立稳定运行的小网络。

如果企业理解不了这些细微差别，它肯定会遭遇失败。

"谷歌＋"的发布遭遇反网络效应影响

后来，又有一位来自科技行业最强大的企业之一的、具有人格魅力的高管，在一场会议上向全世界的人发布了一款新产品。

这一次是在 2011 年 6 月举办的 Web 2.0 峰会上，谷歌副总裁维克·贡多特拉向世人描述了社交网络的下一代产品，正式发布了谷歌＋。这是谷歌为了应对脸书的挑战而发布的一项雄心勃勃的战略，因为当时脸书已经快要上市了。为了给自家的产品提供强大的助力，谷歌和其他公司一样，利用其已有的核心产品进行了积极的向上销售。谷歌搜索引擎官网增加了跳转到谷歌＋的链接，而且在 YouTube、谷歌照片和自有生态圈内的其他产品中也嵌入了谷歌+。这种做法带来了大批初始用户。在短短几个月时间里，该公司就对外宣布获得了 9 000 万新注册用户。

从表面上看，这是一个庞大的用户群体，但实际上，这些用户形成的子网络基本没有互动，没有任何的积极作用，因为很多新用户都是在媒体上看到了相关报道，出于好奇才注册试用一下，而不是他们的朋友拉他们加入网络。由于谷歌的核心网络不断带来可观的新增用户，因此谷歌＋的高速用户流失被掩盖了。即便这款产品已经出现了颓势，用户总数也还在不断攀升。

如果一款网络产品还没有形成一个有黏性的、稳定的原子级网络，那么任何后来加入的非活跃用户肯定不会介绍更多用户加入产品的网络。阿米尔·埃弗拉蒂曾在《华尔街日报》上发表过一篇文章，介绍了当时的情况：谷歌＋被形容为一座"空城"，尽管其高管大肆吹嘘自己在行业中领先的数据。

根据谷歌公司首席执行官拉里·佩奇自己讲的，谷歌＋已经成为社交网络领域一款极有竞争力的产品。自 6 月发布以来，其已经有 9 000 万新注册用户。但是这些数据掩盖了谷歌＋真实的发展情况。

如果拿谷歌＋和脸书相比，谷歌＋简直就是一个空城，而此时脸书正准备大规模首次公开募股。来自 comScore 公司的研究数据显示，确实有很多人注册为谷歌＋的用户，但是他们注册之后几乎没有在这个平台上开展任何活动。

根据 comScore 公司的数据，在 2011 年 9 月至次年 1 月，谷歌＋的用户每月平均停留的时间只有 3 分钟，而脸书的用户每月平均停留的时间达到 6～7 个小时，这还只是用户使用个人电脑上的浏览器阅览产生的数据，并没有计入移动端软件的使用量。[86]

谷歌＋的命运是由其走向市场的策略决定的。它以高举高打的方式发布，没有关注微观原子级网络的组建，没有获得自发成长的动能，整个开发团队都成了大公司虚荣心的受害者。在巅峰时期，谷歌＋宣称拥有 3 亿活跃用户。如果对照行业领军企业的平均数据，其已经走上了向成功进发的道路。但是网络效应更看重增长的质量而非数量。最终，疲软的网络和较高的用户流失率同时爆发，到 2019 年时，谷歌＋在经历了几年边缘挣扎之后被迫关闭。

当然，发布方式不是导致谷歌＋失败的唯一原因，其在产品方面的选择也变成了成功道路上的障碍。任何一个类似谷歌＋这样的以内容为核心的平台都必须吸引作为网络困难侧用户的内容创作者，只有他们加入了网络，其他用户才会加入网络来浏览他们创作的内容。但是，谷歌＋的产品选择非常令人疑惑。从理论上讲，让用户创建私密、可共享的朋友圈是一个很好的业务模式，但是现实当中，创作者需要花更多的精力来设置自己的朋友圈，这导致可以看到内容的朋友人数减少，获得的评论、点赞等反馈也少得可怜。谷歌＋的分享功能与脸书和推特没什么差异，主要就是分享照片和链接，这种使用体验没有任何改进，没有让内容创作者的使用体验获得 10 倍以上的提升。由于谷歌＋没能在汇集困难侧用户方面实现突破，因此它和其他平台相比没有任何使自己突出重围的差异化内容。

谷歌＋在和脸书的竞争中败下阵来，但是有其他创业团队在和脸书的竞争中胜出。Snapchat 的成长经历就为人津津乐道，它最初在高中校园里传播，后来逐步渗透到主流大众市场。那些阅后即焚的照片捕捉到了很多以前从来没有被公开过的独特内容——这些不是专业拍摄、没有后期修图的照片只服务于用户之间的沟通。早期，Snapchat 日均活跃用户数还在 10 000 上下时，就已经实现了每位用户每天发送 10 张照片的活跃度，这已经是其他同体量社交平台的好几倍了。这说明其已经汇聚了一批困难侧用户。Twitch、照片墙和 TikTok 的创新路径与 Snapchat 类似，它们给用户提供新的工具，开放更多可用的媒体类型，让用户得以更充分地表达自己。

高举高打方式的顽疾

用高举高打的方式来建设网络存在两个弊端。一是，这种方式基于广播式的营销渠道。媒体报道、会议宣传、投放广告等手段如果起效，确实能吸引来很大一批用户，但是肯定不具有针对性。你可能会招揽到来自四面八方各种不同网络的用户，但是他们周遭形成不了有效的人际网络，他们很快就会离开这个平台。

二是，一款产品不仅需要时间才能具备恰当的功能，而且还需要时间才能建立起足够的功能来支撑病毒式增长，比如说至少要具备分享、邀请和协作几个基本功能。自下而上的发展模式的优势在于，一旦病毒式的传播模式开始见效，产品就有可能在多个不同的网络中蔓延开。而高举高打的方式只强调用户总数的增长，不关注病毒式传播的效应是否得到发挥，从而分散了大家的注意力。除非我们专门跟踪并获取病毒式传播效应的数据，否则我们很难判断一个网络是否处于发展的正轨。

如果用猫鼬定律和本书的核心理论框架来审视，我们很容易理解为什么通过高举高打方式建成的网络如此孱弱。作为创业者，你最好建成密度更大且用户互动频率也很高的原子级网络，这只需要几个小规模原子级网络就够了，你并不需要建设一个规模很大但是既无密度也无互动的网络。如果对单个用户来说，一款产品的实用性取决于有没有其他人在和他一起使用，那么用户的总数其实是可以忽略不计的。在实际操作当中，判断网络的吸引力大小时必须缩小到单个用户的微观视角。假设有一位新注册用户刚刚入网，他是否会因为网络中本来已经存在很多用户而觉得这个网络非常有价值？创业者最好不要过分关注用户总数，尤其是在新产品发布的前几天里批量涌入的用户。正如埃里克·莱斯在他的专著《精益创业》中说的一样，这些都是"虚荣指标"。这些数据，尤其当它们还处在增长阶段时，可能会让你感觉良好，但是如果网络中缺少足够的人际互动，用户就会迅速离开现有网络，即便你有 1 亿名用户也无法取得最后的成功。

在采用自下而上的方法建成的网络中，用户之间的联系往往要紧密得多，因此网络健康程度和互动程度也会好很多。出现这种情况的原因有很多：一款新产品通常是在一个特定的子社区里培育起来的，可能是大学校园，旧金山的科技圈，游戏玩家圈，或者自由职业者圈子。最近一批取得成功的产品已经向我们充分证实了这一点。产品会在这种小圈子里成长，然后缓慢渗透到其他垂直行业里，在其成长的过程中，开发团队可以微调邀请或分享等功能，并且不断凸显产品为用户提供的价值。一旦一款网络产品实现了病毒式传播，那就说明每位用户至少认识网络里的另一位用户。等到广大普通民众都意识到这款产品的价值时，它可能已经被人们视为现象级产品，这个时候就可以采取一些自上而下的措施，以进一步扩大网络，增强用户的互动。

如果高举高打的方式对大多数企业都无效，那它为什么还能为苹果公司所用？这种手段在苹果公司发布产品的过程中起效，主要原因在于苹果公司提供给用户的产品可以作为一款独立存在的高端、高实用性硬件，即便不建设新的用户网络，这款产品依然能为用户创造价值。苹果公司最多算是加入了当时已经存在的电子邮件和文字短信的网络。行业里尽人皆知的是，苹果公司发布过游戏中心和 Ping 两个社交网络，这两个产品现在都处在半瘫痪的状态。苹果公司发布的最新网络产品其实就是软件商店，但是这个产品当初也不在史蒂夫·乔布斯的计划之内。[87] 还有更重要的一点，你的产品还没有苹果的品牌效应。如果你还没有开发出足以和他们比肩的产品，就不要试图模仿他们的手段。

小市场悖论

规模大、发展成熟的企业自然想要占领体量大的市场。如果都这么做，那么这本书的核心理论框架（从小处着手，建设原子级网络，利用其网络效应成长为大企业）听上去就显得与大众认知相违背。我这套理论的缺陷在于，第一个网络看上去往往像是一个不值得关注的微小市场。

另外，创业企业的优势就在于它们可以从小规模做起，不断成长。科技行业中体量最大的几款网络产品（eBay、脸书、优步、爱彼迎、TikTok）都是从小规模原子级网络起步的。它们最初的网络依照提及顺序分别起步于收藏品、大学生、富人用的豪车、气垫床和早餐以及对口型假唱。所有这些听起来都是小规模细分市场，如果用传统的"整体可触达市场"理论来分析，它们可能会被认定为永远成长不起来的市场。

这就是悖论。我认为，想要在大范围内成功实现网络效应，必须从小规模的原子级网络入手。利用第一批成功的小网络吸引外围的第二批小网络，以此类推。我坚信这样的发展轨迹是创业公司必须经历的。

eBay 从收藏品交易这一垂直市场入手，打造了一个本领域内的原子级网络。知名的贝瑟默风险投资公司就曾对 eBay 的商业模式提出过疑问，这成了风险投资圈后来常说的段子。

戴维·考恩想的是："邮票？硬币？漫画书？你在开玩笑吧，想都不用想，我肯定不会投。"[88]

联合广场风险投资公司的弗雷德·威尔逊称得上最伟大的风险投资家之一。当爱彼迎寻求融资的时候，威尔逊也不理解其商业模式，因为这家创业企业专注于拓展最低端的住宿供给——气垫床加早餐，而且当时它也没有在其他领域获得突破。

当时，爱彼迎是一个大家可以交易气垫床过夜权的平台，而且是睡在别人家里，由此才得到了他们现在的名字。其团队曾试图增加其他类型的房源，但是并没有取得太大的进展。

我们的脑筋就是转不过弯来，我们怎么也不会把在别人家客厅里睡气垫床看作下一个酒店产业，所以根本就没有关注这个投资项目。其他风险投资公司也看到了我们曾经见过的这个了不起的创业团队，并为其提供了融资，我们说什么都晚了。爱彼迎将会发展成"交易空间的eBay"。我相信它有朝一日一定能成长为价值超10亿美元的企业。[89]

这是风险投资行业常犯的错误，或许是因为风险投资家对创业企业的特色做出了错误的判断，他们不太理解创业企业依赖网络效应打造的新产品的功能。一款产品的第一个网络通常都不会是其最后一个网络，因为开发团队会持续努力，完善现有网络，进而攻占外围的市场和网络。一家原本看起来像是在卖气垫床使用权的企业，最后成长为颠覆整个酒店业的企业。一款原本为小团队和创业公司开发的聊天软件，最终占领了整个办公市场，成为团队沟通的实际工具。

高举高打的诱惑力

规模更大、成熟度高的企业，由于其内部人际关系的推动，更喜欢使用高举高打的策略。它们会试图从零一步跨越到临界点，因为企业开发一款新产品会面临很多来自内部的压力。"我们的某产品已经能够为公司创造数百万（甚至数十亿）美元的收入，为什么还要去搞新的东西呢？""如果开发这个新产品，我们能搞出什么差异化的特征来？为什么我们就能成功？""本来你的目标是 500 个学校、客户或城市，为什么你只从 5 个入手？"所有这些问题听上去好像都是值得深思的问题，但是回答这些问题只会引导我们走向高举高打的道路。

假设我们有一款软件在一个校园中，或者在一个 B2B 客户身上取得了成功，这看上去似乎是微不足道的。如果你的企业的核心业务已经能够每年创造数百万甚至数十亿美元的收入，那么任何新产品都必须迅速取得成功，否则就很有可能得不到任何资源支持。企业里的管理者都会给下属制定特别远大的目标，因为大张旗鼓地发布产品才是最快吸引软件工程师和社会融资的方式，甚至公司的首席执行官也会介入这个过程。但从多个角度看，自上而下的命令会给新产品开发团队带来更大的压力。为了让大家觉得自己的努力会有相应的回报，一个深度参与开发的首席执行官会反复告诫大家这是公司"最大的赌注"，正如谷歌＋那样。

相比之下，创业企业的发展目标从小处起步。当 Tinder 的团队想出办法让南加利福尼亚大学的数百位学生使用这款软件时，整个团队都觉得这是一次伟大的胜利——只要有用户就比没有用户要好！当他们成功拿下第二所学校时，他们觉得自己取得了更大的成就，这种成就感激励着他们投入更多精力，并开始逐一发展各所学校。启动一个网络的初期工作通常需要随机应变，根据运营的需要不断想出各种机灵的点子，给早期的网络用户提供现金补贴，设置仅能通过邀约加入的功能限制，或者干脆投入更多人力去解决问题。尽管这些手段看上去没有战略眼光，也不可能规模化开展（导致大企业都不愿意使用这些手段），但是它们成了创业企业的非对称性优势，帮助创业企业快速起步。

第三十三章
抢夺困难侧用户

　　用最简单的方式来介绍网络效应，就是在依赖网络效应的市场里，总是赢家通吃，规模大的网络注定能成为最后的赢家。毕竟，如果你相信梅特卡夫定律，那么网络的规模越大，其价值也越大。任何处于领导地位的网络都可以进行更多投资，实现更大规模的增长，并且最终一定会胜利。

　　但这并不是我们在现实当中看到的，从 Wimdu 和爱彼迎抢夺欧洲市场的激烈竞争中，从优步与 Lyft、Ola、Careem 争夺全球市场份额中，从微软十多年来在浏览器、操作系统、Office 办公软件等领域与其他厂商的竞争中，我们都看到了与此相反的现象。在前面这几个案例中，规模较大的网络反而需要采取全方位措施来抵御小企业的进攻，而且在很多案例中，往往是小企业获得最终的胜利！在社交网络领域，MySpace 输了；在办公通信领域，Hipchat 输了；eBay 为了和 PayPal 竞争而开发的 Billpoint 也输了。在行业发展历史上，这几个最终落败的产品都曾拥有规模最大的网络，但是它们最终都输了。在这些类别当中，胜出的产品没有一个是在市场里第一个"吃螃蟹"的，也没有哪个是第一个创设了本行业软件和网络运行机制的，但是这些后来的小玩家最终打败了强大的对手。

如果网络效应的力量非常强大，那为什么规模较大的网络还如此容易被别人击败？和创业企业开展竞争的过程到底是什么样的？

北美冠军系列赛

我们可以从优步开展的全球竞争中找到一些线索。在本书引言中，我向大家介绍了优步在作战指挥中心里开展的长时间的深夜战略规划会议，在会议期间，公司管理层为不同区域的业务团队制定出下一步的竞争策略。来自运营、产品、财务等部门的高管共同组成高级跨职能团队，一起在北美冠军系列赛会议期间商讨策略，这个会议有可能在深夜召开，而且一开就要开到解决了所有人的问题为止。有些时候会在晚上 10 点召集开会，或者在周末召集开会，讨论的都是如何推动美国本地的业务。

在中国、印度、拉丁美洲以及其他一些关键市场，优步也会召开类似的会议，比如"黑金中国""黑金印度"等。在公司创立之初的几年里，这种战略研讨会都会起比较隐晦的代号，有时它们被内部人称为"SLOG（埋头苦干）"会议——一开始是从字面意思出发，要让其他公司感到和优步竞争是一件难办的事，后来演化成"提供长期运营增长"会议的缩写。优步能在与其他规模大、由得到风险投资支持的竞争对手如 Sidecar、Hailo、Flywheel 的竞争中胜出，关键就是有这些战略研讨会议在不断出谋划策。这些会议默认一个前提：光是让优步胜出还不够，必须把竞争对手都打趴下。

优步的竞争策略非常凶猛而且是跨专业的。公司既激励数千名软件工程师不断开发新的软件功能，又花费数十亿美元给司机和乘客提供补贴，促进双方互动。如果对手不能用自己的策略反制这些措施，那么它们的网络必然解体。有的时候，只要几个星期对手就撑不住了。我采访了 Sidecar 的联合创始人贾汗·卡纳，当谈到与优步竞争时，他是这么说的：

> 太残酷了。到最后那段时间，优步把我们逼进了死胡同。Sidecar 扩张的市场过多，我们已经没有办法像过去一样笼络司机和乘客。我们慎重思考之后，决定不再像优步一样给司机和乘客提供奖励。各地的市场需要靠用户自发的力量成长。但是我们停止了奖励政策之后，只过了不到 6 个星期的时间，我们的市场份额就清零了。现金激励是推动这种网络发展的唯一动力，如果想在这个圈子里竞争，就得接受这个现实。[90]

不只 Sidecar 遭遇了这种残酷的竞争，最终市场排名第二的 Lyft 也遭遇了特别有针对性的激烈竞争。这种竞争通常以本地化、个人化的方式发生。在开发旧金山市场的早期，优步的团队特别针对 Lyft 的司机团队开展了"挖墙脚"行动。他们一开始会猜想 Lyft 的司机经常出现在哪些地方，后来优步的旧金山运营团队想到，这些司机应该会为了客户服务去 Lyft 的总部办公楼。于是他们租了皮卡车，在皮卡车的货厢里竖起广告牌，让司机拉着广告牌在 Lyft 办公楼所在地的街区巡回，广告牌上用大字写着"该刮胡子了"（暗示应该抛弃 Lyft，因为 Lyft 早期的软件图标是粉色的络腮胡），告诉司机应该加入优步的平台。Lyft 团队也采取了以彼之道还施彼身的做法，他们安排的皮卡车同样拉着广告牌到处游荡，上面写的是"不要只做别人的一个数字"。

尽管北美冠军系列赛会议和黑金会议的名称不同，但是它们的内容都是通过由一系列经营业绩指标构成的数据仪表盘向高管展示优步的城市市场经营情况和市场份额。这些指标有助于高管制订公司下一步的发展计划。从这些仪表盘上我们看到了一些让人深思的线索：尽管优步在美国或拉丁美洲这样一个超级区域内占有 75% 的市场份额，但其份额的实际情况是，有为数不多的几个市场达到了 100% 的占有率，但后面跟着的是一大群占有率仅 50% 甚至更低的市场！一个成熟的网络实际上也是由很多子网络共同组成的，某些子网络的质量要优于其他子网络。

创业企业可以自由选择想要争夺的领域，但是规模大的网络的业务领域更广泛，可以同时抵御来自多个小企业的挑战。对优步的美国业务而言，Lyft 在旧金山、洛杉矶、圣迭戈、奥斯汀等城市都做得风生水起。尽管优步在纽约看上去是一个不可挑战的行业巨人，但是它在美国西海岸城市可以借助的发展工具并不多。

爱彼迎、PayPal 以及其他一些具有全球化网络效应的产品能够将来自世界各地的用户凝聚在同一个网络当中，或者至少形成一个强大的区域网络。相比之下，优步的网络是逐个城市形成的，城市与城市之间并无太大的关联。它在纽约取得了成功并不代表它在旧金山也能占据上风。所以，这种在城市中展开的竞争看上去就像是阵地战，作战各方势均力敌。这也是优步的团队热衷参与的竞争。

找到竞争工具

在两个网络相互对抗的过程中，有一些工具能够把一个网络的用户引导到另一个网络上去。这些工具都是什么？在共享出行行业，最值得关注的就是网络的困难侧用户：司机群体。司机越多则订单单价越低，很多频繁使用约车服务的乘客会对比不同平台的价格，单价越低就越容易吸引到他们。吸引到的乘客越多，就越能有效利用司机的时间，反之也成立。从竞争对手的网络中挖走司机对你的网络有两个好处：一是对方的网络会产生溢价订单，二是你的订单均价会降低。

优步的竞争工具包括财务激励（给新注册用户和驾驶时长更长的司机提供补贴）和产品更新，通过新功能提升获客效应、交互效应和经济效应。通过产品功能更新吸引更多的司机是一种显而易见的手段，如果接送乘客和将汽车开往目的地的体验越好，司机使用这款软件的频率肯定就越高。

在科技行业里，开发一款优秀的产品是实现发展的典型手段，但是优步把更多的精力放在给司机提供有针对性的补贴这件事上。为什么要提供补贴呢？因为对司机而言，赚钱是他们使用这款软件的首要动力，提高他们的收入有助于增强他们对平台的黏性。但是，优步的补贴不是大水漫灌式的补贴，其补贴的都是竞争对手网络中最有价值的司机。优步专门寻找那些活跃在多个平台上的司机，给他们提供高额特定补贴，迫使他们在优步的网络上接单，他们每多给优步开一小时的车就意味着竞争对手的网络失去一个小时的司机和车。

识别"双开（在两个平台上同时接单）"司机的过程很复杂。有些工作还是靠人工完成的。优步的员工会在乘车的过程中询问司机是否也为其他平台提供服务，如果是的话，他们会通过软件的一个特殊用户接口手动标记这名司机。从行为数据里也能看出来司机是否在双开。他们可能会暂停优步接单，为另一个平台跑一单，然后又打开优步继续接单。在安卓设备上，有一个直接的应用程序编程接口可以判断司机是否同时运行优步和 Lyft。最终，这些通过不同方式搜集到的数据会被喂给一个机器学习模型，每位司机会得到一个评分，平台由此可以判断他们正在双开的可能性有多高。这种指标的数据不用精准，只要能帮助公司大致识别就可以了。

一旦被标记为双开司机，这些人就会收到一系列的激励，促使他们改变自己的运营方式。为了增强他们的黏性，优步制定了一组激励措施，鼓励他们在一周内尽可能多地在优步的平台上接单，而不去优步的竞争对手那边接单。有些时候优步则提供比较直接的补贴，比如"干 X 单得 Y 补贴"的活动，司机在一周内完成 50 单就可以额外收到 100 美元补贴。而且这种补贴还有分级模式，比如说完成 10 单、25 单、50 单、100 单，司机可以相应获得 25 美元、50 美元、100 美元、200 美元的补贴。另外一种激励方式是"确定溢价"订单，比如说司机完成 20 单以后，此后多出来的每一单，司机的收入都可以乘以 1.5。

司机激励方式多种多样，而且各地的运营团队还在不断测试新的激励方式，但是他们想实现的目标是不变的。在优步的平台上接了 50 单甚至 100 单的司机是不可能有时间去别的平台上接单的。他们必须在每周的第一天根据补贴金额选择一个平台，然后玩儿命地在这个平台上工作，向着最高的奖励和补贴冲刺。在现金激励策略的高峰期，优步每周在某些市场发放的司机补贴超过 5 000 万美元。在我参加北美冠军系列赛会议的那段时间，曾经出现过中国市场发放的补贴超越这个水平的情况。国际市场的竞争让优步获得了更多发展美国业务的经验——我们清晰地看到，在中国这样竞争性极强的市场里，针对司机的个性化补贴越来越有必要，平台每周采取的激励措施都不同，有的时候甚至需要每天都提供一定程度的补贴。优步把这些体系和知识都应用在了美国业务的发展上。

尽管优步的竞争策略（打标记、精准识别、针对性补贴、提升产品使用体验）都是在共享出行领域激发出来的，但是这些手段在很多不同类型的产品上同样有效。

如果公司把注意力集中在网络中数量很少的困难侧用户身上，公司往往能在竞争中获得优势。对社交网络或视频平台而言，可以通过给内容创作者补贴或者帮助他们推广内容等方式来促进这一侧用户的增长。对 B2B 产品而言，或许可以给企业提供定制化功能和企业采购定价。不管你的产品属于哪种类别，核心的目标只有一个，那就是把竞争对手网络上最优质、最重要的节点拉到你的网络里来，这就是竞争性胜利。

竞争情报

当一款网络产品的开发团队以严肃认真的态度对待竞争时，他们必须搜集竞争对手数据，以搞清楚市场上的每个竞争对手处于哪个发展阶段。从对数据的分析中，产品开发团队可以获知下一步能进行哪些试验，或者执行哪些开发项目，并且持续关注实际的运行效果。他们可以用市场数据对标自己的产品，也可以用市场数据测算竞争对手市场份额下降的程度，从而为下一步工作制定目标。

参加优步北美冠军系列赛会议的团队花了很大的力气来搞清楚每个城市的市场份额是如何形成的，并且持续追踪这些数据。如果他们发现优步已经落后于市场中的竞争对手，他们就会采取快速响应。不会等到下一个月，甚至不会等到下周，他们的目标是以最快的速度改变市场上的竞争格局。这已经成为北美冠军系列赛会议和黑金会议的核心议题，参会者总是能看到每个子网络的量化运营指标，而且细致到不同的城市和地区。会议上大家会看到本周优步的总订单预测数，会看到最大的竞争对手的订单数，而且按照不同的网络列出它们的市场份额。有一些特定的分析指标，比如说乘客的订单变成"溢价订单"的比例，这种数据能够反映出没有足够的司机在路上揽客。如果周报的数据显示某个竞争对手持续增长，优步却没有增长甚至是负增长，那么参会的管理层人员一定会质问这个城市的市场到底出了什么问题。而相关的区域总经理会用几张幻灯片讲清楚到底出了什么问题。

由于公司的很多重要决策都依赖于这些数据，因此公司花重金从每条业务线以及外部信息渠道搜集数据，编制成北美冠军系列赛会议参会者看到的数据仪表盘。一个比较重要的数据来源是各大信用卡公司转售和重新包装的大量匿名信用卡分析数据。另外一个重要的数据来源是能够获取数百万用户电子邮件信息的专业电子邮件分析公司，它们可以从用户邮件中抓取消费收据，从而能够按照不同区域、不同订单类型编制出公司的市场份额数据表。我们可以把这种数据看作消费者信用卡消费的"尼尔森抽样"数据，也就是用几百万用户的数据来反映更广范用户的消费习惯。更重要的是，公司可以根据需要对数据进行切割和精细化分析，由此获知一个城市的运营情况，甚至获知一个城市中的一个特定地点的运营情况。

优步还曾组织过一支名为反情报的队伍，通过逆向工程的方法破解竞争对手的应用程序编程接口，抓取对手的运营数据，这支队伍主要针对中国市场。通过向应用程序编程接口发送请求，然后提供城市中不同的地址作为目的地，可以得到整个城市司机预计到达的平均时间。将这一数据与优步自己的数据进行比对，就可以知道乘客到底在哪个平台上等候的时间更长。优步还有另外一支由数十位数据专家组成的全球情报小组，他们将从各个渠道搜集到的数据喂给机器学习模型，与优步"真实的"数据进行比对，从而做出最佳的预测。

尽管并不是每一个网络产品都可以采取这些手段，但是有一个核心原则是放之四海而皆准的，那就是任何在市场中与其他同行正面开展竞争的产品必须持续关注运营的结果，包括市场份额、活跃用户数、交互频率等，同时也要保证业务的持续稳定运转，这样才能理解业务发展背后的因果关系。开发交易市场类软件的创业企业应该关注每个同类软件上活跃的卖家都是什么人，并且追踪来自不同地区市场的数据。运营社交网络的创业团队应该尽可能地保证内容创作者在自家平台上发布的内容与在其他平台上发布的内容一样多，并且随着用户使用时间增加，说服他们在自家平台上多发布些内容。运营视频会议工具的创业者则可以通过查看工作日程表追踪用户使用自家工具的时长与使用其他工具的时长。所有这些手段都能帮助产品开发团队朝着希望实现的目标来安排工作，制订出越来越好的方案。

抢夺困难侧用户

我们可以从优步的北美冠军系列赛会议中汲取很多经验，既有成功的经验，也有天然的不足。他们的核心策略已经被证明十分有效，那就是把精力都放在困难侧用户身上，用经济激励手段推动产品使用量的增长，用精细化的数据给管理团队提供决策依据。

优步采取的竞争性措施在很长一段时间内都发挥了应有的效用，但是后来逐渐也不行了。优步通过系统性措施打败了

Sidecar、Hailo、Flywheel 以及一些小规模的竞争对手。通过分析竞争对手在经济激励上花的钱，结合它们所获得的融资额，优步能够测算出每个竞争对手到底还能走多远。如果发现一个竞争对手已经穷途末路了，优步就可以在恰当的时点施加精准的压力——在优步平台发放更多奖励，并且更新软件功能。这样一来，优步的竞争对手就很难维持平稳的增长。随着司机群体迁移到其他平台，供需双方的平衡被打破，平台订单价格飙涨，这些竞争对手就很难再找到新的融资了。如果优步在一个城市中是当地最大的平台，那么这种策略一定有效，因为"大企业经营效率高"，这是该公司高管经常挂在嘴边的一句话。

但是，即便大家投入大量的时间和精力与同行竞争，也并不是总能见效。尽管优步在创业初期取得了一系列成功，但仅就美国本土而言，Lyft 和 DoorDash 后来也成功上市，而且其市值高达数百亿美元。在全球其他市场，优步虽然奋勇拼杀，但最终还是退出了中国和东南亚市场，它在这些区域内的业务完全输给了竞争对手。

我们能从优步的失败案例中发现其竞争策略的哪些缺陷呢？核心问题在于，优步的竞争策略依赖于经济效应——当优步是该城市中最大的竞争者时，它可以用更有效的方式给网络中的司机群体提供经济补助。假设优步给司机提供每小时 30 美元的保底收入，并且在本地网络中，司机每小时至少可以跑 2 单，但是在竞争对手的网络中，司机每小时只能跑 1 单，那么优步肯定更容易实现收支平衡。如果将范围扩大到数百万个订单，那么小规模的竞争对手肯定会因为花不起那么多钱而退出市场。

但是我们要考虑，优步在某些市场里可能和竞争对手各占

50%的市场份额，或者优步反而是竞争关系中体量较小的一方，例如在中国市场。在前面这两种情况下，经济效应并不能给优步提供任何助力，而且公司在这些市场里的效率并不比竞争对手高。在这种情况下，优步必须找到其他的方法以实现差异化发展，但是在明确以"交通运输就像自来水一样易得"的实用主义至上的市场环境里，基本没有任何差异化可言。如果优步和Lyft平台上的司机重叠度很高，消费者就很难看到两款产品之间的差别。

DoorDash则找到了一种变相利用经济效应的方法。优步从市区司机中吸引一部分人来送外卖，而DoorDash一开始就看中了郊区和竞争不太激烈的地区。DoorDash先在这些市场站稳了脚跟，形成了比较强大的经济效应，然后再扩张到邻近的市区，与Postmates、优步送餐、Caviar等众多平台展开竞争。该平台的郊区网络用户以及它在定价和餐馆选择方面所做的创新，帮助它在竞争中获得了优势，推动它走上了加速发展的道路。

在共享出行赛道的竞争中，我们充分认识到所谓赢家通吃只不过是痴人说梦。这个赛道的产品都是以子网络组成的大网络形态参与竞争的，尽管优步的网络总规模最大，但是在旧金山和洛杉矶这样的城市，它的子网络规模和Lyft相比只能是平分秋色。在这些市场里，优步与竞争对手的网络效应几乎一致，很难取得决定性的领先优势。从这个角度去思考，我们比较容易理解为什么在脸书对战Snapchat，Zoom对战无数视频工具小软件，以及很多类似的竞争案例当中，规模大的网络很难绝杀小规模的竞争对手。

第三十四章
捆绑销售

　　规模大的网络之所以让人心生畏惧，不仅是因为它们的体量天然就会促成网络效应，还因为它们有充足的扩展能力，可以覆盖其他类型的产品和网络。以现有的网络为跳板，它们可以（至少在理论上可以）快速解决冷启动问题，并且为新产品打造吸引力。这就是我们常说的捆绑销售（将多个产品打包在一起，以一个价格出售）在当今很多工作软件都可免费试用，社交网络都由广告收入支撑的环境里，捆绑销售指的是开发一款"超级软件"，或者向现有用户群体直接推销或交叉营销新的产品。以优步为例，它就推荐优步的乘客通过优步送餐软件订餐，公司把这种转化称为 R2E——"乘客到食客"。

　　科技行业最激烈的几次竞争都是围绕捆绑销售展开的，有微软参与的竞争更是如此。其中最臭名昭著的就是 20 世纪 90 年代末的浏览器大战，捆绑销售变成了最核心的手段，微软把 IE 浏览器和 Windows 系统绑定销售，最终打败了网景。数十年来，硅谷的科技行业从业者一直把微软看作世界上最好斗而且最可怕的竞争对手。批评者认为，微软之所以能超越竞争对手，包括一些有上千名员工的成熟企业，比如 WordPerfect、Lotus、Ashton-Tate、Stac、Novell、网景、美国在线、Sun，得益于它的网络效应。

为了搞清楚捆绑销售的策略为什么时灵时不灵，我直接去咨询了最早使用这种策略的人。我采访的对象是布拉德·西尔弗伯格，他在微软任职十多年，其间他牵头开发了很多重要的产品，包括受到行业高度评价的 Windows 95 操作系统，仅这一款产品就让微软的收入从 5 000 万美元提升到 35 亿美元，同时他也是牵头开发 IE 浏览器的团队负责人。过去这些年，他一直是我在行业里的导师，几年前我曾创立过一家公司，他还担任了公司的董事。

我为了写这本书，和西尔弗伯格进行了一次视频访谈。他已经退休了，现在和家人住在怀俄明州杰克逊霍尔镇。他在 20 世纪八九十年代积累的经验让他成为这个话题上当之无愧的权威专家，不过令我意外的是，他对捆绑销售的有效性持怀疑态度。

捆绑销售并不是大家想象中的药到病除的神药。如果真的是神药，那么微软当初开发 IE 1.0 版本的时候就应该胜利了，因为当时它已经做到了和 Windows 系统捆绑销售。但是我们的浏览器并没有获得成功。IE 1.0 只获得了 3%~4% 的市场份额，因为产品本身还不够好。必应也是一个案例，微软本想凭这个产品攻占搜索引擎市场。在操作系统的生态圈里，必应是默认的搜索引擎，它不仅仅被嵌入了 IE，还有 MSN，以及微软的所有产品。但是必应仍然举步维艰。如果产品本身不够好，销售渠道是不可能帮助其取胜的。[91]

即便产品通过捆绑销售手段获得了很多新用户，但是如果产品功能存在脱节的情况，用户也不会持续使用这款产品。

我在前面介绍谷歌＋的章节中就说过，捆绑销售说起来容易做起来难。规模已经比较大的网络能否简单地通过绑定一款新的产品而迅速取得成功？我们看到，有很多大规模企业反而无法迅速取得成功。大型科技企业每年都要启动很多新的项目，其中大多数都无疾而终，你又如何在这种情况下说服我们捆绑销售就能成功？捆绑销售到底在什么情况下有用，在什么情况下无用呢？

开发一款现象级产品的重要性

微软 Office 套件是科技行业另一个为人称道的捆绑销售案例。我为了这个案例和史蒂文·西诺弗斯基进行了访谈，他现在和我同在安德森-霍洛维茨公司任职，但此前的几十年里，他在微软工作，负责 Office 套件 6 个版本的更新发布。微软早期的文字处理和数据表格应用程序（Word 和 Excel）最初都是为磁盘操作系统开发的，用户只能用键盘操控，只能处理基于文本的信息，没有菜单，没有鼠标选项，没有我们现在熟知的各种功能窗口。我询问他为何当时这些产品没有立马取得成功，西诺弗斯基很直率地告诉我：

在文字处理和数据表格赛道，微软一直处于劣势。早期的时候，微软在文字处理和数据表格赛道往往排在第二或第三名的位置，但是比领先的企业落后很多。这些领先的企业包括 Ashton-Tate、Lotus、WordPerfect 和其他很多更优秀的软件开发商。微软早期的应用程序是为磁盘操作系统开发的，它们只能处理基于文本的数据，不能处理图像，总之就是非常难用。如果想打包成一个能够取胜的 Office 套件，我们需要把 Word、Excel、PowerPoint 都做得尽可能好，然后再通过现有的经销渠道进行整合营销。[92]

对微软的办公软件而言，20 世纪 80 年代中期，计算机开始从基于文本的磁盘操作系统转向图形用户界面系统，这就是其获得的转机。整个计算机行业都从文本转向图形界面，这为软件开发者创造了一片可以自由发挥的天地，因为所有的应用程序都需要重新编程，以支持新系统的下拉菜单、图标、工具栏和鼠标等操作。

在微软团队重新架构、重新构思他们的应用程序的同时，他们的竞争对手也被困在了如何更新旧程序这一难题上。就在这个契机下，Word 和 Excel 以跨越式的发展成功超越了竞争对手。然后，微软团队天才般地想到了一种产品营销方式，如神来之笔：他们把这些软件捆绑成一个微软 Office 套件，之后很快就成为这个赛道上不可超越的巨人。公司花了很大力气来使套件内的软件可以互相配合。比如说，可以在 Word 文档中直接嵌入 Excel 数据表——也被称为对象链接嵌入（OLE）功能，进而使得整套产品的组合功能更加强大。

换句话说，捆绑销售能够带来销售上的优势，但它毕竟力量有限，产品优秀才是成功最重要的因素。这也反映出我们在互联网时代观察到的一些现象，推特或许可以引导用户去使用现在已经无法正常运转的直播平台 Periscope，谷歌或许可以促使用户使用谷歌会议。它们的做法无可厚非，但只有产品真正好用才会取得最终的胜利。

销售优势是捆绑销售长期存在的原因之一——麦当劳在 20 世纪 70 年代推出了开心乐园餐①，有线电视公司从一开始就捆绑销售多个电视台的节目。但是在捆绑销售这种策略的表象之下，最关键的是要拥有标志性的、能够改变市场的拳头产品。

网络之争，而非功能之争

将新产品与现有产品捆绑在一起的手法大体都一样。在浏览器混战时期，微软将 IE 浏览器添加到桌面上，使其成为用户点击超链接时默认启动的浏览器。在当前移动端软件盛行的环境下，视频流媒体、金融科技、办公工具的手法与早些年微软使用的手法出现了差异。现在的捆绑指的是通过一款产品的链接将用户导入另一款产品，通过应用程序编程接口的融合来实现，而不用再像以前那样，在出售 Excel 和 PowerPoint 的安装光盘的时候捆绑销售 Word 的光盘。现在，企业通常先开发出一款优秀的产品，

---

① 开心乐园餐绑定销售主食＋小食＋饮料。——译者注

然后再通过所有可能交叉营销的节点将其推荐给用户。在现有的移动端软件的首页播放显眼的广告，捕捉用户的注意力；在移动端软件的页脚加上跳转的链接、按钮、标签等；通过电子邮件向用户发放广告，或者在软件内推送提示信息。这些手段我们都非常熟悉了，因为它们在一些成功的企业推销最新产品的过程中已经被广泛应用，比如说优步向乘客推荐优步送餐，Dropbox 向用户推荐 Paper，谷歌向用户推荐自己开发的视频会议产品。

尽管这些措施能够吸引到为数众多的新用户，但是如果不能快速形成原子级网络，产品冷启动问题依旧无法解决。市场主导企业凭空创建网络效应的能力往往是极其有限的。就以我前面介绍过的交互效应、获客效应、经济效应为例，即便公司能够通过交叉销售的方式将用户从现有产品引向新产品，从而达到获取新用户的目的，但是，只有当用户数量达到真正有效的临界点时，才会逐渐产生交互效应和变现能力。谷歌＋就向我们展示了反面案例，如果吸引到的用户不会产生交互，不能形成原子级网络，新产品必定岌岌可危。

采取这种措施的意图就是充分利用大网络在多个交叉节点上的优势，促使各个网络效应加速发挥作用，而不是仅仅局限在获客效应上。在过去这些年里，脸书是执行这种策略最成功的企业，而且做得非常出色。以照片墙为例，在这款产品问世之初，其核心的软件功能就关联上了脸书的网络，让用户可以通过一款产品向另一款产品分享照片。这种功能不仅带来了新的用户，而且促进了用户之间的交流，因为对内容的点赞和评论在两个平台上都可以看到。用户可以使用原有的脸书账号注册为照片墙的新用户，这么做提升了用户转化率，并且为日后的融合使用体验做好了无缝衔接。照片墙借助脸书已经成熟的社交图谱，创造了较高的用户交互率，这也是它成功绑定两个网络的先决条件。

早前负责照片墙增长的班加利·卡巴曾描述过他们是如何在母公司网络基础之上创建新网络的：

> 我们发现，如果是现实中的朋友在网络上关注你，并且关注你发布的内容，那么你就会死心塌地地留在这个平台上。对用户而言，这是最重要的因素，所以，照片墙借力脸书已有的社交图谱才会显得如此有效。脸书的社交图谱不仅包括联系人信息，同时还包括用户与好友互动的数据。通过这些数据，我们能够在照片墙软件里向用户推荐关联度高且是他们线下真实好友的人，这是我们以前根本做不到的，而且这种做法也在很大程度上提高了用户黏性。我们之前假设的情境是，应该推荐用户多关注名人和网红，这可能是最有影响力的方式，但是后来采取的这种措施效果更好，因为网红不会关注普通用户，也不会和新用户发表的内容产生互动。用户的现实好友可以做到这一点，让用户重新回到软件平台上来。如果没有脸书的网络，我们自己是做不到这一点的。

照片墙不仅利用脸书的网络作为获取新用户的途径，同时也借助母公司的力量打造出了更强大、更密集的社交网络，为日后实现更强大的网络效应奠定了良好的基础。照片墙就是捆绑销售做得很好的一个优秀案例，而且它也说明了利用既有网络产品发布新网络产品本身就具有巨大的优势。捆绑销售的目标不是简单地比拼功能或产品，而是在竞争激烈的环境中维持住"大企业"的身份——把你拥有的大网络变成助力竞争的武器，进而解锁获客、交互、变现等各方面的能力。

回到微软案例上，它在竞争过程中总是使出一些魔法般的招数，其秘诀在于调动整个生态链——软件开发者、消费者、个人电脑制造商以及其他相关利益方——参与竞争，而且是在不同的层面同时展开竞争，不仅仅是开发更多软件功能那么简单。生态链中最重要的环节就是软件开发者。

锁定困难侧用户

当微软也参与到当前的竞争中时，它不仅在功能方面展开竞争，还把整个自有网络的力量都用上了，特别是充分利用了作为困难侧用户的软件开发者。吸引开发者并使其驻留在 Windows 系统平台上可是花了一番力气的：微软给开发者提供开发软件的工具，尽一切可能确保平台的稳定性，而且一切工作以开发者需求为先，有时甚至为了满足开发者需求而不惜损害网络另一侧用户的利益。

微软为软件开发者提供的工具在早期的操作系统中就已经出现了。最早是 GW-BASIC 和 QBASIC 两种编程语言，而开发出来的大多是运行在磁盘操作系统上的文本程序，随后出现了 Visual Basic 和 Visual Studio——可以开发在 Windows 系统上运行的图像程序。这些工具的重要之处在于，它们为后来的用户使用场景提供了充分支持。西尔弗伯格特别强调了 Visual Basic 对 Windows 系统的重要性：

> Visual Basic 是帮助 Windows 系统取得成功的飞轮的核心部件。每家企业，特别是小企业，都把这些编程工具融入到日常工作的方方面面。它们虽然不是什么复杂的程序，但是很有必要。Visual Basic 让编程的工作变得简单。企业里的人即便之前没有什么编程经验，也可以快速学会编写适合本企业的程序。市场上还出现了很多专门替客户代写 Visual Basic 程序的零售商和小咨询公司。就是这样一个完整的生态圈推动着 Windows 系统往前发展。而且这些程序和工具只能在 Windows 系统上运行。我们从来没有发布过可用于 OS/2 操作系统或苹果系统的 Visual Basic。想用 Visual Basic 就必须成为 Windows 系统生态圈里的一员。这款工具能够让本没有多少经验的人转型为软件开发人员。

随着 Visual Basic 投入使用，数不胜数的细分应用场景实现了自动化，这在企业内部尤其明显。所以微软早期的高管才会说出这样的话："我们每卖出一张 Visual Basic 的光盘，就可以同步卖出 10 张 Windows 系统的光盘。"

微软的理念是，一旦程序写好了，它们就能够一直运行，这也被称为逆向可兼容。为了理清这个概念，我们先看看苹果在其第一代个人电脑上所做的限制。与后来的第二代苹果电脑和 IBM 个人电脑一样，苹果的电脑主要依靠键盘上的箭头和顶部的功能键进行操作。后来，苹果电脑从老式架构升级为麦金塔架构，开始使用鼠标操作和图形用户界面，明确放弃了兼容性承诺——去除了键盘箭头的操控指令，并且不能在新机器上运行第二代苹果电脑的程序。苹果这样做只是为了迫使软件开发者按照"正确的方式"开发图形化程序。微软团队则做了完全相反的事情，他们花了很大的力气确保逆向可兼容性，也就是说，软件开发者编写好的程序在新发布的磁盘操作系统和 Windows 系统上仍旧可以正常运行。即便在当下，二三十年前编写好的代码依旧可以在最新版本的 Windows 系统上运行。这个做法的意义在于，每次发布一个新版本的操作系统，可以在其平台上运行的软件数量会越来越多，而从来不会减少。这一关键举措成了微软公司网络效应发挥作用的核心驱动力。微软承担了为老旧程序提供支持的成本，而没有强求软件开发者自己承担持续更新的成本。

通过成功锁定困难侧用户，微软能够利用软件开发者形成的生态圈，以创新的手段参与到市场竞争中来。

微软挑战互联网

网景公司在 1994 年推出了第一款网页浏览器，当时，布拉德·西尔弗伯格和他的团队都对这款产品感到非常惊讶。他对这款产品的评价可谓充斥着溢美之词："很明显，互联网将是计算机行业进化的方向。就如同当初图形用户界面改变了麦金塔系统和 Windows 系统，进而改变了全世界人使用电脑的习惯，互联网也能发挥同样的作用。"网景巡航者浏览器很快就发布了支持 JavaScript、cookies、Java 的版本，为我们今天使用的富网络应用程序奠定了基础。它也必然可以成为一款成熟的、足以挑战桌面操作系统的产品，这对微软而言是一个大麻烦。最麻烦的点在于，微软当时还没有开发出属于自己的浏览器。于是，微软团队召集人马，火速拼凑出 IE 1.0 并向用户发布，可以说他们是边学边做。他们遇到的更大的麻烦是，这款产品很难用，即便是免费的，并且通过多种方式与 Windows 系统捆绑销售，仍然不被用户接受。当时流行一个笑话，用户可能一辈子只会用一次 IE 浏览器，那就是用来下载网景的浏览器，下载以后就再也不会用 IE 浏览器了。早期的 IE 浏览器市场份额还不到 10%。

微软一边加大投入，扶持自家的浏览器，以使其尽快追上对手的水平，一边加大策略执行力度，提高软件开发者生态圈的活跃度。微软给软件开发者提供便利，让他们可以把网页浏览功能嵌入任何一款程序，这样一来，任何一种产品都会具备浏览器的功能。举例来讲，假设有一位软件开发者正在编写一个电子邮件客户端，他就可以添加现成的库，让用户在邮件客户端内便捷地浏览基于 HTML 语言的、来自互联网的富媒体信息。再比如，游戏开发者可以在游戏的某个特定位置部署一个基于互联网的论坛和帮助浏览区。微软的想法就是，与其让互联网只在浏览器上运作，不如让互联网融入 Windows 系统兼容的任何一款软件。西尔弗伯格向我介绍了这个策略，他认为这个策略很多地方是与人们的直觉相悖的：

当时，美国在线与我们展开了激烈的竞争，他们并不想合作共赢。我们其实也不想合作，因为微软旗下有 MSN，我们也能提供内容、社区、互联网接入的服务，这是与美国在线全面直接竞争的产品。但是我们暂且搁置了这些冲突，尽力说服他们把 IE 和他们的产品进行捆绑销售。事后证明这项策略是成功的，美国在线主动为用户提供一款白标浏览器（打着美国在线的商标，但用的是 IE 的内核），安装程序就包含在他们寄给千家万户的入网光盘里。

用户每次启动美国在线的浏览器或者 Windows 系统的程序，实际上都是在为扩大 IE 的市场份额做贡献。当时微软的目标还不是彻底占领市场，而是从不到 5% 的市场份额起步，增长到足以让每一个为互联网开发应用的开发者都不得不测试他们的产品能否在 IE 上运作。如果网页开发者开始对标 IE 和网景巡航者通用的标准，那么对网景而言，它就很难打造出完全由他们的开发者群体驱动的网络效应。

我们已经知道了浏览器大战的结局。微软利用庞大的生态体系和资源来助力这场竞争，最终它的产品功能和竞争对手基本达到同一个水平，而且 IE 一直捆绑在 Windows 系统上销售。10 年后，IE 的市场份额达到了 90% 左右。微软并不是浏览器、数据表、文字处理工具的发明者，但是多年之后，它成了每个相关领域的绝对垄断者。

捆绑销售的缺陷

捆绑销售肯定是具备一定效用的，至少可以促使用户开始使用一种新的产品或产品的某种新功能。如果没有捆绑销售，或许很难获得第一批用户。但是，这种手段存在明显的缺陷，却有人把它当作无往不胜的策略。在过去许多年里，捆绑销售的策略既帮助了一些企业实现了发展，也拖累了某些企业。微软的系统存在安全性低、稳定性低、用户界面不流畅等问题，这些问题的根源其实就是微软过度强调满足开发者需求，尤其是那些投入大量资金开发定制化软件的企业客户，为了保证逆向可兼容性，微软做出了很多让步。

对面向零售消费者的移动端软件而言，如果想要通过捆绑新功能与 Snapchat 的讲故事模式、TikTok 或者其他热门软件展开竞争，那么这款软件必然要牺牲设计的简洁性，使用户界面变得拥塞。利用新的标签页、弹出页、推送提示以及其他各种手段告知用户有新的功能可用，虽然这些手段在初期确实能吸引到一定量的用户，但最终的结果是软件变得庸俗粗劣。

对微软而言，捆绑销售的手段后来也失效了。在经历反垄断调查之后，微软依然保持着个人电脑操作系统领域的绝对主导地位，但是失去了对很多其他市场的控制。最终，科技行业开始从个人电脑端向移动端迁移。微软曾尝试重演当年获得网络效应的剧本，建设一个以硬件开发商为主的生态圈，硬件开发商向微软付费购买 Windows 移动版的使用权，然后让软件开发者和消费者来适配这个生态，但这次它没有取得成功。和微软的做法相反，谷歌免费向市场开放它的安卓移动端操作系统，推动普通人接受智能手机的潮流。安卓系统的巨大影响力吸引了大批软件开发者，一个新的网络效应应运而生。在这个新的商业模式下，操作系统是免费的，但是整个生态系统可以通过搜索和广告收入变现。

微软在浏览器赛道也输给了谷歌 Chrome；在办公软件赛道，Office 套件也不断受到来自大大小小各种类型的竞争对手的挑战。微软还在坚持使用捆绑销售的策略，在协同办公领域推出 Teams 产品，但是它和 Slack 相比并没有取得显著的成功。

如果捆绑销售对微软来说都不是一种可以保证胜利的手段，那它在其他公司里能发挥的作用就更小了。我们分析过，谷歌曾把谷歌地图、谷歌电邮等多个产品和谷歌＋绑定在一起，虽然获得了数亿活跃用户，但是最终留不住他们，这让我们进一步质疑捆绑销售策略的有效性。优步在其软件平台的多个用户接触点捆绑了优步送餐，但是其在送外卖这条赛道上还是比不过 DoorDash。尽管行业里的巨人都希望通过捆绑销售一劳永逸，但很可惜，捆绑销售并不是灵丹妙药。

结　论
网络效应的未来

2018 年末，优步聘用了新的首席执行官和高管团队，公司的文化价值观发生了重大变化，更加强调盈利的重要性。有人告诉我，公司的作战指挥中心已经更名为和平会议室，以此体现"优步 2.0"希望优先实现的目标。很多事情都变了，一个原本非常进取，非常有创业精神，力图以一己之力改变整个交通运输行业的企业，已经变成了一个雇用 25 000 名员工的庞然大物，而且在很多核心市场的收入增长速度已经放缓。在参加过公司早期最激烈的市场争夺战的员工中，有数百人已经离开了公司，有的人创建了自己的新公司，有的人改行去做投资，有的人干脆给自己放假。值得一提的是，有一群人聚集在了迈阿密，因为这里阳光充沛，可以坐游艇出海，个人税收也很优惠。

此时我已经离开优步将近一年了，但是我仍然通过通信软件、线下聚会、脸书群组等方式和分布在各地的优步前同事保持联系。很多人在一起打拼之后就会成为要好的朋友。我们喜欢谈论公司创业早期和别的公司抢夺市场的故事，也想了解公司做得怎么样，特别是在准备上市的前一两年做得如何。（当时优步还没有上市，那是 2019 年才发生的事。）2018 年 10 月，我收到一封让我会心一笑的邮件：有人牵头组织一系列线下会面活动，同时给数千名老同事发了邀请，给我们创造重聚的机会。按照优步的风格，它从一开始就计划在全球范围内的不同地点举办聚会，先是悉尼，然后是新加坡、新德里、迪拜、阿姆斯特丹、伦敦、纽约、墨西哥城，当然也少不了旧金山。威廉·巴恩斯和乔舒亚·默雷尔分别是优步早期负责洛杉矶和纽约本地运营的团队管理者（当然他们还有其他职责），他们在离开优步之后牵头组织这些线下的聚会活动。

旧金山老同事的聚会被安排在梦露酒吧，这是一个位于北海滩区的"20 世纪 20 年代老好莱坞艺术风格酒吧"。聚会办得非常好。我参加了这次聚会，并且整晚都在和老朋友们叙旧，大家都非常怀念优步高速成长的那段时光，也很感叹最近跌宕起伏的这几年。聚会进行了 1 个小时左右后，酒吧老板关掉了音乐，有人宣布：特拉维斯·卡兰尼克，优步的联合创始人兼前任首席执行官，来到了聚会现场。整个屋子都安静了下来，特拉维斯拿起话筒说道：

> 我们这个团队取得的成绩让我觉得能来参加团队聚会是种荣幸，能看到大家，并且和大家一起聊天，真的让人非常高兴。事实上，这真的让我感觉心潮澎湃。
>
> 我非常喜欢听到大家又搞出了很多新的东西。我非常高兴看到大家能把创业激情带到新的工作中去。我们应该经常聚会，大家多回来看看。我觉得这样一个团队以后怕是再也

没人能够组建起来了。我仍尽力在我的新公司里组建这样的队伍。我知道大家在各自的公司也在做同样的努力。追梦吧。梦想不妨远大些,目标不妨长远些。希望今天这场聚会永远不会画上句号。[93]

话音落下,这是他最后一次给曾经带领过的团队训话。特拉维斯面带微笑,环视了一圈现场,然后把话筒交还给了主持人。

在此散去之后,优步的老员工分散到了科技行业不同的企业。他们创建了数十家企业,业务范围覆盖滑板车、虚拟厨房、汽车租赁、支付业务、数据基础设施、家具,不一而足。有很多人加入了硅谷新一代的创业企业,担任公司高管。有一些人和我一样,转型开始搞风险投资,不断寻找下一个优步、Dropbox 和 Slack。硅谷圈就是这样,原本微不足道但精力旺盛的创业企业最终成长为庞大而笨重的企业,最具创业精神的员工会把行业人脉资源、资金、精力投入不同类型的新创业企业中去。类似 YouTube、照片墙、领英、WhatsApp 和 Salesforce 这样的企业,其实都是由 PayPal、谷歌、雅虎和甲骨文公司的前员工创建的。优步的老员工也在重复这样的历史。

优步的老员工把我们曾经学到的关于网络效应的最重要的经验传播到各地:开发新的市场,促进超高速的增长来实现规模化发展,在产品中投入高额赌注,和竞争对手展开激烈角逐。推动优步实现增长的网络效应与科技行业中的很多产品都息息相关,这意味着,随着科技改变世界,网络效应将成为横跨产品种类、地域和行业的最核心的驱动力。

但是，我们也不能把眼光局限于优步老员工这个群体。

在过去 10 年里，科技行业推动各行各业做出了不起的创新。网络产品的出现彻底改变了软件的底层逻辑。网页浏览器、智能手机、视频直播、即时通信是这一股创新浪潮的排头兵。同时，我们也观察到，网络效应促使某些行业出现全局性的革新，既有线上软件的更新，也有线下物流运营工作的变革，这影响了电子商务、求职市场、货运行业等。

看起来，加密货币或许是最重要的新生科技之一，而且它天生就具备网络属性。比特币为替代传统货币提供了一种选择，但在我看来，加密货币如果能融入软件的每一个方面，那才是最令人兴奋的创新。这种融合将重新定义在线游戏、社交网络、交易市场以及其他多种产品。在未来，软件开发者在编写程序的过程中必须将网络效应纳入考量。

正是为了说明这种发展趋势，我才会从很久以前发生的案例（电话、信用卡、优惠券）和当代网络产品（如通信、交易市场、协同办公、社交网络等软件）中，为大家总结出一套分析问题的理论框架。在未来几年中，大量不同的产品将在网络效应的影响下被重新定义。

不仅优步的老员工会在下一场战斗中冲锋，很多本书中提到过的企业，如 Slack、Dropbox、Twitch、微软、Zoom、爱彼迎、PayPal 等数十家企业，它们的老员工也懂得病毒式传播的力量有多么强大，他们也懂得如何启动全新的市场，懂得如何提高用户的交互频率，以及网络效应能为他们带来巨大的优势。他们会把自己掌握的知识应用于下一代网络产品，进而带来下一次产业变革。

致　谢

　　写这本书之前，我虽然写过很多通讯稿和推文，但都是随性而写。这次写书的经历确实非常不一样。我先是做了几个月的集中研究，然后整理了过去很多年来写的文章，最后疯狂地进行了编辑。就好像我说"我要去小区附近慢跑一圈"，结果却跑了一场超级马拉松。不过，在完成写书任务的过程中，我和许多了不起的人物建立了联系，比如访谈对象、思想伙伴，以及很多帮我审阅半成品稿件的读者。我想借此机会对大家表示衷心感谢。

　　首先，深深感谢我的导师比尔·戈斯曼，我在西雅图大学实习的时候结识了他，现在我们已经成了终生好友。通过和他的无数次对话，以及前几年跟他学到的知识，我才最终确定了自己的职业发展道路。他给我提的很多意见和建议让我鼓足干劲，在硅谷创业，最终才积累出这本书里所写的经验之谈。

　　在写书的过程中，我得到了安德森-霍洛维茨公司很多朋友和同事的大力支持。汉内·维纳斯基帮助我度过了最初的起步期，最初提出写书建议的也是他。金立（音译）承担了很多前期研究工作，他参与了十多次访谈，是我不可或缺的思想伙伴。在我后期准备成稿的阶段，奥利维娅·摩尔非常慷慨地为我进行了批注审阅，提出了她的疑问，挑战了我的一些可能不太扎实的观点。在我编写本书大纲以及未来宣传计划的过程中，凯蒂·贝恩斯和玛吉特·温马赫斯起到了至关重要的作用。格雷格·特鲁斯戴尔不厌其烦地陪着我做了很多次书籍封面的设计更新。公司里之前出过书的前辈斯科特·库珀和本·霍洛维茨告诉我，第一次写专著要注意哪些事情，并且在我写书过程中给了我很多指导。在和杰夫·乔丹、马克·安德森、克里斯·迪克森的日常对话中，我获得了很多关键的想法，这些想法我在书中都有涉及。在此，我对团队里的康妮·陈、乔纳森·赖、达西·库利坎以及消费者投资团队的其他人致敬，他们在我休息的夜晚和周末承担了写作的重任。能和这样一个了不起的支持我的团队共事是我的荣幸。

帮助我审阅书稿的朋友有很多。特别值得感谢的是我的妹妹埃达和妹夫萨钦，他们花了很长时间，仔细阅读了每一行文字，提出了全面的修订建议。他们的见解和建议我已经尽量采纳，写到了关键的几章当中。就像我在日常生活里经常会说的，谢谢你，妹妹！我还要特别感谢我的亲密好友、顾问布巴·穆拉卡，他在审阅书稿这件事上花了很多精力，而且在我们俩共事的投资项目上也给予了我很多帮助。在此，我还要一并感谢优步公司的前同事，他们帮我进行了扫读，并提供了一些来自公司一线人员的修订建议，谢谢克里斯·纳库缇斯·泰勒、贾汗·卡纳、伊利亚·阿比佐夫、亚历克斯·恰尔内茨基、沙林·曼特里、佐兰·马丁诺维奇、威廉·巴恩斯、洛根·林塞尔、朴灿（音译）、本·蒋、阿龙·席尔德克劳特、乔什·默雷尔、布赖恩·托乌金、亚当·格勒尼耶、肯尼·达米卡，以及很多无法具名的老朋友。

在研究过程中，我也访谈了很多了不起的行业明星人物。感谢史蒂夫·赫夫曼、肖恩·拉德、陈士骏、乔纳森·巴丁、凯文·林、埃米特·希尔、安迪·约翰斯、乔纳森·亚勃拉姆斯、保罗·戴维森、罗汉·塞斯和马克斯·列夫钦，这些人为过去 10 年里科技行业明星产品的诞生都做过不小的贡献。同样还要感谢德鲁·休斯敦、斯图尔特·巴特菲尔德、阿里·雷尔、袁征、里德·霍夫曼、布拉德·西尔弗伯格和史蒂文·西诺弗斯基。我还从很多聊天对话中获得了非常有用的信息，给我提供过此类帮助的人包括：阿南德·耶尔、阿勒·雷斯尼克、迈克·加法里、帕特里克·莫兰、乔希·魏斯、乔纳森·戈登、莱尼·拉奇茨基、吉姆·沙因曼、达留斯·孔特拉克特、克里斯·贝德尔、布赖恩·金和王晨利（音译）。他们非常慷慨地花时间和我聊天，让我感到再次接受了教育，而且他们的很多观点对我的思维也产生了一定的影响。在此再次表示感谢。

我很感谢同为作家的迈克尔·奥维茨、塞斯·戈丁、埃里克·里斯、埃拉德·吉尔和拉米特·塞西给我提的意见和建议，正是在他们的激励下，我才萌生出写这本书的想法。在写书过程中，我经常翻看在和他们访谈的过程中记录下来的内容。对于第一次写书的我，这些经验都弥足珍贵。最后，我要真诚感谢了不起的编辑霍利斯·亨布奇和她在哈珀商业出版社的同事。我在创作人生第一部专著的过程中少不了走弯路，在这场持续多年的工作中，霍利斯一直为我提供指导和反馈，她的帮助真的不可或缺。还要感谢我的作品代理人，格纳特公司的克里斯·帕里斯-兰姆，他解答了我这个新手无穷无尽的问题，并且在关键时刻提供了帮助。

尾　注

感谢各位耐心地读到这个部分!

1. 请参阅优步公司的"S-1 表格"，2019 年 4 月 11 日提交，网址：https://www.sec.gov/Archives/edgar/data/1543151/00011931251910385 0/d647752ds1.htm。

2. 摘自谷歌图书收录的 1901 年 3 月 26 日存档的美国电话电报公司"截至 1900 年 12 月 31 日的年度报告"。

3. 摘自罗伯特·梅特卡夫撰写的《用梅特卡夫定律递归社交网络的长尾效应》，发表于 2006 年 8 月，网址：https://vcmike.wordpress.com/2006/08/18/metcalfe-social-networks/。

4. 请参阅沃德·克莱德·阿利和伊迪丝·S. 鲍文合写的《动物群聚效应研究：金鱼体内对胶体银的集体保护》，发表于 1932 年 2 月的《实验动物学期刊》。

5. 请参阅 M. 凯瑟琳·戴维斯撰写的《来自问题水域的沙丁鱼油：1905—1955 年加利福尼亚州沙丁鱼产业的兴盛与衰亡》，2002 年在加利福尼亚大学伯克利分校发表。

6. 请参阅纳瓦尔·拉维康德 2017 年 6 月发表的推文，网址：https://

twitter.com/naval/status/877467713811042304?lang=en。

7. 请参阅里德·霍夫曼制作的在线广播"销售大师课"系列的《大轴心》一集，2019 年 7 月，网址：https://mastersofscale.com/stewart-butterfield-the-big-pivot/。

8. 摘自斯图尔特·巴特菲尔德与本书作者的视频访谈，2020 年 4 月。

9. 摘自《首轮评论》刊发的《从 0 到 10 亿美元——Slack 创始人分享史诗级产品发布策略》，2015 年 2 月，网址：https://review.firstround.com/From-0-to-1B-Slacks-Founder-Shares-Their-Epic-Launch-Strategy。

10. 摘自袁征与本书作者的访谈，圣何塞，2020 年 2 月。

11. 摘自乔纳森·戈登撰写的《从推动爱彼迎实现百倍增长的过程中学到的经验》，Medium 网站，2017 年 8 月，网址：https://medium.com/@jgolden/lessons-learned-scaling-airbnb-100x-b862364fb3a7。

12. 摘自克里斯·纳库缇斯·泰勒与本书作者的视频访谈，2019 年 1 月。

13. 摘自威廉·巴恩斯与本书作者的视频访谈，2019 年 1 月。

14. 摘自亚历克斯·兰佩尔撰写的《弗雷斯诺全民免费优惠初始信用卡背后的故事》，2019 年 9 月，网址：https://a16z.com/2019/09/18/history-of-the-credit-card/。

15. 摘自约瑟夫·诺色拉撰写的《行动：中产阶级如何加入有钱人行列》（纽约：西蒙与舒斯特出版社，1994 年）。

16. 摘自克里斯·迪克森写的《下一个成功的大发明在刚出现的时候看上去像一个玩具》，2010 年 1 月，网址：https://cdixon.org/2010/01/03/the-next-big-thing-will-start-out-looking-like-a-toy。

17. 请参阅维基百科发布的《维基百科：体量对比》，2021 年 5 月数据，网址：https://en.wikipedia.org/wiki/Wikipedia:Size_comparisons。

18. 摘自哥伦比亚广播公司新闻台报道，《维基百科 1/3 内容背后的男人》，2019 年 1 月，网址：https://www.cbsnews.com/news/meet-the-man-

behind-a-third-of-whats-on-wikipedia/。

19. 摘自布拉德利·霍洛维茨撰写的《创作者、整合者和消费者》，2006
年2月，网址：https://web.archive.org/web/20210225130843/https://blog.
elatable.com/2006/02/creators-synthesizers-and-consumers.html。

20. 摘自埃文·斯皮格尔在数字生活设计大会上的发言，2020年1月，
德国。

21. 摘自肖恩·拉德与本书作者的视频访谈，2019年3月。

22. 摘自贾汗·卡纳与本书作者的访谈，旧金山，2018年12月。

23. 摘自袁征与本书作者的访谈，圣何塞，2020年2月。

24. 摘自罗汉·塞斯和保罗·戴维森的邮件，2021年2月。

25. 摘自布巴·穆拉尔卡的邮件，2021年3月。

26. 摘自马克·安德森撰写的《唯一正确的事情》，2007年6月，网址：
https://pmarchive.com/guide_to_startups_part4.html。

27. 摘自肖恩·拉德和本书作者的视频访谈，2019年3月。

28. 摘自乔纳森·巴丁和本书作者的视频访谈，2019年4月。

29. 摘自碧昂卡·博斯克撰写的《大学生帮助Tinder征服校园》，赫芬
顿邮报，2013年7月，网址：https://www.huffpost.com/entry/tinder-
app-college-kids_n_3530585。

30. 摘自里德·霍夫曼与本书作者的视频访谈，2020年12月。

31. 摘自李·豪尔撰写的《领英最初是如何吸引用户的？》，Quora网站，
2010年8月，网址：https://www.quora.com/How-did-LinkedIn-product-
get-its-initial-traction/answer/Lee-Hower?comment_id=69849&comment_
type=2。

32. 摘自哈里·迈克拉肯撰写的《谷歌电邮诞生的故事：10年前发布
这款产品的内部故事》，《时代》，2014年4月，网址：https://time.
com/43263/gmail-10th-anniversary/。

33. 摘自利比·普拉默撰写的《Hipstamatic——镜头背后的故事》，Pocket-Lint，2010 年 11 月，网址：https://www.pocketlint.com/cameras/news/lomography/106994-hipstamatic-iphone-app-android-interview。

34. 摘自 M.G. 西格勒撰写的《苹果年度软件：Hipstamatic、植物大战僵尸、Flipboard 和 Osmos》，TechCrunch，2010 年 12 月，网址：https://techcrunch.com/2010/12/09/apple-top-apps-2010/。

35. 摘自詹姆斯·艾斯特林撰写的《寻找合适的工具就像打仗一样》，《纽约时报》，2010 年 11 月。

36. 摘自凯文·西斯特罗姆撰写的《照片墙的创生故事》，Quora 网站，2011 年 1 月，网址：https://www.quora.com/What-is-the-genesis-of-Instagram/answer/Kevin-Systrom。

37. 请参阅乔什·康斯汀撰写的《照片墙月活跃用户超 10 亿，相比 9 月时的 8 亿体量出现明显增长》，TechCrunch，2018 年 6 月，网址：https://techcrunch.com/2018/06/20/instagram-1-billion-users/。

38. 请参阅罗伯特·J. 摩尔撰写的《分析报告：照片墙每周新增 13 万用户》，TechCrunch，2011 年 3 月，网址：https://techcrunch.com/2011/03/10/instagram-adding-130000-users-per-week/。

39. 请参阅 Shutterstock 发布的《最受欢迎的照片墙滤镜告诉我们哪些用户偏好》，2018 年 3 月，网址：https://www.shutterstock.com/blog/instagram-filters-user-study。

40. 摘自克里斯·迪克森撰写的《为工具而来，因网络驻足》，以个人博客形式发表，2015 年 1 月，网址：https://cdixon.org/2015/01/31/come-for-the-tool-stay-for-the-network。

41. 摘自克劳德·霍普金斯的《我的广告生涯》（纽约：麦格劳-希尔教育出版社，1966 年）。

42. 摘自史蒂夫·赫夫曼与本书作者的访谈，旧金山，2020 年 3 月。

43. 摘自乔纳森·戈登撰写的《从推动爱彼迎实现百倍增长的过程中学到的经验》，Medium 网站，2017 年 8 月，网址：https://medium.com/@jgolden/lessons-learned-scaling-airbnb-100x-b862364fb3a7。

44. 摘自莱尼·拉奇茨基撰写的《当前发展最快的 B2B 网络产品公司如何找到它们最早的 10 位客户》，Substack，2020 年 7 月，网址：https://www.lennysnewsletter.com/p/how-todays-fastest-growing-b2b-businesses。

45. 摘自保罗·格雷厄姆撰写的《创业者应该做不具规模的事情》，发表于其个人网站，2013 年 7 月，网址：http://paulgraham.com/ds.html。

46. 摘自 Dropbox 公司 2018 年 2 月向美国证监会提交的"S-1 表格"，网址：https://www.sec.gov/Archives/edgar/data/1467623/000119312518055809/d451946ds1.htm。

47. 摘自德鲁·休斯敦与本书作者的访谈，旧金山，2020 年 2 月。

48. 摘自卡得·梅茨撰写的《Dropbox 撤离亚马逊云帝国的史诗级故事》，《连线》，2016 年 3 月，网址：https://www.wired.com/2016/03/epic-story-dropboxs-exodus-amazon-cloud-empire/。

49. 请参阅德鲁·休斯敦的"Dropbox 演示"，YouTube 视频，2008 年 9 月，网址：https://www.youtube.com/watch?v=7QmCUDHpNzE。

50. 请参阅萨拉·佩雷兹撰写的《近 25% 的用户在试用移动端软件 1 次之后就不再使用它》，TechCrunch，2016 年 5 月。

51. 请参阅丹·弗洛姆撰写的《你手机上经常用的软件只有 3 个》，Quartz，2015 年 9 月，网址：https://qz.com/508997/you-really-only-use-three-apps-on-your-phone/。

52. 摘自阿提夫·阿万与本书作者的访谈，门洛帕克，加利福尼亚州，2019 年 4 月。

53. 摘自马克斯·列夫钦与本书作者的邮件访谈，2021 年 4 月。

54. 摘自戴维·萨克斯撰写的《睿智的创业者：PayPal 如何实现产品与市场的匹配》，Medium 网站，2019 年 11 月，网址：https://medium.com/craft-ventures/the-sharp-startup-when-paypal-found-product-market-fit-5ba47ad35d0b。

55. 摘自 K.V. 纳佳拉然撰写的《〈汉谟拉比法典〉的经济学解读》，发表于《国际商业与社会科学期刊》第 2 卷第 8 期（2011 年 5 月），第 108 页。

56. 摘自法里德·莫萨瓦特与本书作者的视频访谈，2020 年 5 月。

57. 摘自麦克·维纳撰写的《让人意想不到的电子竞技直播之父》，《每日点报》，2015 年 9 月，网址：https://web.archive.org/web/20201117135049/https://kernelmag.dailydot.com/issue-sections/features-issue-sections/14010/justin-tv-twitch-xarth/。

58. 摘自埃米特·希尔与本书作者的访谈，旧金山，2019 年 3 月。

59. 摘自凯文·林与本书作者的访谈，旧金山，2020 年 2 月。

60. 摘自史蒂文·利维撰写的《脸书最具争议的增长工具的不为人知的故事》，Medium 网站，2020 年 2 月，网址：https://marker.medium.com/the-untold-history-of-facebooks-most-controversial-growth-tool-2ea-3bfeaaa66。

61. 摘自戴维·乌莱维奇与本书作者的视频访谈，2021 年 3 月。

62. 摘自埃里克·冯撰写的《用数据分析风险投资幕后的故事》，Medium 网站，2018 年 9 月，网址：https://efeng.medium.com/a-stats-base-look-behind-the-venture-capital-curtain-91630b3239ae。

63. 摘自伊利亚·斯特雷布拉耶夫和威尔·戈纳尔撰写的《风险投资资本对美国经济的助推力到底有多大？》发表在斯坦福大学研究生商学院网站，2015 年 10 月，网址：https://www.gsb.stanford.edu/insights/how-much-does-venture-capital-drive-us-economy。

64. 摘自尼拉·阿加瓦尔撰写的《软件即服务型企业的历险》，Tech-
   Crunch，2015 年 2 月， 网 址：https://techcrunch.com/2015/02/01/the-
   saas-travel-adventure/。

65. 摘自杰夫·乔丹撰写的《增长的配方：在蛋糕上多加几层》，a16z.
   com，2012 年 1 月，网址：https://a16z.com/2012/01/18/a-recipe-for-growth-
   adding-layers-to-the-cake-2/。

66. 摘自乔什·康斯汀撰写的《Snapchat 首席执行官泄露的 6 000 字会
   议纪要中的 9 大亮点》，TechCrunch，2018 年 10 月，网址：https://
   techcrunch.com/2018/10/04/chat-not-snap/。

67. 摘自班加利·卡巴与本书作者的访谈，门洛帕克，加利福尼亚州，
   2019 年 12 月。

68. 摘自弗兰克·德安吉罗撰写的《祝数字化广告生日快乐！》，AdAge
   网站，2009 年 10 月， 网 址：https://adage.com/article/digitalnext/happy-
   birthday-digital-advertising/139964。

69. 摘自汉纳·奥林斯坦撰写的《21 位 Vine 明星去年组成了秘密联盟
   并一起退出平台》，Seventeen 网站，2016 年 10 月， 网 址：https://
   www.seventeen.com/life/tech-social-media/news/a43519/21-vine-stars-
   formed-a-secret-coalition-and-quit-the-app/。

70. 请参阅沃尔特·埃塞克森撰写的《创新者：一群发明家、黑客、天
   才、技术宅共同打造了数字革命》（纽约：西蒙与舒斯特出版社，
   2014 年）。

71. 摘自亚当·德安吉罗与本书作者的视频访谈，2020 年 4 月。

72. 摘自迈克尔·韦施撰写的《YouTube 和你：在摄像头带来的情境崩
   塌的背景下体会自我意识的觉醒》，《媒体生态学探索》，2009 年。

73. 请参阅尤金·弗朗索瓦·维多克撰写的《维多克回忆录：法国警察
   的头号代理人》（E.L.Carey and A.Hart 出版社，1834 年）。

74. 请参阅 Reddit 公司《Reddit 公司针对联邦通信委员会在 1934 年〈通信法〉第 230 项下开展问询的答复》，2020 年 9 月 1 日归档，网址：https://ecfsapi.fcc.gov/file/10902008029058/Reddit%20FCC%20Comment%20RM%2011862.pdf。

75. 摘自陈士骏与本书作者的视频访谈，2020 年 3 月。

76. 摘自尤金·卫撰写的《身份地位即服务（StaaS）》，发表在其个人网站，2019 年 2 月，网址：https://www.eugenewei.com/blog/2019/2/19/status-as-a-service。

77. 摘自阿提夫·阿万与本书作者的访谈，门洛帕克，加利福尼亚州，2019 年 4 月。

78. 请参阅 TikTok 公司发布的《TikTok 如何向您推荐内容》，TikTok 官网 tiktok.com，2020 年 6 月，网址：https://newsroom.tiktok.com/en-us/how-tiktok-recommends-videos-for-you。

79. 请参阅里德·霍夫曼和克里斯·叶合著的《闪电战：用光速打造高市值企业》（纽约：Currency 出版社，2018 年）。

80. 请参阅罗宾·沃特斯撰写的《仅一年，爱彼迎的对手 Wimdu 就长大了。到底有多大？年收入为 1.32 亿美元那么大》，TheNextWeb 网站，2012 年 3 月，网址：https://thenextweb.com/news/after-one-year-airbnb-rival-wimdu-is-big-how-big-132-million-a-year-big。

81. 摘自迈克尔·舍希尔与本书作者的访谈，旧金山，2020 年 1 月。

82. 请参阅布赖恩·切斯基的视频《闪电战第 18 集：布赖恩·切斯基谈爱彼迎的起步》，YouTube 视频，2015 年 11 月，网址：https://www.youtube.com/watch?v=W608u6sBFpo。

83. 摘自乔纳森·戈登与本书作者的视频访谈，2019 年 2 月。

84. 摘自沃伦·巴菲特与卡洛·卢米斯的访谈，《巴菲特先生谈股票市场》，《财富》，1999 年 11 月，网址：https://archive.fortune.com/maga

zines/fortune/fortune_archive/1999/11/22/269071/index.htm。

85. 摘自安德鲁·帕克撰写的《Craigslist 开枝散叶》，Tumblr，2010 年 1 月，网址：https://thegongshow.tumblr.com/post/345941486/the-spawn-of-craigslist-like-most-vcs-that-focus。

86. 摘自阿米尔·埃弗拉蒂撰写的《谷歌＋的缺陷越来越大》，《华尔街日报》，2012 年 2 月，网址：https://www.wsj.com/articles/SB10001424052970204653604577249341403742390。

87. 请参阅 9to5Mac，2011 年 10 月，网址：https://9to5mac.com/2011/10/21/jobs-original-vision-for-the-iphone-no-third-party-native-apps/。

88. 摘自贝瑟默风险投资公司官网，《逆投资组合：致敬我们错过的好公司》，2021 年 6 月查阅，网址：https://www.bvp.com/anti-portfolio/。

89. 摘自弗雷德·威尔逊撰写的《爱彼迎》，avc.com 官网，2011 年 3 月，网址：https://avc.com/2011/03/airbnb/。

90. 摘自贾汗·卡纳与本书作者的访谈，旧金山，2018 年 12 月。

91. 摘自布拉德·西尔弗伯格与本书作者的视频访谈，2020 年 12 月。

92. 摘自史蒂文·西诺弗斯基与本书作者的视频访谈，2020 年 11 月。

93. 摘自特拉维斯·卡兰尼克在优步校友投资俱乐部活动上的讲话，旧金山，2018 年 11 月。